인문사회의학

Medical Humanities
and Social Science

인문사회의학

지은이 | 전우택 · 김상현 · 오승민 지음

초판 1쇄 인쇄 | 2010년 6월 14일
초판 1쇄 발행 | 2010년 6월 17일

펴낸이 | 이왕준
주 간 | 박재영
디자인 | 김숙경

펴낸곳 | (주)청년의사
주 소 | 121-854 서울시 마포구 신수동 99-1 루튼빌딩 2층
전 화 | 02-2646-0852
팩 스 | 02-2643-0852
전자우편 | books@docdocdoc.co.kr
홈페이지 | http://doc3.koreahealthlog.com

출력 | 나모에디트(주)
인쇄 | (주)YSP

The Korean Doctors' Weekly

ISBN 978-89-91232-30-3

가격 | 20,000원

인문사회의학

Medical Humanities
and Social Science

전우택·김상현·오승민 지음

청년의사

목 차

서 문

이 책이 만들어 지기까지

여러 가지로 부족한 필자에게 인문사회의학 교육이 실제로 "당장 급한 문제"가 된 것은 2001년 여름부터였다. 연세의대의 새 교육과정인 광혜교육과정을 만드는 구체적인 작업인 "CDP 2004" (2004년도에 새로 도입된 교육과정 개발 프로그램 Curriculum Development Program 의 약자) 활동이 그 때부터 본격적으로 추진되었기 때문이다. 그 때 필자는 인문사회의학교육 소위원회의 책임자로 임명되었고, 헌신적인 위원님들과 함께 그 실체가 아직 명확하지 않았던 이 작업에 처음으로 들어가게 되었다. 이 활동을 통하여 2004년부터 연세의대의 인문사회의학 교육 프로그램이 "의료와 사회"라는 이름으로 시작되었다. 그리고 그것을 준비하고 공부하며 모은 자료들은 "인문사회의학과 의학교육의 미래"(전우택, 양은배 저. 연세대학교 출판부)라는 제목의 책으로 2003년 10월에 출판되었다.

새 교육과정이 도입되고 5년의 세월이 지난 2008년부터 연세의대의 인문사회의학 교육은 새로운 변화를 모색하게 되었다. 2009년부터 새로 도입되는 의학전문대학원에 맞추어 전체적인 의학교육 과정에 대한 재평가 작업과 함께 인문사회의학 교육 프로그램인 "의료와 사회" 교육 과정도 재평가 및 개편 작업을 하게 되었기 때문이다. 그런데 정직하게 말하면, 지난 5년간의 경험은 인문사회의학교육이 어떻게 되어야 할지를 더 분명하게 보여 주기도 하였으나, 동시에 더 혼란스럽게 만들기도 하였다. 이것은 기초의학이나 임상의학 교육과는 전혀 다른 성격과 차원의 교육이라는 것이 분명해졌기 때문이고, 동시에 이 낯선 교육의 주체와 진행 방식은 예상보다 훨씬 복잡한 것임을 절감하게 되었기 때문이었다. 그래서 2008년부터 좀 더 넓게 외국의 인문사회의학교육 프로그램들의 정보와 자료를 모으게 되었고, 공부하게 되었다. 그러면서 2003년에 책을 만들 때 보다 더 많은 자료들을 만나 새로운 아이디어와 자극을 많이 받게 되었다. 이러한 과정에서 BK 연구교수로 의학교육학과에서 함께 일하였던 이 책의 공동 저자 김상현 박사 (의료사회학 박사)의 역할은 절대적이었다. 이 책은 김상현 박사님의 노고의 결과이다. 또한 가정의학 전문의로서 의학교육학과 연구강사로 일하면서 인문사회의학 교육에 참여한 이 책의 공동 저자 오승민 선생의 도움이 컸다. 그리고 우리가 공부하고 고민한 내용들은 우리에게만 의미 있는 것이 아니라, 전국에서 인문사회의학 교육을 담당하고 계신 모든 의대 교수님들께도 의미가 있을 것이라는 생각을 하게 되었다.

그러나 그렇게 공부한 내용을 정말 책으로 묶는 것에는 망설여지는 측면이 있었다. 이 책의 많은 부분은 우리 저자들이 세계 여러 대학에서 이루어지고 있는 인문사회의학 교육을 알아보기 위하여 여러 출처의 자료들을 번역하여 모아 놓고 우리가 공부하던 자료를 묶은 것이다. 즉 우리 저자들이 자료를 모아 참조하면서 저자 자신의 글을 쓴 것이라기보다는 기존의 자료들을 선택하고 번역하고 편집한 부분이 많다는 것이다. 더구나 많은 경우, 번역을 할 때는 원문의 내용 자체를 충실히 직역하여야 제대로 내용을 이해할 수 있고 정보를 얻을 수 있었던 것이기에 그 내용들은 직역된 부분들이 많이 있을 수밖에 없음을 보면서 이것을 정말 저자들의 이름으로 책으로 낼 수 있을까 하는 질문을 스스로 가진 것이었다. 그러나 결론은 책으로 내자는 것이었다. 왜냐하면 이것은 분명히 인문사회의학 교육에 관심과 책임을 가지고 계신 전국의 교수님들께 의미 있는 자료가 될 수 있을 것이라는 확신이 있었기 때문이었다. 단, 우리가 어떤 자료들을 주로 이용하여 이 원고들을 만들었는지 분명히 밝히도록 하자는 것이 저자들의 두 번째 결론이었다. 저자들은 다양한 자료들을 이용하여 번역하고 요약도 하였다. 그리고는 그 모든 내용을 주제별로 묶어 편집을 하였다. 그래서 많은 내용들은 섞이게 되었다. 그래서 출처를 분명히 밝힐 수 있는 부분은 각 내용에 출처를 밝혔으나, 어떤 부분은 여러 자료가 섞여서 간단히 출처를 밝히기 어려운 부분도 있다. 그래서 여기서는 국외 인문사회의학 교육 내용들을 정리하면서 주요하게 사용된 세 가지 종류의 자료들 명단을 밝히고자 한다.

첫째, 외국의 자료로는 2003년 Academic Medicine 7권 10호에서 특집으로 다룬 의료인문학 교육내용을 근간으로 하였다. 이 특집은 951~1075 페이지에서 다루어졌는데, 그 중 특히 953~1047 페이지 사이에 있는 Shapiro 와 Rucker가 쓴 "Can Poetry Make Better Doctors? Teaching the Humanities and Arts to Medical Students and Residents at the University of California, Irvine, College of Medicine" 등 20개의 글이 주로 사용되었다.

둘째, 미국, 영국, 캐나다의 의학협회에서 발간한 의학교육 관련 보고서를 참고하여 기술하였고, 최신 자료는 여러 대학의 사이트를 참고하여 추가 하거나 수정하였다. 그 구체적인 내용은 다음과 같다.

- 미국의과대학협의회 AAMC(1984). GPEP 보고서 '21세기 의사상 Physician for twenty first century: The general professional education for physician'

- 미국의과대학협의회 AAMC(2003). A flag in the wind: education for professionalism in medicine

- 영국의학협의회 GMC(2003, 2009). 미래의 의사 Tomorrow's doctor

- 영국 왕립의학협회(2005). 사회 속의 의사: 변화하는 세계에서 의학 프로페셔널리즘 Doctors in society: Medical professionalism in changing world

- 캐나다 의과대학 협회(2001). 의학에서의 프로페셔널리즘 professionalism in medicine

- 의학교육 사이트 : 미국 하버드 의과대학, 예일 의과대학, UCLA 의과대학, 오하이오 주립대학교 의과대학, 미국의과대학 협의회(AAMC), 영국 Dundee 의과대학, Imperial (London) 의과대학, Leeds 의과대학, 호주 New South Wales 의과대학, Sydney 의과대학, 일본의 동경의과대학, 동경여자 의과대학

　셋째, 우리나라에서 발간된 각종 의학교육 관련 보고서와 학술대회 자료집이 이용되었고 그 중 대표적인 것은 다음과 같았다.

- 한국의과대학장 협의회(2000). 21세기 한국의학교육 계획: 21세기 한국의사상

- 한국의과대학장 협의회(2007). 인문사회의학 교육과정 개발 연구

이 책의 구성

이 책은 크게 3부로 구성되어 있다. 기본적 개념 정리, 외국 인문사회의학 교육 사례, 그리고 국내 교육경험에 따른 생각 등이 그것이다. 그 각각의 내용을 좀 더 자세히 보면 다음과 같다.

1부는 인문사회의학의 필요성과 개념이다. 그 용어에서 조차 아직 논란 중에 있는 인문사회의학을 이해하기 위하여 먼저 필요로 되는 개념 두 개, 즉 시대가 요구하는 의사상 및 의료 프로페셔널리즘을 각각 1장과 2장에서 다루었다. 이것을 먼저 정확하고 풍부하게 이해하는 것이 인문사회의학이라는 것의 개념과 필요성을 정확하게 볼 수 있게 하기 때문이다. 그리고 나서 3장에서 인문사회의학에 대한 구체적 개념 정리를 하고 이것이 가진 주요 쟁점들을 정리하여 보았다.

2부는 외국 의과대학의 인문사회의학 교육 사례이다. 여기에는 저자들이 그 동안 모아서 정리하고 번역하고 공부한 내용들이 주로 들어가 있다. 그 내용이 매우 많고 다양하여 저자들이 학교의 교육 프로그램을 작성하는데 편리할 수 있도록 먼저 주제별로 정리도 해보고(4장), 대학별로도 정리해 보았다(5장). 그리고 이런 교육들이 이루어지기 위한 지원과 평가는 어떻게 되는가를 간단히 정리한 것이 6장이다.

3부는 인문사회의학 교육 담당교수를 위한 제안이다. 이 부분은 그동안 8년간 이루어진 연세의대에서의 인문사회의학 교육의 경험을 돌아보면서 정리한 생각들을 제시한 것이다. 7장은 교육 구성과 운영의 경험, 8장에서는 교육의 어려움과 극복 방안, 9장은 미래를 위한 제언을 각각 담았다. 연세의대 교육 과정에 대한 더 자세한 내용을 실으면 어떨까 하는 생각도 있었으나, 아직은 부족한 면도 많고, 지금도 계속 개발되고 있는 과정 중에 있는 것이라 그것은 다음에 만들 책으로 넘기기로 하였다.

부록은 세 부분으로 구성되었다. 첫째, 인문사회의학 관련 추천도서 목록이다. 인문사회의학에 대하여 더 자세한 내용을 아시기 원하는 분들을 위하여 정리하였다. 둘째는 세브란스 인문사회의학교육 추천 도서 및 영화 목록이다. 연세의대 의예과 및 본과 교육 과정에서 학생들에게 다양한 책을 읽게 하고, 영화를 본 후에 그 독후감이나 감상문을 쓰게 하는 교육은 현재도 지속되고 있다. 이 와중에 학생들에게 어떤 책과 영화를 보게 하는 것이 필요한가는 교육 현장에서 당장 필요한 과제가 되었다. 그에 따라 2005년부터 전체 의대 교수님들과 많은 졸업생들에게 책과 영화를 추천하고 그 추천하는 이유를 적어 달라고 요청 드렸다. 그렇게 하여 정리한 내용들이 매년 보완되어 왔으며, 이번에 실은 것은 2010년도에 만들어진 목록이다. 좋은 책과 영화는 지금도 계속 만들어지고 있고, 숨겨져 있던 새로운 책과 영화들도 발굴되어 추천되고 있어 이 자료는 앞으로도 계속 축적되고 갱신되어 갈 것이다. 이 자리를 빌어 이 자료에 많은 책들과 영화들을 추천하여 주신 서경률 (연세의대 안과 교수), 박재영 (청년의사 편집인), 이승희, 류숙희, 신홍임 (연세의대 의학교육학과 BK 연구교수), 김혜원 (정신과 전공의), 어경진, 김현수, 홍남기 (공중보건의), 그리고 한 두 권씩의 소중한 책을 추천하여 주셨던 모든 교수님들께 다시 한 번 깊이 감사드린다. 세 번째 자료는 인문사회의학 관련 웹사이트 목록이다. 인문사회의학 관련 자료를 얻는데 있어 출판되는 책보다 더 빠르게 변화를 담는 것은 관련 웹 사이트들이다. 이 내용을 정리하여 주신 안재희 박사님 (연세의대 의학교육학과 BK 연구교수)께 감사드린다.

이 책이 목표로 하는 것

2008년부터 새로운 연세의대 인문사회의학 교육 과정 개편 작업을 하면서 늘 마음속에 떠오르는 질문은 하나였다. "인문사회의학 교육은 결국 무엇을 목표로 하는 교육인가?" 가 그것이다. 이 책은 그 질문에 대한 답을 찾기 위한 긴 여정의 중간 결과라 할 수 있다. 아직 그 최종 목적지에야 도착하지 못한 것이겠지만, 이 책은 인문사회의학 교육을 담당하실 의대교수님들께 다음과 같은 결과를 학생들에게 만들어 놓으실 수 있도록 하는데 도움이 되기를 바란다.

첫째, 공감하게 하는 것이다.

의사들은 늘 고통을 겪는 환자 앞에 있는 사람들이다. 그러나 의사 자신이 그 고통을 직접 겪는 사람은 아니다. 즉 의사란 암 환자를 치료하는 사람이지만, 그 스스로는 (아직) 암에 걸려 있지 않은 사람이라는 뜻이다. 이와 같이 자신이 직접 겪지 않는 환자의 고통을, 환자보다도 더 많이 알고, 그 문제에 접근하여 그 문제를 해결해 주어야 하는 모순 속에 존재하는 것이 의사이다. 그런 모순을 극복하게 하는 것이 바로 의사의 공감 능력이다. 이것을 가져야만 의사는 자신이 가진 근본적 한계를 넘어서는 존재가 되고, 진정 환자의 고통을 해결해 나갈 수 있는 존재가 된다. 그런데 여기서 공감이란 "질병"에 공감하는 것이 아니다. 공감은 환자들이 질병으로 인하여 겪는 "고통"에 공감하는 것이다. 그런데 많은 경우, 기초의학이나 임상의학은 "질병"을 학생들에게 가르치기는 하지만, 인간의 "고통"을 가르치지는 않는다. 그것이 의학교육이 가진 가장 큰 문제 중 하나이다. 바로 그 고통을 바라보게 하고, 그것에 공감하도록 만드는 것이 인문사회의학 교육의 목표이다.

둘째, 생각하게 하는 것이다.

나찌의 히틀러는 스스로를 "독일 국민의 의사"라고 대대적으로 선전하며 독일 국민들의 마음을 매료시켰다. 그리고 실제로, 나찌 독일의 가장 강력한 지지집단이면서 소위 인종위생Racial Hygine(사람의 가치를 인종에 따라 구분하는 이론) 이데올로기를 제공하고, 그것을 실천에 옮기는데 가장 앞장섰던 집단은 당시 세계 최고 수준의 과학 기술을 가지고 있었던 독일 의학계였다. 당시 국가의사연맹의 회장이었던 Gerhard Wagner는 이런 독일 의학계를 이끌며 나찌의 가장 충실한 하수인 역할을 하였다. 그에 따라 독일 의학계는 유태인과 집시의 홀로코스트, 정신질환자, 선천성 유전질환자 등에 대한 대량학살을 저지른다. 과학적 우월성이 실제로 인간의 "생각"하는 능력을 보장하는 것은 아님을 우리는 역사를 통하여 똑똑히 본다. 즉 기초의학과 임상의학이 아무리 발달한다 할지라도, 의학은 전혀 다른 제 3의 힘에 의하여 오염될 수 있고, 점령될 수 있으며 그로 인하여 비참한 결과를 가져오게 할 수도 있음을 알게 하는 것이다. 이와 같이 의학과 의료에 종사하는 사람들이 "생각"을 할 수 있도록 교육하는 것이 필요하다. 그것이 바로 인문사회의학의 교육 목표이다.

그러나 의학의 배경에 존재하는 그 시대의 강력한 이데올로기는 나찌 시대에만 존재하는 것은 아니다. 유감스럽게도 우리 시대 역시, 나찌의 이데올로기 못지않은 숨어 있는 이데올로기를 가지고 있다. 그것을 학자들은 다양하게 이야기하고 있는데, 저자는 그것들을 다음의 다섯 가지로 묶을 수 있다고 본다.

① 신체와 정신, 가치의 분리에 따른 환자와 의사의 단절을 당연한 것으로 보는 것이다. 모든 질병을 분자생물학적 차원으로만 환원하여 보고 질병이 가진 인간의 감정, 의미부여, 좌절 등은 더 이상 의학의 고려 대상이 아니며, 의사의 역할도 아니라고 보는 것이다. 그에 따라 의사와 환자의 단절을 당연시 하는 것이다. 의사는 환자의 마음과 정신에 대한 관심을 더 이상 가지지 않고, 그저 절대적 권위자로만 존재하기 원하면서 대화를 하지 않는 사람으로 있는 것이다.

② 전문화 우월주의이다. 지나치게 더 세분화되는 전문성에 매료되어 인간과 인간의 고통을 총체적으로 보지 않는 것이다. 이것은 더 세분 전문화 될수록 의료 수가가 더 높아지며, 의료계 내에서 더 큰 권위와 권력을 가지게 된다는 것과 깊은 연관을 가진다. 그러다 보니 전문화 시킬 필요가 없는 영역까지, 정치적, 상업적 이유로 전문화 시키고 세분화 시키고, 거기에 지나치게 많은 의사들이 모여드는 우를 범하고 있다.

③ 과도한 과학주의이다. 과학주의란 객관주의, 실증주의, 환원주의를 의미한다. 즉 과학적으로 이해가 되고 설명이 가능한 부분 까지 만을 사실과 진리로 받아들이겠다는 것이다. 이것은 아직도 밝혀지지 않은 인간과 인간의 고통을 매우 적은 부분으로 한정시키고 단절시키는 문제를 일으킨다. 그러나 현대 의학은 이 과학주의에 대한 절대적 신봉을 맹신하는 것을 스스로 자부심을 가지고 자랑스러워한다.

④ 자연현상에 대한 부정적 중재 활동의 정당화이다. 출생, 폐경, 노화, 치매, 뇌사상태, 죽음 등은 모두 인간의 삶에서 자연스럽게 발생하는 현상이다. 그런데 이것을 매우 비자연스러운 질병 현상으로 간주하고 이것에 의학적

중재를 가함으로써 사업적 이익을 추구하는 일을 당연한 것으로 보는 문제가 있는 것이다.

⑤ 이윤 추구와 공공 선의 조화가 깨지는 것을 당연시 하는 것이다. 예를 들어 선진국에서 조산아의 생존을 위하여 들어가는 천문학적 비용은 가난한 개발도상국의 임산부들에 대한 기본적 건강 지원에 들어가는 적은 비용과 비교가 되지 않을 정도로 많다. 물론 조산아 아이들의 생명이 소중하지 않은 것이 아니다. 그러나 동시에 개발도상국 신생아들의 생명도 소중하다는 것에 대한 국제적 균형 감각에 문제가 있다는 것이다. 또한 효과에는 큰 차이가 없이, 약간의 부작용을 없애기 위하여 새로운 신약 개발에 투입하는 세계적 제약회사들의 연구비 투자와 판촉비용은 실로 엄청나다. 자본주의 체제하에서 기업의 이윤 추구 자체를 부정적으로 볼 수는 없다. 그러나 그것이 한정되어 있는 사회 및 의료 자원의 분배에 있어 적절한 균형을 가져야만 사회는 합리적 발전을 추구할 수 있다. 현재 의료는 그 균형을 잃고서도 자신들이 균형을 잃고 있다는 것을 스스로 인식하지 못하고 있는 것이다.

이상과 같은 현대 의료 이데올로기에 대한 깨달음은 아무리 기초의학이나 임상의학을 공부하고 실험한다 할지라도 결코 깨달을 수 없는 것이다. 자신들이 하고 있는 의료가 어떤 특징과 이데올로기를 가지고 있는지를 객관적으로 멀리서 조망하면서 "생각"하는 능력을 가지게 하는 것이 바로 인문사회의학 교육의 목표이다.

셋째, 책임을 느끼게 하는 것이다.

아이티 지진으로 인하여 만들어진 캠프촌에서 아무런 치료도 받지 못한 채, 신음하는 어린 아이들의 모습, 동남아 국가에서 단지 깨끗한 물을 구하지 못하여 생긴 설사병으로 인하여 가쁜 숨을 쉬다가 의식을 잃고 죽어가는 한 살짜리 어린 아기를 껴안고 있는 엄마의 모습, 태어날 때부터 AIDS 에 감염된 14살짜리 여자 아이가 더 이상 서 있을 수 없게 되어, 침대에서 지친 눈으로 하늘을 바라보고 있는 모습, 서울에서 위암으로 고통스러운 마지막 숨을 내쉬며 젊은 아내와 일곱 살, 세 살의 아들과 딸을 바라보고 있는 젊은 가장의 모습. 이런 모습들이 단지 슬프고 마음 아픈 장면만으로 받아들여져서는 안 된다. 인간 사회의 모순이나 학문적 무기력으로 인한 불가피한 현상으로 받아들여져서도 안 된다. 이런 모습은 의학도들에게 가슴 가장 깊은 곳으로 부터의 강렬한 책임의식을 불어 일으키는 모습이 되어야 한다. 그래야만 인류에게 희망이 있을 수 있다. 그래야만 의학에게 희망이 있을 수 있다. 그래야만 의학교육에 희망이 있을 수 있다. 그런 책임의식은 기초의학이나 임상의학을 아무리 잘 가르쳐도 생기지 않는다. 그것은 전혀 다른 차원의 문제이기 때문이다. 그것이 인문사회의학의 교육 목표이다.

넷째, 상상하게 하는 것이다.

언뜻 생각하면 의학과 상상력은 상극인 것으로 보인다. 인간의 생명을 다루는 의학은 검증되고 또 검증된 가장 확실한 진단과 치료 방법을 가지고 환자들의 질병을 치료하여야 하는 것이기 때문이다. 사실 그렇다. 그러나 동시에 그렇지 않다. 인류 의학의 발전은 늘 검증되지 않은 새로운 시도, 새로운 상상력의 산물로서 한 단계씩 앞으로 나아갔기 때문이다. 아니, 사실은 그것을 더 넘어선다. 의료는 그 자체가 하나의 상상이다. 교과서적으로 아픈 환자는 거의 없는데, 의사는 환자의 증상과 검사 결과를 보고, 환자를 진단하고 치료하여야 하기 때문이다. 즉 임상 진료 자체가 사실은 하나의 상상적 활동이다. 앞에서 이야기한 환자의 고통을 공감해 주는 것도 사실은 상상력이다. 타학문의 새로운 연구 결과들을 의학에 접목 시키는 것도 상상력의 소산이다. 의대생들이 지루한 의학 공부를 더 흥미 있게 할 수 있도록 만들어 주는 것도 의학교육 안에 있어야만 하는 상상력의 역할이다. 즉 아직 해결하지 못한 미지의 의학 영역을 학생들에게 제시할 때, 비로소 의학을 공부하는 것이 흥분된 경험이 될 수 있는 것이다. 그런 의미에서 상상력은 의학의 본질을 구성한다. 그리고 이런 상상력을 요구하고 키우는 교육을 하는 것이 인문사회의학 교육의 목표이다.

이 책을 내 놓으면서

인문사회의학 교육은 저자에게 지금도 너무 힘든 과제이다. 의과대학을 나와 정신과 수련을 받고, 주로 사회정신의학 영역의 연구 활동을 하여 온 저자에게, 인문사회의학 교육은 더 큰 인문학적 소양과 더 날카로운 사회과학적 시각, 더 섬세한 예술적 감각과 더 절실한 인류를 향한 사랑을 요구하고 있다. 그러기에 인문사회의학은 저자에게 성취감보다는 좌절감을 주는 일이다. 나를 바라보는 학생들 앞에서 부끄러움을 느끼게 만드는 것이다. 때로는 회피하고 싶은 어깨 위의 무거운 바위 같은 것이다. 그러나 그럼에도 불구하고 오늘도 많은 교수님들, 동료들과 함께 예과 1학년부터 본과 4학년까지의 1년 내내 매주 있는 인문사회의학 교육에 대한 준비를 한다. 의과대학 교수님들

중 누군가는 반드시 담당하여야 할 일이기도 하고, 의대를 졸업할 학생들이 미래의 책임 있는 의료계 지도자로, 한 인간으로 성숙하게 활동하도록 하는 데 가장 필수적인 교육임을 알고 있기 때문이다. 부족한 이 책이 각 대학에서 인문사회의학 교육을 담당하시고 계신 교수님들께 작은 아이디어라도 드릴 수 있고, 앞으로 활동할 미래의 인문사회의학 학자들과 교육자들에게 작은 자극이라도 되기를 바란다. 공동 저자들과 함께 이 책을 그동안 전국에서 인문사회의학 교육을 위하여 애쓰신, 그리고 앞으로 애쓰실 모든 교수님들께 바치면서 이만 줄인다.

2010년 6월 8일

연세의대 교수실에서

저자들을 대표하여　전 우택 씀

1부

인문사회의학의 필요와 개념

"의대생으로서 나는 의학에는 두 가지 기둥 - 과학과 휴머니즘이 있다고 들었다. 기초 과학자들이 의대 교육 기간 중 그 첫 번째 기둥을 세우지만 두 번째 기둥은 그 구성과 유지를 소홀히 하기 때문에 학생들은 환자를 실험용 쥐를 다루는 것처럼 대한다. 의학에 대한 소명에 의하여 만들어 지는 이타주의, 정직, 통합이라는 이상주의적 인식은 의사 가운을 처음으로 입는 의식(white coat ceremony)에서 언급된 후, (의사 사회에 대한) 사회화(동화) 과정을 거치면서 약화된다. 여기가 바로 학생들에게 대전환이 일어나는 곳이다. **"**

(Boston 의과대학의 한 의대생 Chen Kenyon, 「The Raison d'être of the American Medical Student Association's Action Committee on Medical Education」에서).

01

인문사회의학의 필요성

I. 시대와 사회가 요구하는 새로운 의사의 모습

의사들에게 거대한 쓰나미(지진해일)가 밀려왔다. 의사가 자기를 찾아온 환자들의 질병을 정확히 진단하고 치료만 잘 해 주면 되던 그 긴 시대가 휩쓸려 떠내려 가버린 것이다. 전통적으로 의사는 환자 치료만 잘 하면 된다'고 교육받고, 생각하고, 믿고, 활동하면서 나름대로 잘 살아오던(?) 의사들에게 이 거대한 변화의 쓰나미는 혼란스러운 재앙임에 틀림없다. 그러나 거대한 변화와 도전은 위기이기도 하지만 동시에 분명 새로운 기회이기도 하다. 의사가 진정으로 인간과 인간의 고통을 총체적으로 이해하고 해결해 나가는 사회적 리더로서 그 존재의 의미를 재정립해야 하는 시대를 맞이하고 있기 때문이다.

이 거대한 쓰나미 경보를 공식적으로 발령한 주체는 바로 세계보건기구(WHO)였다. 세계보건기구는 1996년 의사의 역할을 완전히 새로운 형태로 확장시켰다. 즉, 의사의 역할이란 전통적인 개념인 돌봄 제공자 care giver 인

동시에, 의사결정자decision maker, 의사소통자communicator, 지역사회지도자community leader, 관리자manager라고 규정한 것이다(WHO, 1996). 이것에 이어 캐나다 의학협회는 의사의 기본적 역할과 역량으로 의료전문가medical expert, 의사소통자communicator, 학자scholar, 협력자collaborator, 관리자manager, 건강옹호자health advocate, 전문가professional로 더 세분화하면서도 명확히 하였다(Royal College of Physicians and Surgeons of Canada, 1996). 이제 의사란 단순히 생의학적 지식을 가지고 자기를 찾아오는 환자를 진료해 주는 것 이상의 역할을 해야 하는 존재로 규정된 것이다. 이것은 그동안 의학 지식과 의료 술기만을 교육의 전부로 생각하고 가르치던 의과대학과 의학교육자들에게 새로운 도전이었다.

그에 따라 의학교육에서 중점을 두어야 하는 내용을 재검토하기 시작하였다. 새로운 21세기에 의학교육이 나가야 할 방향을 천명한 미국의과대학협의회의 GPEP 보고서(Physician for Twenty First Century: The General Professional Education for Physician; 1984) 이후 의학교육의 목표를 더 구체화하기 위해 의학교육 목표 제정에 대한 연구가 이루어졌고, 그 결과로서 '의과대학 학생교육을 위한 학습목표'가 발표되었다(AAMC, 1998). 이 보고서에서는 의사로서 갖추어야 할 특성을 크게 네 가지로 제시하였다. 첫째, 의사는 이타적이어야 하고physicians must be altruistic, 둘째, 의사는 의학 관련 지식이 있어야 하며physicians must be knowledgeable, 셋째, 의사는 술기능력이 있어야 하고physicians must be skillful, 넷째, 의사는 책임감을 가져야 한다physicians must be dutiful는 것이다. 이것은 의사들에게 요구되는 역할을 수행하기 위하여 의사들이 갖추어야 하는 특성과 능력을 나열한 것이다. 여기서 주목할 것은 그 내용 중 두 가지만이 의학 지식과 기술에 대한 것이고 나머지 두 개는 이타적 태도와 책임감이라고 하는 매우 추상적이지만 중요한 사항에 할

애됐다는 사실이다. 우리나라에서는 2000년 한국의과대학장협의회가 「21세기 한국의학교육계획」에서 의사는 기본적인 의학지식과 술기를 가지고, 평생 학습능력을 가지고, 의료현장에서의 문제해결능력과 전인적 관점에서 질병 예방과 건강증진을 수행할 수 있고, 의료와 관련된 인문, 사회과학적 지식과 관리능력을 갖추며, 도덕적이고 이타적인 사회지도자 역할을 수행해야 한다는 바람직한 의사상을 제시한 바 있다(한국의과대학장협의회, 2000). 이것은 미국의학교육협회에서 제시된 것보다도 더 명확하게 정제된 내용을 갖추고 있으며, 동시에 더 차원 높은 의사들의 능력을 명시하고 있어 수준 높은 의학교육을 시행할 것을 요구하는 것이다.

결국 의사에게 요구되는 새로운 역할과 능력은 새로운 의학과 의학교육을 필요로 하게 하였다. 이것을 우리는 일반적으로 인문사회의학이라 부른다(아직 논란이 있는 이 용어에 대한 논의는 3장에서 좀 더 자세히 다루기로 한다).

사실 변화, 그것은 현대 사회의 가장 큰 특징이자 화두이다. 전 세계가 모든 영역에서 빠르게 변화하고 있다. 그리고 그 변화에 대한 반응과 반응 방식도 빠르게 변화하고 있다. 의학에 있어서도, 의학이 가지고 있는 과학 지식과 과학 기술의 변화도 정말 빠르지만, 그러한 새로운 변화된 과학 기술로 무장한 의학에 대하여 일반 사회와 국민이 의학에 기대하는 것, 그런 의학에 반응하는 방법 역시, 너무도 빠르게 변화하고 있다. 그에 따라 의학의 주체인 의사들이 해야 하는 역할도 빠르게 변화하기 시작했다. 인문사회의학은 그러한 변화에 대한 의학의 대응이라고 할 수 있다.

Ⅱ. 새로운 요구에 응답하는 의학교육의 목표

그렇다면 21세기가 요구하는 의사들을 양성하기 위해 의학교육은 어떻게 나아가야 할까? 이미 많은 보고서들이 미래 의학교육의 방향에 대해 기술하고 있으나, 여기서는 그 중 가장 중요하고 대표적인 것으로 간주되고 있는 미국의 GPEP 보고서(AAMC, 1998)인 「21세기 의사상Physician for Twenty First Century: The General Professional Education for Physician」과 영국의학협회가 작성한 「미래의 의사Tomorrow's Doctor」 보고서(GMC, 2003; 2009)의 주요 내용, 그리고 우리나라 한국의과대학장협의회(2000)에서 제시한 좋은 의사에 대한 내용을 소개하고자 한다. 이런 보고서들은 앞으로 의학교육이 어떻게 나아가야 하는지에 대한 안목을 형성하는 데 도움을 주고 있다.

1. GPEP보고서: 21세기 의사상(Physician for Twenty First Century: The General Professional Education for Physician)

미국의과대학협의회(AAMC)에서 1984년 발표한 GPEP 보고서 「21세기 의사상Physician for Twenty First Century: The General Professional Education for Physician」에서는 의과대학의 교육목표, 교육과정, 교육방법, 임상교육에 대해 다음과 같이 제시하고 있다.

첫째, 의과대학의 교육목표에 대해서 의과대학 교수들은 ① 지식습득 뿐만 아니라 술기와 가치관 및 태도를 습득하고 개발하도록 강조해야 하며, 이를 위해서는 학생들이 암기해야 하는 사실적인 지식의 양을 제한해야 한다;

② 졸업 후 의학교육에 진입하기 위해서 학생들이 알아야 할 지식과 술기의 수준을 명확하게 기술해야 하며, 이를 위해서 학부 의학교육을 담당하고 있는 사람들과 졸업 후 의학교육을 담당하고 있는 사람들 간에 밀접한 유대가 필요하다; ③ 인구통계와 보건의료제도의 변화에 대한 내용을 교육해야 한다; ④ 건강증진과 질병예방을 위해 환자뿐 아니라 지역사회에서 일하는 의사로서의 책임을 강조해야 한다.

둘째, 의과대학의 교육과정은 ① 자연과학과 사회과학, 인문학 분야의 폭넓은 공부를 할 수 있도록 해야 한다; ② 학자로서의 능력을 위해 글쓰기 능력, 자기주도학습 능력, 비판적 분석 능력, 진료에 필수적인 가치와 태도를 개발할 수 있는 능력, 사회에 공헌하는 능력들을 갖도록 해야 한다.

셋째, 의과대학의 교육(학습)방법은 학생들이 정보와 지식을 수동적으로 받아들이지 않고 적극적이고 자율적인 학습자, 문제해결자가 될 수 있도록 교육경험을 제공해야 한다. 이를 위해 의과대학은 의학교육에 정보학과 컴퓨터를 효과적으로 활용할 수 있어야 한다.

넷째, 의과대학은 독자적으로 학습할 수 있는 능력을 갖고 이를 지속적으로 개발하려는 학생과 그렇지 못한 학생을 구별하는 평가방법을 적용해야 하며, 학생들의 단순정보를 기억하는 능력보다는 문제분석과 해결능력을 판단할 수 있는 평가방법을 선택해야 한다.

다섯째, 의과대학의 임상교육은 ① 임상교육에서 필요한 지식, 술기, 가치관 및 태도를 구체적으로 기술해야 한다; ② 임상교육의 책임은 전적으로 교수에게 있으므로 학생들의 지도감독에 충분한 준비와 시간을 마련해야 한다; ③ 임상적 수행능력을 평가할 수 있는 절차를 개발하고 그 기준을 명확히 해야 한다. 또한 교수는 학생의 임상수행능력평가에 참여해 부족한 점을 발견하고 이를 개선하기 위한 계획을 수립해야 한다; ④ 학생들에게 다양한 선택 프로그램을 제공하고; ⑤ 기초의학과 임상의학의 연계교육을 통하여 과학적 원칙과 개념을 학습할 수 있도록 임상적 문제해결에 대한 적용능력을 함양해야 한다.

2. 미래의 의사(Tomorrow's Doctor) 보고서

2003년 영국의학협의회 General Medical Council는 「미래의 의사 Tomorrow's Doctor」라는 보고서에서 영국의학교육의 방향과 관련하여 14가지 원칙과 학습목표를 다음과 같이 제시하였다.

1) 미래 영국의학교육의 14가지 원칙

① 단순지식적 의학정보를 줄여야 한다.

② 호기심과 탐구를 통한 학습을 증진시켜야 한다.

③ 환자와 동료들에게 전문가로서 책임의식을 발휘할 수 있는 태도를 함양시킨다.

④ 일차 진료의로서 필요한 임상술기를 습득하도록 한다.

⑤ 핵심적인 의학지식, 수기 및 태도로 구성된 교육과정의 범위를 명확히 해야 한다.

⑥ 학생 개개인의 관심을 개발해야 한다.

⑦ 기초와 임상의학과목의 구분을 없애기 위해 통합적, 체계적 교육과정을 실시한다.

⑧ 의사소통기술을 강조해야 한다.

⑨ 교육과정의 핵심 분야에 보건학을 포함해야 한다.

⑩ 학생들에게 대학병원에서 뿐만 아니라 지역사회에서 혹은 일차진료를 통해 임상 경험을 쌓을 수 있는 기회를 제공해야 한다.

⑪ 현대의 교육원리와 공학적 자료들을 학습시스템에 포함시켜야 한다.

⑫ 의학적 사실에 대해 무비판적인 수용을 지양하고, 새로운 지식에 적합한 평가방법을 개발해야 한다.

⑭ 교육과정을 지속적으로 평가하고, 설계하며, 검토할 수 있는 교육과정 검토위원회를 설치해야 한다.

⑭ 이상의 원리들이 수행되고 있는지를 확인하기 위하여 정기적인 평가를 제도화하고 개선과정에 대한 보고서를 작성해야 한다.

2) 학습목표

영국의학협의회는 위에서 언급된 14가지 원칙에 기초하여 의학교육과정에 포함되어야 할 기본적인 11가지 학습목표를 다음과 같이 제시하였다.

① 의학에 필요한 기본과학에 대한 이해
② 질병에 대한 이해
③ 건강증진과 예방
④ 질병의 환경적, 사회적 측면에 대한 이해
⑤ 치료원리
⑥ 재활의 심리적 의학적 측면
⑦ 인간관계
⑧ 의사소통기술

⑨ 지역사회 의료

⑩ 임상적 방법과 술기기술

⑪ 전문가로서의 태도

3) 영국의학협회가 요구하는 의대졸업생들의 성과 내용

한편 2009년 「미래의 의사Tomorrow's Doctor」에서는 의과대학 졸업생에게 요구되는 세 가지 성과를 제시하였다(General Medical Council, 2009). 이것은 향후 인문사회의학 교육을 실시하는 목표를 설정하는 데 중요한 지침이 될수 있기에, 여기서 자세히 소개하도록 한다.

1. 의과대학 졸업생에게 요구되는 성과(outcomes for graduates)

- 가장 중요한 성과(overarching outcome for graduates)
  - 의과대학생들은 내일의 의사이다. 좋은 진료(good medical practice)를 위하여, 의대 졸업생들은 환자치료에 가장 첫 번째 관심을 두고, 그들의 지식과 술기를 능숙하고 윤리적 방법으로 적용하고, 그들의 능력을 리더십을 제공하고, 복합적이고 불확실한 상황을 분석하는 데 사용하게 하여야 한다.

- 성과 1 : 학자와 과학자로서 의사(the doctor as a scholar and a scientist)
  - 졸업생들은 진료에 생의학적 과학적 원칙, 해부학, 생화학, 세포생물학, 유전학, 면역학, 미생물학, 분자생물학, 영양, 병리학, 약리학, 생리학과 관련된 방법과 지식을 적용할 수 있어야 한다.

  - 진료에 심리학적 원칙, 방법, 지식을 적용할 수 있어야 한다.
    (a) 개인적 수준에서 정상적 인간행동을 설명한다.
    (b) 건강, 질병(illness), 질환(disease)의 심리학적 개념을 이야기할 수 있다.

(c) 질병에 대한 개인, 집단, 사회의 다양한 반응을 설명하기 위해 심리학의 이론적 분석틀을 적용한다.

(d) 질병, 질환의 과정, 치료의 성공에 기여하는 사회학적 요인을 설명한다.

(e) 행동변화와 치료순응의 심리학적 측면을 이야기한다.

(f) 죽음 및 가족과의 사별과 같은 주요 인생의 변화에의 적응을 이야기한다. 이런 상황에서 일어날 수 있는 비정상적 적응을 비교하고 대조한다.

(g) 중독 문제를 가지거나 다른 자해적 표현을 하는 환자를 다루기 위한 적절한 전략을 규명한다.

– 진료에 사회과학 원칙, 방법, 지식을 적용할 수 있어야 한다.

(a) 정상적인 인간행동을 사회적 수준에서 설명한다.

(b) 건강, 질병(illness), 질환(disease)의 사회학적 개념을 토론한다.

(c) 질병에 대한 개인, 집단, 사회의 다양한 반응을 설명하기 위해 사회학의 이론적 분석틀을 적용한다.

(d) 질병, 질환의 과정, 치료의 성공에 기여하는 사회학적 요인을 설명한다. (건강불평등 직업, 건강, 빈부의 영향 간 관계와 관련된 이슈를 포함)

(e) 행동변화와 치료 순응의 사회학적 측면에 대해 토론한다.

– 인구보건의 원칙, 방법, 지식과 건강 및 보건향상을 진료에 적용한다.

– 과학적 방법과 접근을 의학적 연구에 적용한다.

- 성과 2 : 임상가로서의 의사(the doctor as a practitioner)
  – 졸업생들은 환자와의 면담을 수행할 수 있어야 한다.

  (a) 가족력 및 사회적 이력을 포함한 환자의 의학적 병력을 정확히 알아내고, 기록하고, 적절한 장소에서 가족 또는 다른 돌봄자와 이야기한다.

  (b) 환자로부터 그들의 문제, 상황과 치료방법에 대한 적절한 이해, 관점, 관심, 가치 및 태도를 가지도록 한다.

  (c) 완벽한 신체검진을 실시한다.

  (d) 정신상태검사를 실시한다.

  (e) 법적 요구와 영국의학협회(GMC)의 지침에 맞는 특정한 의사결정을 하기 위해 환

자의 의사결정능력(capacity)을 평가한다.

(f) 돌봄과 치료에 대한 의사결정에서 환자가 어느 정도까지 개입되기 원하는지를 결정한다.

(g) 설명, 조언, 안심시킴, 지지를 제공한다.

– 임상적 상태(presentation)를 진단하고 관리한다.

– 의학적 맥락에서 환자, 동료와 효과적으로 의사소통한다.

(a) 환자, 가족 그리고 의학적 타 직종 동료의 의견을 경청하고, 공유하고, 대응함으로써 분명하고, 감수성 있게, 효과적으로 의사소통한다.

(b) 영어가 모국어가 아닌 환자를 포함해 나이, 사회문화적·민족적 배경 또는 장애와 상관없이 그러한 특성을 가진 개인 및 집단과 분명하고, 감수성 있게, 효과적으로 의사소통한다.

(c) 구두, 지면, 전자방법(전자기록 포함)으로 의사소통하고 환자에 의해 사용된 다른 의사소통방법을 인식한다. 졸업생들은 의학면담에서 비언어적 의사소통의 중요성을 평가해야 한다.

(d) 나쁜 소식 전하기와 같은 어려운 상황, 알코올 소비, 흡연, 비만과 같은 민감한 주제에 대해 토론할 때 적절하게 의사소통한다.

(e) 까다롭거나 폭력적인 환자와 적절하게 의사소통한다.

(f) 정신질환을 가진 사람들과 적절하게 의사소통한다.

(g) 심신이 취약한(vulnerable) 환자들과 적절하게 의사소통한다.

(h) 다양한 역할, 예를 들면 환자 변호인, 교사, 관리자 또는 개선지도자로서 효과적으로 의사소통한다.

– 의학적 응급상황에서 즉각적인 돌봄을 제공한다.

– 안전하고 효과적이고 경제적으로 약을 처방한다.

– 안전하고 효과적으로 진료시술을 수행한다.

– 의학적 맥락에서 정보를 효과적으로 사용한다.

- **성과 3 : 전문가로서 의사(the doctor as a professional)**
  - 졸업생들은 윤리적 법적 원칙에 따라 행동할 수 있어야 한다.
    - (a) 영국의학협회(GMC)의 윤리지침과 GMC에 등록된 의사의 임무와 모든 의사에게 기대되는 것으로 기술된 부가적 윤리지침인 '좋은 진료(good medical practice)'을 포함하는 기준에 대해 알고 준수한다.
    - (b) 의사의 임상적 책임과 역할에 대한 인식을 보여주고 환자치료를 첫 번째 관심으로 둔다. 자기 돌봄(self-care)을 포함하는 환자중심치료의 원칙을 인정하고, 환자 또는 필요한 경우 그들의 가족과 돌보는 이들과의 면담을 통해 환자의 치료적 요구를 다룬다.
    - (c) 예의바르고, 심사숙고하고 신뢰성 있게 대하고 정직하고, 일관성 있게 행동하며, 기밀을 유지하고 환자의 존엄성과 사생활을 존중하고, 적절한 동의의 중요성을 이해한다.
    - (d) 그들의 나이, 피부색, 문화, 장애, 국적, 성별, 생활양식, 결혼 또는 부모의 지위, 인종, 종교 또는 믿음, 성, 성정체성, 사회경제적 지위와 관계없이 모든 환자, 동료 등을 존중한다. 졸업생들은 환자의 종교 및 믿음을 존중하고 치료방법을 선택할 때 이를 고려해야 한다.
    - (e) 다른 사람들의 인식에 의해 어떻게 특정 환자의 권리와 기회가 침해당하는지를 인식한다.
    - (f) 환자와 그들의 가족 그리고 대중(아동, 노인, 학습장애를 가진 사람, 정신질환을 가진 사람과 같은 취약한 집단을 포함)의 건강을 보호하고 증진하는 데 포함된 법적, 도덕적, 윤리적 책임을 이해하고 수용한다.
    - (g) 관련 증명서와 법적 서류를 기입하고 적절한 경우 검시관 또는 대리인을 연결시킬 수 있는 능력을 포함한 진료와 관련된 영국의학협회 등을 통한 법 지식, 전문가적 규제체계를 보여준다.

  - 성찰하고, 학습하고 서로 가르친다.

  - 여러 전문직 팀 내에서 효과적으로 학습하고 일한다.

  - 환자를 보호하고 돌봄을 향상시킨다.

3. 한국의과대학장협의회의 교육목표 제안

우리나라 의과대학학장협의회에서는 의학교육의 목표를 다음과 같이 제안한 바 있다(한국의과대학학장협의회, 2000). 이것은 그동안 외국에서 나온 여러 내용들을 명확하고도 간략하게 잘 정리한 것으로 중요한 의미를 가지고 있으며 학생 교육을 실시하는 데 있어 좋은 지침이 되고 있다.

> 제안 1 · 기본적인 의학지식과 수기에 익숙하며 평생 스스로 학습할 수 있는 능력을 가진 의사를 양성한다.
>
> 제안 2 · 의료현장에서의 문제를 종합적으로 분석하고 이해하고 이를 처리하는 능력을 가진 의사를 양성한다.
>
> 제안 3 · 전인적인 치료와 더불어 질병예방과 건강증진을 수행할 수 있는 의사를 양성한다.
>
> 제안 4 · 의료에 영향을 주는 인문, 사회과학 분야 지식과 의료관리 능력을 갖춘 의사를 양성한다.
>
> 제안 5 · 도덕적이고 이타적이며 지도자적인 의사를 양성한다.

Ⅲ. 좋은 의사의 특성

결국 앞의 세 보고서에서 강조하고 있는 의학교육의 방향은 '좋은 의사'를 양성하는 것으로 집약된다. 그렇다면 좋은 의사란 어떤 의사를 의미하는가?

먼저 영국의학협회는 「좋은 진료 Good medical Practice」에서 좋은 의사란 환자를 그들의 첫 번째 관심에 두고 돌본다고 정의하고 있는데, 구체적으로 좋은 의사는 능력 있고, 그들의 지식과 술기를 최신으로 유지하며, 환자 및 동료와 좋은 관계를 갖고 유지하며, 정직하고 신뢰할 수 있고 일관성 있게 행동하는 의사라고 하고 있다(GMC, 2006). 또한 'The New Doctor'에서는 진료자격증을 가진 의사들이 가져야 할 7가지 특성(성과)으로서 좋은 임상적 돌봄, 좋은 진료 시행, 다른 의사들이나 의학도를 가르치고 훈련하고 평가하기, 좋은 환자와의 관계, 좋은 동료와의 관계, 정직성, 건강을 들고 있다(GMC, 2009).

한편 Kirklin(2003)에 의하면 환자의 시각에서 좋은 의사란 능력이 있을 뿐만 아니라 환자의 필요를 잘 알아내려고 노력하는 사람을 의미하며, 이를 위해서는 질병이 환자, 가족, 전문가에게 미치는 영향을 잘 이해하는 능력이 필요하다고 한다.

한편 국내에서 수행된 '좋은 의사'의 특성을 규명한 연구(이영미·안덕선, 2007)에서는 좋은 의사가 갖추어야 할 중요한 자질로서 다음의 10가지를 제시한 바 있다.

- 정확한 진단과 치료를 한다.
- 최신의학지식과 기술의 지속적 습득과 적용한다.

- 환자의 입장에서 아픔을 공감한다.
- 평생 공부하고 자기개발을 한다.
- 환자 진료시 윤리적으로 판단하고 행동한다.
- 환자에게 권위적이지 않고 친절히 대한다.
- 환자 및 환자 가족과 신뢰관계를 구축한다.
- 임상문제해결능력을 가지고 있다.
- 지역사회에 공헌하고 봉사한다.
- 적극적으로 건강증진과 질병예방에 노력한다.

이 연구결과에서 흥미로운 것은 우리나라의 경우 꼭 필요한 검사와 처방만 하는 의사를 좋은 의사의 조건으로 제시하고 있다는 것이다. 저자들은 이 결과를 국내의 의료계에 대한 환자의 불신을 반영하는 것이라고 분석하였다. 실제로 임상 현장에서 이런 행동을 할 수 있는 의사들을 양성해 내는 것은 중요하고도 현실적인 과제일 것이다.

위에서 보는 바와 같이, 미국과 영국, 그리고 우리나라에서 제시한 좋은 의사의 조건들은 그 내용이나 초점이 모두 다르다. 그러나 모두 좋은 의사로서 활동하도록 교육시킨다는 것은 단순한 지식이나 술기를 넘어서는 교육이 이루어져야 함을 이야기하고 있다는 점에서 뚜렷한 공통점을 갖고 있다. 즉 인간에 대한 깊은 이해(인문학적 공감능력)와 사회에 대한 거시적 시각(사회과학적 능력)을 갖춘, 도덕적이고 윤리적인 따뜻한 의사가 되어야만 그들이 가지고 있는 의학적 지식과 기술이 제대로 작동될 수 있다고 보는 것이다. 이것을 한 단어로 요약한다면 '의사로서의 바람직한 프로페셔널리즘professionalism을 가진 의사를 키워내는 것'이라고 말할 수 있다. 즉 미래 의학교육이 배출해야 하는 의사상, 의학교육의 핵심 내용은 의학적 지식과 기술만을 가진 의사가 아닌, 의료 프로페셔널리즘professionalism을 가진 '진짜 의사'를 만드는 것이다. 이것은 인문사회의학 교육의 본질과 닿아 있기도 한다. 사실, 프로페셔널리즘이란 너무 추상적이고 포괄적인 용어일 수도 있어 이것을 의학교육의 현장에서 언급할 때는 혼란이 야기될 수 있는 측면도 있다. 그러나 이것이 인문사회의학과 매우 밀접히 연관되어 있기에, 이제부터는 이에 대한 생각과 자료들을 간략히 정리해 보도록 한다.

02.

인문사회의학 교육과 의료 프로페셔널리즘

바람직한 의사를 키워내는 데에 있어 생물학적 지식과 의료 기술을 넘어선 의사의 태도나 윤리적 측면, 책임감 등을 언급할 때 이것을 통합적으로 '프로페셔널리즘'이라고 일컫는다. 그리고 많은 경우, 인문사회의학 교육이란 곧 프로페셔널리즘 교육이라 생각하는 경우도 있다. 물론 인문사회의학은 프로페셔널리즘보다 더 큰 개념이라 할 수 있겠으나, 프로페셔널리즘은 인문사회의학교육 프로그램을 구성하는 데 있어 매우 중요한 부분으로 다루어지므로, 이 장에서는 의료 프로페셔널리즘과 그 교육에 대하여 정리하여 보도록 한다.

Ⅰ. 의료 프로페셔널리즘의 정의

프로페셔널리즘professionalism에서 'ism'은 사전적으로는 '~주의'로서 이데올로기라는 의미를 갖고 있다. 이 관점에서 보면 의료 프로페셔널리즘은 의사집단의 이해관계나 권익을 지지해주는 이념이 된다. 그런데 의학교육에서 프로페셔널리즘에 대해 가르치는 교육내용을 보면, 의사집단의 이해관계나 권익rights and interests보다는 대부분 전문직으로서 요구되는 사회적 책무social accountability를 주로 가르치고 있다. 즉 프로페셔널리즘은 개념에서는 의사로서의 권익을 담고 있고, 교육내용에서는 사회적 책무를 담고 있다(김상현, 2007).

이 프로페셔널리즘은 사회, 문화마다 그 의미가 다른데, 미국의 의사들은 의사의 전문직화 과정에서 권익을 위해 프로페셔널리즘을 주창한 역사적 경험이 있어서 의사집단의 권익을 위한 의미로 프로페셔널리즘을 사용해도 전혀 문제가 되지 않지만, 우리나라에서는 잘 받아들여지지 않는 경향이 있다. 즉 미국사회와 한국사회의 프로페셔널리즘의 의미는 사회문화적 차이만큼이나 다른 것이다.

일반적으로 의료 프로페셔널리즘은 대중이 의사에게 신뢰를 갖게 하는 가치, 행동, 관계의 집합(세트)으로 정의된다. 또한 그 경계가 뚜렷하지는 않지만, 개념적으로 크게 의사가 돌봄을 제공하는 측면에서의 개인적individual 프로페셔널리즘과 돌봄이 일어나는 시스템 측면에서의 제도적institutional 프로페셔널리즘으로 구분된다(Canadian Medical Association, 2001; Royal College of Physicians, 2005). 이 개념에 의하면 사회문화를 초월하여 의사로서 공통적으로 지녀야 할 연민, 자선, 악행금지, 개인과 정의에 대한 존중

등과 같은 가치는 개인적 프로페셔널리즘에 해당되고, 사회문화적 차이에 따른 전체로서 프로페셔널리즘은 제도적 프로페셔널리즘이라고 할 수 있다.

다음에서는 사회문화적 차이에 따라 미국, 캐나다, 영국사회에서 어떤 프로페셔널리즘 가치를 강조하는지를 대표적으로 세 국가의 의사협회에서 출간한 보고서 내용을 중심으로 살펴보기로 하겠다.

II. 국가별 프로페셔널리즘 개념의 특성

그동안 프로페셔널리즘을 어떻게 정의하고 개념화하는가에 대한 다양한 논의가 주로 미국과 영국, 캐나다를 중심으로 이루어졌다. 여기서는 그 내용을 국가별로 정리해 보도록 한다.

1. 미국

미국사회에서 바람직하다고 간주되는 프로페셔널리즘의 특성은 미국 의과대학협회에서 출간한 「A Flag in the Wind: Education for Professionalism in Medicine(2003)」를 통해 파악할 수 있다. 이 보고서에는 미국의과대학협회 의과대학 교육목표 AAMC Medical School Objectives, 졸업 후 의학교육을 위한 인정기관 Accreditation Council for GME, 의사헌장 A Physician Charter, 의학회에서 제안한 의사의 의무 the duties of a doctor 그리고 Swick가 제안한 규범적 정의 normative definition를 구분하여 다음과 같이 소개하고 있다.

1) 미국의과대학협회 의과대학 교육목표(AAMC Medical School Objectives)

미국 의과대학협회는 의과대학 교육목표를 지식, 술기, 태도 면에서 다음과 같이 밝히고 있다(Anderson 등, 1999).

- 지식을 갖춘(knowledgeable) : 과학적 방법(scientific method), 생의학(biomedicine)
- 능숙한(skillful) : 임상술기(clinical skills), 추론(reasoning), 상황관리(condition managing), 의사소통(communication)
- 이타적인(altruistic) : 존경(respect), 연민(compassion), 윤리적 청렴(ethical probity), 정직(honesty), 이해갈등 회피(avoidance of conflicts of interest)

2) 졸업 후 의학교육을 위한 인정기관(Accreditation Council for Graduate Medical Education)

이 기관에서는 졸업 후 의학교육 목표를 정리하면서 의료조직에 대한 이해, 의사소통기술 등을 강조하고 있으며, 특히 의사로서 지녀야 할 프로페셔널리즘의 구체적인 특성을 비교적 자세하게 기술하였다(ACGME, 1999).

- 의학지식(Medical Knowledge)
- 진료기반 학습과 향상(Practice-based Learning and Improvement)
- 환자 돌봄(Patient care)
- 시스템 바탕 진료(System-based practice)
- 대인관계와 의사소통기술(Interpersonal and communication Skills)
- 프로페셔널리즘(Professionalism)
  - 존경(Respect)

- 연민(Compassion)
- 청렴(Integrity)
- 필요에 대한 반응(Responsiveness to needs)
- 이타주의(Altruism)
- 책무감(Accountability)
- 수월성에 대한 책임(Commitment to excellence)
- 건전한 윤리(Sound ethics)
- 문화, 연령, 성별, 장애에 대한 민감성(Sensitivity to culture, age, gender, disabilities)

3) 의사헌장(A Physician Charter)

의사헌장은 1999년 세계 각국으로부터 프로페셔널리즘의 새로운 의미에 대한 요청으로 시작된 '의료 프로페셔널리즘 프로젝트Medical Professionalism Project' 결과 산출물로서 의료체계 내에서 일하는 의사가 노력해야 하는 환자 복지와 사회적 정의 실현을 강조하고 있다. 이 의사헌장에서는 프로페셔널리즘의 정의, 원칙, 책임을 다음과 같이 밝히고 있다(ABIM, ACP-ASIM, EFIM, 2002).

- 프로페셔널리즘 - 의학에 대한 사회적 계약의 기반
- 원칙: 환자복지의 우선성, 환자 자율성, 사회적 정의
- 책임: 전문가적 역량   과학적 지식

  전문가적 책임감   이해갈등(COIs: Conflicts of Interest) 관리

  환자의 기밀유지   환자와의 관계에서 정직성

  돌봄의 질 향상   돌봄 접근성 향상

  적절한 관계   한정된 자원의 정당한 분배

4) 영국의학회(General Medical Council)에서 제안한 의사의 의무

미국 의학계가 제시한 내용은 영국의학회에서 제시한 내용을 토대로 하고 있다고 밝히고 있어, 여기서는 먼저 영국의학계가 명시한 내용을 소개한다.* 영국의학회에서는 프로페셔널리즘을 구현하기 위해 13가지 의사의 의무를 다음과 같이 밝히고 있다(British Medical Council, 1998).

- 환자의 돌봄을 첫 번째 관심사로 둔다.
- 모든 환자를 예의바르고 사려 깊게 대한다.
- 환자의 존엄성과 사생활을 존중한다.
- 환자에게 귀 기울이고 그들의 관점을 존중한다.
- 환자들이 이해할 수 있는 방식으로 정보를 제공한다.
- 의사결정에 충분히 개입될 수 있도록 환자의 권리를 존중한다.
- 의사로서 역량의 한계를 인식하고 전문지식과 술기에 대한 최신의 정보를 유지한다.
- 정직하고 신실해진다.
- 환자의 비밀 정보를 존중하고 보호한다.
- 당신의 개인적 믿음이나 신념이 환자의 돌봄을 해치지 않도록 명심한다.
- 위험(때로는 의사로 인한 위험)으로부터 환자를 보호하기 위해 빨리 조치한다.
- 의사로서의 지위를 남용하지 않는다.
- 환자의 이해관계에 최선이 되는 방식으로 동료와 협력한다.

5) 미국 의학계에서 제시한 내용

미국의학회에서는 미국사회에서 프로페셔널리즘을 구현하기 위해 1998년 영국의학협회(GMC)에서 제시한 13가지 의사의 의무를 7가지 범주로 나누어

---

* 영국에서 나오는 프로페셔널리즘에 대한 자세한 내용은 다음의 영국 부분에서 별도로 다룬다.

구체적으로 평가하였다(NBME, AAMC, 2002).

- 이타주의, 신의, 성실(예: 윤리적, 정직한, 도덕적인)
- 돌봄과 연민(예: 민감성, 관용성, 개방성, 의사소통)
- 존중(예: 환자의 존엄성과 자율성, 타 보건 전문가와 교수를 위한 관계설정)
- 책임감(예: 자기평가를 위한, 동기화, 통찰력)
- 책무감(예: 헌신, 의무, 합법성, 봉사)
- 수월성과 학문
- 리더십

6) Swick가 제안한 규범적 정의(normative definition)

Swick는 전문직으로서 기대되는 행동을 각각 다음과 같이 기술하였다(Swick, 2000).

의사는
- 자신의 이해관계 보다 다른 사람의 이해관계를 우선시 한다.
- 높은 윤리적, 도덕적 기준을 준수한다.
- 사회적 요구에 반응한다.
- 핵심적 인간주의적 가치(정직, 청렴, 돌봄, 연민, 이타주의, 감정이입, 타인에 대한 존중, 신뢰성)를 나타낸다.
- 주어진 책무를 다한다.
- (의료의) 수월성에 대한 지속적인 책임을 수행한다.
- 학문에 대한 책임을 다한다.
- 복잡성(complexity)과 불확실성(uncertainty)을 다룬다.
- 스스로의 행동과 결정을 성찰한다.

2. 캐나다

2001년 캐나다 의과대학 협회(CMA Canadian Medical Association)에서 나온 「의학에서의 프로페셔널리즘Professionalism in Medicine」에 의하면 캐나다 의료 프로페셔널리즘은 외부적으로는 상업주의, 소비자주의, 관료제, 산업화로 인해, 내부적으로는 봉사 윤리, 임상적 자율성, 자기규제를 유지하는 데 실패했기 때문에 도전을 받고 있다고 한다.

　캐나다의 의료 프로페셔널리즘은 캐나다 의료규약CMA Code of Ethics에 잘 표현되어 있다. 여기서는 의사로서의 책임을 크게 일반적 책임, 환자에 대한 책임, 사회에 대한 책임, 직업에 대한 책임, 스스로에 대한 책임 등 5가지로 범주화하고, 총 43개의 의사들의 책임을 기술하였는데, 그 내용은 다음과 같다.

A. 일반적 책임(general responsibilities)

1. 환자의 복지(well-being)를 최우선적으로 고려한다.
2. 모든 환자를 존중한다; 환자들을 개인적 이익을 위해 이용해서는 안 된다.
3. 치료가 더 이상 가능하지 않을 때에도 신체적 편안함, 영적, 심리사회적 지지를 포함하여 환자를 위해 적절한 돌봄을 제공한다.
4. 의학의 기술(art)과 과학을 충분하게 훼손되지 않게(without impairment) 실천한다.
5. 전문적 지식, 술기와 태도를 유지하고 함양하기 위해 평생 학습에 참여한다.
6. 당신의 한계와 타인의 역량을 인정하고, 필요시 다른 사람의 의견과 서비스를 찾을 수 있도록 권유한다.

B. 환자에 대한 책임(responsibilities to the patient)

a. 환자 - 의사관계를 시작하고 종료하기

7. 의료 서비스를 제공하는 데 있어 연령, 성별, 결혼상태, 의학적 조건(condition), 국적 또

는 민족, 육체적, 정신적 장애, 정치적 관계, 인종, 종교, 성정체성 또는 사회경제적 지위와 같은 근거로 환자를 차별하지 않는다.

8. 환자가 필요하거나 원하는 의학적 술기(procedure)를 추천하거나 시행하는 데 있어 의사 개인적인 도덕성이 영향을 끼치게 되면, 그것을 환자에게 알린다.

9. 어떤 사람이든 긴급하게 의료적 돌봄을 요구하는 사람에게는 당신이 줄 수 있는 적절한 지원을 한다.

10. 환자에 대한 전문가로서의 책임을 받아들였다면, 그러한 도움이 더 이상 요구되거나 필요로 하지 않을 때 까지, 다른 적절한 의사가 환자에 대한 책임을 맡을 때까지, 그리고 환자에게 치료 관계를 종료하려 한다는 통지를 할 때까지, 서비스 제공을 지속한다.

11. 당신 자신이나 당신의 가족구성원의 치료를 사소한 또는 응급서비스로만 국한시키며, 그것도 다른 의사가 도움을 줄 수 없을 때만으로 국한시킨다. 그리고 그러한 자신 및 가족에 대한 치료에서는 치료비용을 청구해서는 안 된다.

b. 의사소통, 의사결정과 동의

12. 당신의 환자가 그들의 의료적 결정을 위하여 필요로 되는 정보를 제공하며, 그들의 질문에 당신의 최선을 다하여 대답한다.

13. 당신이 환자에게 주는 정보가 환자에게 이해되게끔 모든 합리적인 노력을 다한다.

14. 당신의 환자 또는 다른 사람들에게 이로울 수 있는 진단 및 치료 방법(procedure)만을 권유한다. 만약 사용되는 방법이 다른 사람들의 이익, 즉 예를 들어 공공보건을 위하여 권유된다면, 당신의 환자에게 이 사실을 알리고 충분한 설명에 의한 동의(informed consent)에서 알려진 것, 또는 법에서 요구하는 것만을 진행시킨다.

15. 의사의 의료적 돌봄에 있어 환자의 의견을 존중한다.

16. 의료적 의사결정에서, 발달과정에 있는 어린이의 능력(competency)과 가족으로서의 역할 사이에 균형이 이루어지도록 하는 필요를 인지한다.

17. 환자가 선택한 다른 의사의 이차 의견(second opinion)에 대한 환자의 합리적인 요청을 존중한다.

18. 생명연명치료에 대한 시작, 지속 또는 중단에 대한 환자의 원하는 바를 확인하고 인정한다.

19. 환자가 의사결정능력이 없어지기 전, 사전에 작성된 서류, 또는 대리인 지정을 통해 표현했던 환자의 의견을 존중한다.

20. 의사결정능력이 없어진 환자의 사전 의사가 알려져 있지 않고, 적절한 대리인이 없을 때, 환자가 가지고 살던 가치와 부합된다고 믿어지는 치료를 행하고, 그 가치를 모를 경우,

환자의 최대 이익에 맞추어 치료한다.

21. 환자의 가족과 중요한 의미가 있는 타인을 사려 깊게 대하고 환자의 치료를 위해 그들과 협력한다.

c. 기밀유지

22. 환자에 대한 기밀유지가 의사로서의 법적 책임과 충돌할 때, 환자가 무능력해진 상태에서 기밀유지가 타인 또는 환자에게 중요한 해악의 위험성을 초래할 때를 제외하곤, 기밀유지에 대한 환자의 권리를 존중한다. 이 경우 환자에게 기밀성이 지켜지지 않는다는 사실을 알릴 수 있는 모든 합리적인 단계를 밟는다.

23. 제 3자를 대표하여 활동할 때, 환자가 제 3자에 대한 당신의 책임의 속성과 범위를 이해한다는 것을 확인할 수 있는 합리적인 단계를 밟는다.

24. 환자가 의료정보를 요청한 경우 만약 기록에 포함된 정보가 환자나 타인들에게 중요한 해악을 초래한다고 판단되는 중대한 이유가 없다면, 의료기록 사본을 제공한다.

d. 임상적 연구

25. 당신이 참여한 연구가 과학적이고 윤리적으로 평가받고, 책임 있는 위원회에 의해 승인받으며, 연구 대상자가 부적절한 해악으로 고통 받지 않을 것이라는 것이 충분히 계획되고 관리된다는 것을 보장한다.

26. 잠정적인 연구 대상자 또는 그 대리자에게 연구목적, 그것의 연구 자금의 출처, 받을 수 있는 해(harm)나 이익의 성격과 상대적 가능성, 연구 참여자들의 특성 등을 밝힌다.

27. 연구를 진행하기 전, 연구 참여자 또는 그 대리자에게 충분한 설명에 의한 동의(informed consent)를 얻고, 연구 대상자로 하여금 그들이 앞으로 받을 치료에 대해 불리해질지 모른다고 예상되면, 언제든지 연구 참여를 거부하거나 철회할 수 있는 권리가 있음을 알린다.

e. 진료비

28. 환자에게 진료비를 결정하는 데 있어서, 제공되는 서비스의 속성과 환자가 지불할 능력을 고려하고 환자와 진료비에 대해 논의한다.

C. 사회에 대한 책임(responsibilities to the society)

29. 지역사회, 사회, 환경이 개인 환자의 건강에서 중요한 요인이라는 사실을 인정한다.

30. 공중보건, 보건교육, 환경보호, 지역사회의 보건과 복지에 영향을 끼치는 입법, 사법적 절차에서 필요로 되는 증언 등에서, 전문가로서의 책임을 받아들인다.

31. 보건의료자원에 대한 공평한 접근성을 증진할 수 있는 의사의 책임을 인정한다.

32. 보건의료자원을 신중하게 사용한다.

33. 기본적 인권을 위반하는 진료에 참여하거나 지지하는 것을 거부한다.

34. 과학적 지식을 공적으로 해석할 때는 전문가들의 일반적인 견해를 제공하는 책임감을 인식한다. 일반적으로 알려진 전문직의 견해와 다른 의견을 제시할 때는 그 점을 언급한다.

D. 전문직에 대한 책임(responsibilities to the profession)

35. 전문직의 자기규제는 특권이고 의사들은 이러한 특권을 누릴 만한 지속적인 책임을 갖고 있다는 것을 인식한다.

36. 가르치고 배운다.

37. 개인적 동기를 가지고 동료의 평판을 비난하지 않는다; 그러나 동료에 의한 비전문가적 행위에 대해서는 적절한 기관에 보고한다.

38. 다른 의사에 대한 동료평가에 기꺼이 참여하고, 동료에 의한 평가를 받는다.

39. 전문가적 정직성을 유지할 수 있는 경우에만 협회 가입을 한다.

40. 의료전문가의 한 일원으로서, 사적 이익을 위한 어떤 형태의 서비스나 제품을 판촉하지 않는다.

41. 당신이 사용한 진료 또는 치료 방법(agent)과 시술(procedure)을 동료에게 비밀로 하지 않는다.

42. 환자를 돌보고 의료서비스의 기능과 향상을 위해 다른 의사와 의료전문직들과 협력한다.

E. 스스로에 대한 책임(responsibilities to oneself)

43. 당신의 환자와 사회와 전문직에 부정적 영향을 끼칠 문제들을 위하여 동료 및 적절한 자격을 갖춘 전문가들로부터 도움을 구한다.

3. 영국

2005년 왕립의학협회Royal College of Physicians의 사역팀Working Party에서 나온 보고서 「Doctors in Society: Medical professionalism in a changing world」에 의하면, 의료 프로페셔널리즘은 대중이 의사에게 신뢰를 갖게 하는 가치, 행동, 관계의 집합set을 의미한다. 더 구체적으로 기술하면, 의술은 의사의 지식, 임상술기, 판단을 통하여 인간의 복지를 보호하고 회복시키는 서비스로서의 천직vocation이며, 이러한 목적은 상호존중, 개인적 책임감, 적절한 책무감에 기반한 환자─의사간의 동반자 의식partnership을 통해 실현된다고 한다. 이를 위해서 의사들은 매일 매일의 진료에서 정직integrity, 연민compassion, 이타주의altruism, 지속적 향상continuous improvement, 수월성 excellence, 광의의 의료팀 구성원과의 파트너십working in partnership with members of the wider healthcare team에 전념해야 한다고 본다.

이 보고서에 의하면 의료정보에서의 민주주의democracy in information, 소비자주의의 등장, 의학적 현실을 더욱 투명하고 이해가능하게 만드는 것을 미덕으로 아는 정치 및 미디어 환경 등으로 인해 지금까지 우리가 의료 프로페셔널리즘의 특성으로 알고 있는 것을 수정해야 할 필요성이 제기되었다고 한다. 그 노력의 일환으로 지금까지 프로페셔널리즘의 핵심적인 특성으로 간주하던 몇몇 특성을 버리고, 몇몇 특성을 현대적인 프로페셔널리즘의 의미에 부합하도록 수정하며, 몇 가지 자질을 추가하게 되었다. 그것을 정리하면 다음과 같다.

① 먼저 과거 프로페셔널리즘의 핵심 특성으로 있었던 것 중 버려야 할 것으로 정통함mastery, 자율성autonomy, 특권privilege 및 자기규제self-regulation

를 들고 있다. 그 각각을 설명하면 다음과 같다. 첫째, 정통함mastery은 개념 자체가 모호하고 오해의 소지가 있다는 것이다. 이 개념에는 통제, 권위, 권력, 우월성을 암묵적으로 담고 있어서 임상진료의 근간이 되는 의사–환자 간 동반자 의식과 양립할 수 없기 때문에 빨리 포기하는 것이 더 좋다는 것이다. 둘째, 자율성autonomy 역시 오해의 소지가 있다고 본다. 일반적으로 자율성은 외부 통제로부터의 독립과 자유를 의미하지만 자기지배권, 사적 권위에 대한 강조, 즉 전적으로 의사로부터 발생하는 진료추구권을 함축하고 있다. 이 때문에 의사로부터 진료를 받을 때 환자들은 그들이 의사로부터 받는 조언이 의사들의 이익과 필요에 의해서 이루어진다고 생각을 하게 된다는 것이다. 이 보고서에서는 임상적 자율성은 의사가 환자의 바람과 의학적으로 우세한 근거로부터 독립적으로 행동할 수 있는 권위를 가지는 것을 의미한다고 제안한다. 셋째, 일반적으로 특정 책임으로부터의 자유 또는 면제를 의미하는 특권privilege과 자기규제self-regulation는 현대사회의 평등주의적 시각에 맞지 않고 일반시민이 갖는 의무를 초월한 의무duties를 강조하는 전문가적 가치에 부합하지 않는다고 본다.

② 다음으로 이 보고서에서는 프로페셔널리즘의 특성 중 역량competence, 기술art, 사회적 계약social contract 및 도덕성morality을 각각 더욱 현대적인 개념인 수월성excellence, 판단력judgement, 도덕적 계약moral contract으로 바꿀 것을 제안하였다. 즉, 어떤 것을 할 수 있는 능력을 의미하는 역량competence보다는 탁월하거나 칭찬할 만한 정도의 능력의 보유를 의미하는 수월성excellence, 지식 또는 기술의 적용을 의미하는 기술art보다는 문제를 해결하거나 개선하는 방법에 대한 의견에 도달하기 위해 환자에 의해 제시된 문제에 대한 비판적 추론의 적용을 의미하는 판단력judgement, 그

리고 너무 중립적 용어인 사회적 계약과 도덕성보다는 대중과 전문가 간 상호 동의를 기술하는 도덕적 계약moral contract을 사용하기를 제안한다.

③ 마지막으로 프로페셔널리즘의 새로운 분야로서 환자, 의사, 환자- 의사 상호작용, 전문직 영역에서의 특성을 추가하였다. 첫째, 환자영역에서 환자는 의사가 존재하는데 있어 필수적인 존재로서 환자와의 동반자 의식을 강조한다. 의사는 환자와의 관계에서 복지well-being, 인간 존엄성human dignity을 강화시키고 회복해야 함을 강조하고 있다. 여기서 복지는 건강, 편안함, 행복의 상태에 도달하는 전체주의적 관념을 말하는데, 환자의 삶의 신체적, 정신적, 사회적 측면과 의사가 치유하거나 회복하고자 하는 측면을 포함하고 있다. 그리고 인간 존엄성은 인간이 바라는 삶을 살기 위한 개인의 자유와 신체적 정신적 능력이라는 인간의 내재적 가치를 의미한다. 둘째, 의사영역에서는 의사는 환자와의 관계에서 본질적인 보완관계이며, 전문가적 개발을 꾸준히 함으로써 지속적인 향상을 위한 노력을 기울여야 함을 주장한다. 의사들은 환자와의 관계에서 연민compassion을 나타내고 광의의 의료팀과의 파트너십을 갖고 일할 수 있어야 하며, 직종 간 프로페셔널리즘interprofessionalism을 통해 다른 의료종사자들과 많은 가치와 특성을 공유해야 한다고 주장한다. 셋째, 환자- 의사 상호작용 영역에서는 효과적인 상호작용을 강조하는데 이를 위해서는 환자- 의사간 동반자 의식partnership과 상호 존중mutual respect이 중요하고 본다. 특히 동반자 의식은 정보를 잘 전달하고 의사와 더욱 완전하고 풍부한 교류를 원하는 대중의 기대에 부응하는 것 등을 포함한다. 넷째, 전문가 영역에서는 개인적으로는 환자의 복지와 인간 존엄성을 보호하고 회복하고 강화시키기 위한 목적을 달성하는 것이지만 의료체계적 맥락에서 관리 책임management responsibility과 같이 그 이상의 역할도 담당할 수 있어야 한다고 주장한다. 예를 들어 의사는 자원분배와 같은 관리 책임도 담당할 수 있어야 한다.

한편 왕립의학협회 Royal College of Physicians의 사역팀 Working Party은 의료 프로페셔널리즘 정의와 특성으로부터 리더십, 팀, 교육, 평가, 경력, 연구라는 6가지 핵심 주제를 이끌어내어 다음과 같은 추천사항을 제안하고 있다. 이 내용은 앞으로 의학에서 프로페셔널리즘을 교육하고 수행하는 데 많은 시사점을 주고 있기에 여기에 그 내용을 자세히 싣는다.

A. 리더십에 대하여

: 이 보고서에서는 리더십과 관련하여 의사들은 부정적이고, 방어적이고 자조적인 특성을 가지고 있으며, 전문직 사람들의 분열되어 있는 구조는 대중 및 정치인들과 건설적으로 교류하는 것과 의사들 간 의사소통하는 것에도 방해가 되고 있다고 본다. 즉 의학 내에는 많은 리더가 있지만 전체로서 의학적 리더십은 거의 없다는 것인데 이를 보고서에서는 '부족주의(tribalism)'라고 표현하고 있다. 그러면서 다음과 같은 내용을 제안하고 있다.

① 우리는 의학협회(GMC)가 전문가적 실천의 주요 역량으로서 리더십과 관리기술을 강화시키기 위해 중요한 문헌인 「Tomorrow's Doctor」를 수정할 것을 제안한다.
② 우리는 왕립의학협회와 교수진이 현대 팀기반 환경(team-based environment)에서 프로페셔널리즘 자질을 충족하기 위해 멤버십(membership)과 펠로우십(fellowship)에서 요구하는 기준을 분명하게 밝힐 것을 제안한다. (저자 주: 즉 의사들의 조직에 대한 참여와 의무를 강화하자는 것이다)
③ 우리는 왕립의학협회와 교수들, 의과대학, 의학협회, 타 보건의료조직들이 임상 지도자 조직을 개발할 수 있는 책임감을 가질 것을 제안한다. 이 조직은 그들이 추구하는 리더십 기술을 정의하고 그런 기술을 가진 의사들을 개발할 수 있는 교육 및 프로그램을 적용할 필요가 있다.
④ 우리는 왕립의학협회와 교수들이 다른 사람들과 함께 의학의 국가적 리더십과 목소리를

강화하고 통일할 수 있는 방법을 모색할 것을 제안한다.

⑤ 우리는 왕립의학협회와 교수들이 다른 사람들과 함께, 의학의 목소리를 통일성 있게 대표하는 공통적인 포럼(common forum)의 요구사항을 정의할 수 있는 실행집단을 만들 것을 제안한다.

B. 팀에 대하여

: 현대 의료계에는 의사와 관리자, 전문의와 일반의, 의사와 간호사, 고용주와 피고용주 간 많은 갈등과 긴장이 존재한다. 그러나 의료팀을 구성하는 사람들 간 차이에 대한 강조는 지속적으로 의료체계를 개선하기 위한 공통의 노력에 도움이 되지 않는다.

① 따라서 우리는 왕립의학협회가 의사들이 어떻게 많은 다전문가 팀(multi-professional team)에 의해 지원을 가장 잘 받을 수 있는지에 대해 검토할 것을 제안한다.
② 우리는 의학협회, 타 규제기관, 의과대학들이 전문직간(interprofessional) 교육과 훈련을 더 잘 할 수 있게 하는 공통 학습을 강화하는 방법을 모색할 것을 제안 한다

한편, 프로페셔널리즘은 의학교육, 평가체계, 의학적 경력개발에 대한 적절한 관심에 의해 가치가 부여되고 양성된다.

C. 교육에 대하여

: 교육과 프로페셔널리즘은 밀접한 관계가 있음에도 불구하고, 의과대학 의학교육이나 졸업 후 의학교육에서 프로페셔널리즘은 체계적으로 가르쳐지거나 반영되지 못하고 있다. 프로페셔널리즘은 현대 의료서비스에서 보너스(perk)나 장식물이 아니라 환자 – 의사간 신뢰성 있는 계약의 핵심적인 요소이다. 전문가적 가치를 꾸준히 전수하는 것은 높은 수준의 임상치료와 관련된 사람들에게 긴급한 필수요건인 것이다.

① 우리는 의과대학이 학생 선발기준으로 의료 프로페셔널리즘 자질이 개발되어 있거나, 개발될 수 있는 잠재력이 있는 학생인지를 검토할 것을 제안한다.
② 우리는 의과대학의 학생선발 패널 구성원들이 학생이 의학을 공부할 수 있는 필수적인 전문가적 적성(aptitude)이 있는지를 평가할 것을 제안한다.
③ 우리는 학생들이 초기 전문가적 가치에 대한 헌신의 맹세를 하는 의식(ceremony)을 가지도록 하는 의과대학 행사가 도입되기를 제안한다. 이 행사는 많은 미국의 의과대학에

서 시행되고 있는 가운 증정식(white coat ceremony)과 유사하다.

④ 우리는 의학협회(GMC)가 학부교육에 학생들을 전문가 교육에 참여시키는 교육과 훈련 시간을 따로 두는 것을 보장하는 지침을 강화할 것을 제안한다.

⑤ 우리는 다른 조직과 협력하여 점점 문화적, 인종적으로 다양해지는 인구집단과 의학교육, 훈련, 전문가 개발을 위한 의료인력에 대해 의학협회(GMC)가 검토할 것을 제안한다.

⑥ 우리는 왕립의학협회는 의사교육과 현재의 프로그램에 멘토십을 고려하고, 전문가적 가치의 지속적인 전수를 위한 수단을 제공하기 위한 국가적 멘토십 프로그램의 잠재적 가치를 검토할 것을 제안한다.

D. 평가에 대하여

: 지속가능한 의료 프로페셔널리즘을 위한 초석 중 하나는 평가체계에 있다. 평가는 모든 의사에게 경력개발과정의 부분으로 자격증과는 관련이 없다. 전문가적 가치와 이런 가치에 대한 위협을 성찰하는 것은 의사들을 위한 평가과정의 핵심이 되어야 한다.

① 우리는 보건부(Department of health)가 왕립의학협회와 함께 의사의 수행(performance)과 개발(development)을 평가하는 데 주요 요소로서 전문가적 가치를 통합시키는 관점에서 평가에 대한 전문가적 평가의 내용을 검토해줄 것을 제안한다.

E. 경력(career)에 대하여

: 이 보고서에서는 높은 수준의 환자 돌봄은 의사들의 의학에 대한 강한 동기화와 헌신에 달려있다고 본다. 환자가 행복하기 위해서는 의사가 행복해야 한다. 하지만 많은 현재 의사들이 행복하지 못하며 그 이유는 그들의 의학적 경력관리 때문이며, 따라서 개인적 조직적 수준에서의 경력관리가 필요하다고 제안한다.

① 우리는 영국의학협회, 왕립의학협회, 보건과가 의학경력 관리를 어떻게 가장 잘 개선시킬 수 있는가를 검증하기 위한 메커니즘을 만들 것을 제안한다. 그 목표는 현재와 미래 환자의 요구에 가장 잘 맞고, 사회와 의학 내에서 인구학적 변화를 반영하는 경력경로(career pathways)와 여정(journey)을 만드는 것이다

이상에서 보는 바와 같이, 영국은 의사의 프로페셔널리즘에 대하여 가장 책임 있는 고위 리더들이 진지한 고민을 하고, 행동에 옮길 것을 촉구하고 있다. 우리의 의학교육에서도 많이 검토할 사항들을 제안하고 있는 것이 보인다.

Ⅲ. 프로페셔널리즘의 유형과 구성요소

캠프Van De Camp와 그의 동료들은 '프로페셔널리즘을 어떻게 개념화할 것인가? - 질적 연구를 중심으로How to conceptualize professionalism: a qualitative study (2004)'라는 연구에서 의사의 프로페셔널리즘을 크게 ① 대인관계적 프로페셔널리즘, ② 공적 프로페셔널리즘, ③ 내적 프로페셔널리즘으로 나누고 그 각각의 구성요소와 함께 그 구성요소가 문헌에 인용된 횟수를 다음과 같이 기술하였다. 이것은 추상적 개념일 수밖에 없는 의사의 프로페셔널리즘을 나름

대로 객관적으로 분석한 중요한 연구결과라 판단되어 여기에 그 내용을 기술하고자 한다. *

---

① 대인관계적 프로페셔널리즘(Interpersonal Professionalism)

- 이타주의(Altruism) -26
- 존중(Respect) -21
- 성실(Integrity) -20
- 정직(Honesty) -13
- 연민(Compassion) -12
- 봉사(Service) -10
- 책임감(Responsibility) -9
- 신의(Honor) -8
- 신뢰성(Reliability) -7
- 자기이익추구 중지(Suspension of self-interest) -6
- 동료/팀과의 관계(Relationships with colleagues/team) -6
- 신뢰(Trust) -6
- 대인관계기술(Interpersonal skills) -5
- 의사소통기술(Communication skills) -4
- 환자, 동료의 나이, 성별, 장애에 적절히 반응하기(Be responsive to patients' and colleagues' age, gender and disabilities) -3
- 리더십(Leadership) -3
- 돌봄(Caring) -3
- 환자 집단에 대한 민감성(Sensitivity to a diverse patient population) -2
- 민감해지기(Be sensitive) -2
- 권력 남용 피하기(Avoiding misuse of power) -2
- 환자교육(Educate patients) -2

---

* 각 항목의 뒤에 표시된 숫자는 그 내용을 다룬 문헌의 숫자이다. 따라서 그 숫자가 클수록 그것을 의료 프로페셔널리즘의 중요한 구성 요소로 더 많이 언급된 것이라고 볼 수 있다.

- 예의바르게 환자대하기(Treat patients politely) -2
- 박애(Benevolence) -1
- 관용(Tolerance) -1
- 환자에게 그들이 이해할 수 있는 정보주기(Give patients information they understand) -1
- 사려 깊음(Be thoughtful) -1
- 공유된 의사결정에 대한 환자의 권리 존중하기(Respect patients' right of shared decision making) -1
- 판단오류를 인정하려는 의지(Willingness to admit errors in judgment) -1
- 주어진 시간에 일을 완수하려는 의지(Willingness to take time to complete work) -1
- 필요할 때 도움청하기(Ask help when necessary) - 1
- 참여(Participation) -1
- 교육에 반응하기(Response to instruction) -1
- 사람들을 이용하지 않기(Not ripping people off) -1

② 공적 프로페셔널리즘(Public Professionalism)

- 책무감(Accountability) -23
- 윤리규정을 따름(Submission to an ethical code) -17
- 수월성(Excellence) -10
- 자기규제(Self-regulation) -10
- 의무(Duty) -8
- 높은 수준의 전문성(High level of expertize) -8
- 사회적 계약(Social contract) -7
- 전문가적 행동(Professional conduct) -4
- 전문가 책임 수행(Carry out professional responsibilities) -3
- 소명(Calling) -2
- 필요한 경우 내부 고발하기(Blow the whistle if necessary) -2
- 환자 돌봄의 연속성에 대한 책임(Commitment to continuity of patient care) -1
- 지침 준수(Adherence to guidelines) -1
- 협상(Negotiation) -1

- 정의(Justice) -1
- 역량(Competence) -1
- 방법과 철저함(Method and thoroughness) -1
- 전문가적 권위(Expert authority) -1
- 투명한 규정(Transparent rules) -1
- 해박한 지식(Be knowledgeable) -1
- 헌신(Commitment) -1
- 명백한 전문가적 가치(Clear professional values) -1
- 지역사회 복지 향상(Enhancing welfare of the community) -1
- 비밀 보호 (Protect confidential information) -1
- 병력이해하기(Understanding history) -1
- 단순성(Simplicity) -1
- 생명의 의미와 가치에 대한 믿음(Faith in life's meaning and value) -1
- 명백한 기준 사용(Use of explicit standards) -1
- 질 향상(Deliverance of quality) -1
- 전문가적 인식과 민감성(Professional awareness and sensitivity) -1
- 기술적 역량(Technical competence) -1
- 전문가 협회의 자율성(Autonomy of professional associations) -1
- 표준을 위한 투쟁과 보장(Fight for and guarantee standards) -1

③ 내적 프로페셔널리즘(Intrapersonal Professionalism)

- 평생학습(Lifelong learning) -17
- 도덕성(Morality) -7
- 겸손(Humility) -5
- 성숙(Maturity) -4
- 본질적인 의업의 가치(Value medical work intrinsically) -3
- 덕(Virtue) -2
- 동기화(Motivation) -2
- 비판(Critique) -2
- 훼손되지 않음(Absence of impairment) -2

- 훌륭한 임상적 판단(Good clinical judgement) -2
- 전문가적 역량의 한계 알기(Know limits of professional competence) -2
- 용기(Courage) -2
- 스트레스에 대한 대응(Response to stress) -2
- 유연성(Flexibility) -2
- 자기향상(Self-improvement) -1
- 인도주의적 가치(Humanistic values) -1
- 잘 조직화됨(Being well-organized) -1
- 자기인식(Self-awareness) -1
- 개인적 신조가 돌봄에 영향을 미치지 않게 하기(Not letting personal beliefs influence care) -1
- 절제(Temperance) -1
- 문학과 예술 감상하기(Appreciate literature and arts) -1
- 선의(Goodwill) -1
- 높은 불확실성 다루기(Deal with high levels of uncertainty) -1
- 비판적 분석(Critical analysis) -1

출처: Van De Camp et al.(2004) How to conceptualize professionalism: A qualitative study. Medical Teacher, 26, 696~702.

이상의 내용에서 알 수 있듯이, 의료 프로페셔널리즘이 의미하고 있는 내용을 분석해보면, 예상외로 매우 많고, 다양하고, 이질적인 요소들을 모두 포괄하고 있는 것임을 알 수 있다. 따라서 의료 프로페셔널리즘을 교육시킨다는 것은 생의학적인 지식과 술기 교육을 시키는 것과는 전혀 다른, 새로운 교육의 영역이라는 것을 넘어선 매우 폭넓은 교육을 포함해야 하는 것이다. 이것이 바로 인문사회의학 교육인 것이다.

03.

인문사회의학의 이해

Ⅰ. 인문사회의학의 정의

최근 세계 의학교육과 우리나라 의학교육에서 기초의학, 임상의학과 함께 인문사회의학(혹은 의료인문학, 인문의학)이라는 개념이 의학교육의 한 영역으로 점차 중요시되고 있다. 그런데 그 명칭에서도 통일된 명칭이 아직 확립되지 않은 것처럼, 이 용어를 사용하는 학자에 따라 그 개념은 조금씩 다르다. 그래서 가장 먼저 인문사회의학에 대한 정의부터 생각해 보고자 한다.

인문사회의학을 정의하기 위해서는 인문학humanity, 사회과학social science, 일반교양liberal arts에 대한 이해가 선행되어야 한다. 먼저, 인문학humanities은 기원전 55년 키케로가 처음으로 사용한 라틴어 'Humanitas'에 어원을 둔 말로서 인간임, 인간됨, 인간다움을 다루는 학문이다. 이 인문학은 사회나 국가마다 그 개념에 차이가 있기도 한데, 예를 들어 미국에서 인문학이라고 할 때에는 사회과학을 제외한 문학, 철학, 역사, 예술일반을 의미하는 반면 유럽 전통에서는 사회과학을 포함한 의미로 사용하는데, 프랑스에서는 사회학과 철학이 중심이 된 학문을 의미하며, 독일에서는 정신과학, 역사학, 문화과학을 의미한다. 일반적으로 한국에서 인문학이라고 할 때에는 좁은 의미에서는 문학, 사학, 철학을 의미하지만 넓은 의미에서는 자연과학과 대비되는 학문으로서 전반적인 사회과학을 포함한다. 한편 사회과학 social science은 사회현상을 과학적으로 연구하는 학문으로 여기에는 인류학, 커뮤니케이션, 문화학, 경제학, 교육학, 지리학, 정치학, 법학, 경영학, 사회학 등이 포함된다. 마지막으로 일반교양 liberal arts은 특수하고 직업적이고, 과학적이거나 예술 art적인 기술이기보다는 일반적인 지식과 지적 기술을 제공하기 위한 학문으로서 인간의 보편적, 전체적, 조화적 완성을 목표로 한다. 따라서 일반교양은 좋은 의사를 양성하기 위한 것이기도 하지만 교양을 갖춘 시민을 목적으로 하는 다양한 지적 세계의 다양성을 보여준다. 그러나 현실적으로 인문사회의학은 기초의학도 아니고 임상의학도 아닌 의학의 나머지 영역을 인문사회의학으로 보는 경향이 있어서, 지금까지 예방의학 관련 교과목과 행동과학을 인문사회의학 교육으로 인식하기도 하였다(전우택. 양은배, 2003).

인문사회의학의 정의에 대해 맹광호(2007)는 인문사회의학이 학문체계상 별도로 분류되어 있는 분야라고 전제하고, 인문사회의학을 '의학을 이해하고 이를 실천하는 의료 활동에 있어 도움이 되는 인문학이나 사회과학 분야의 내용을 간학제적 interdisciplinary으로 포괄하는 하나의 개념'으로 파악한다. 이와 같은 맥락에서 본 글에서는 인문사회의학을 보다 광의의 개념으로 정의하고자 한다. 즉 인문학(문학, 철학, 윤리, 역사와 종교), 사회과학(인류학, 문화연구, 심리학, 사회학), 예술(문학, 연극, 영화, 시각예술)과 의학의 간학제적 학문을 총칭하는 것이며, 그것을 의학교육과 진료에 적용하는 것이며, 학문과 세부전공의 뚜렷한 세트이기보다 하나의 관점으로 파악한다. 한편 한국의과대학장협의회(2007)에서는 의료인문학은 인간본질에 대한 탐구와 타인에 대한 이해와 관계에 기초하여 인간의 건강과 질병을 생물학적, 심리적, 사회문화적 관점에서 탐구하는 학문 분야라고 규정한 바 있었다.

우리나라 의학교육에 인문사회의학에 대한 관심이 높아지고 관련 교과목 개설이 증가하는 등 인문사회의학 교육이 강화되기 시작한 것은 최근의 의학교육계의 지속적인 노력의 결과이다(맹광호, 2007). 1996년 제 4차 의학교육합동학술대회에서 '의과대학 인성교육; 어떻게 할 것인가'라는 주제로 인성교육의 중요성에 대한 논의를 시작으로 1999년 한국의과대학장 협의회가 발간한 '21세기 한국의학교육계획'에서는 의료윤리를 포함한 인문사회의학 교육의 필요성을 강조해 왔다. 그리고 한국의학교육평가원에서 주관하는 한국의과대학 자체평가언구지침(2007)에는 '인문사회의학 교육과 체험활동이 포함되어야 한다'는 기준이 포함되어 있다. 이러한 의학교육계의 제도적 노력들은 의식적인 면에서 인문사회의학 교육의 중요성을 이끌어 줌으로써 인문사회의학 교육이 자리를 잡는 데 기여했고, 그 결과, 현재 전국의 41개 의과대학과 의학전문대학원에서는 개설 형태는 다르지만 대부분 인문사회의학 교육을 실시하고 있다(안정희, 2008). 우리나라 의과대학에서 인문사회의학 교육에 대한 관심이 높아지고 관련 교과목 개설이 활발하게 이루어지고 있는 것은 일차적으로는 '좋은 의사good doctor 만들기'를 의학교육의 궁극적 목표로 보는 의학교육계의 노력에 기인하고 있지만, 보다 거시적이고 근본적으로는 사회구조 및 의료환경의 변화, 의학 및 의학교육 패러다임의 변화, 의사–환자관계의 변화에서 기인한 것이다.

Ⅱ. 인문사회의학을 가르치는 이유

의학의 급속한 발전과 함께 의과대학에서 가르치고 배워야 할 의학지식도 기하급수적으로 증가하고 있다. 의과대학에서 4년이라는 제한된 기간 동안 기초의학과 임상의학을 가르치는 데에도 시간이 너무도 부족한 상황인데, 왜 갑자기 인문사회의학이라는 그 개념조차 모호한 내용을 가르치는 데 귀중한 교육 시간을 할애하여야 하는가? 이 질문은 과거부터 현재까지 끊임없이 제기되고 있고, 앞으로도 지속될 것으로 보인다. 따라서 여기서는 인문사회의학을 교육시켜야 하는 이유를 정리해 보고자 한다. 실제로 의학교육학적 측면에서 무엇을 가르칠 것인가에 대한 교육내용은 학문, 학습자, 사회라는 세 가지 축에 의해 결정되므로(Tyler, 1949; 성태제, 2007), 여기서도 그 틀을 갖고 그 이유를 설명해 보고자 한다.

1. 의학에 대한 거시적 관점의 필요성

지금까지 의학 및 의학교육이 가장 많이 비판받는 것 중 하나는 의사가 환자를 보는 것이 아니라 질병에 초점을 맞춘 생의학적 biomedical 모델에 기반했다는 점이었다. 기본적으로 의학이라는 학문은 자연과학적 의학을 표방하고 있으나 그것이 절대적인 것은 아니며 과학기술의 발전과 함께 그 개념은 변화하고 발전해왔다. 대표적인 패러다임의 변화로 건강과 질병에 대해 생의학적 모델 biomedical model 로부터 생심리사회적 모델 bio-psycho-social model 로의 변화를 들 수 있다. 전통적인 생의학적 모델은 네 가지 측면(질병의 정의, 특정적 병인론, 보편적 질병 가정, 의학의 가치중립성 가정)에서 한계를 가진다. 첫째, 생의학적 모델에서는 질병을 측정 가능한 생물학적 변이의 기준에서 멀리 벗어난 상태, 즉 일탈된 상태로 규정하고 있으며, 이 기준에 의하면 건강은 '질병이 없는 상태'를 의미한다. 이 건강개념은 '단순히 질병이 없는 상태가 아니라 신체적, 정신적, 사회적 건강상태'로 정의하는 세계보건기구(WHO)의 건강 개념과 동떨어져 있음을 알 수 있다. 또한 질병을 일탈로 보고, 정상 범주에서 벗어난 상태라고 정의할 때, 과연 정상이라는 것이 이상적인 상태인지 아니면 모집단의 평균값을 의미하는지 불분명하다. 둘째, 생의학적 관점에 입각한 병인론에 의하면 질병은 특정한 세균(미생물)이 인체에 침투함으로써 발생한다고 본다. 현대사회에 만연한 질병은 더 이상 이러한 세균침입설로 설명되는 진염성 질환이나 급성질환이 아니며, 생활양식 lifestyle의 변화로 생겨나는 만성질환 chronic disease이 대부분이며, 질병에 대한 진단도 객관적으로 규정되는 것이 아니라 의사와 환자간 협상과 합의의 결과(Balint, 1957)라는 사실은 병인론의 주장을 일축하고 있다. 셋째, 모든 질병이 인류에게 보편적인 형태로 나타난다는 가정 역시 질병을 규정하고 치료하는 방식 면에서 사회문화적 요인을 간과하고 있다. 넷째, 의학의 가치중립성에 대한 가정은 과학적 의학에 기초를 두고 있고, 사회제도 내에서 질병을 통제한다는 점에서는 공통적인 기능을 하고 있지만, 실제 어떤 사회제도인가에 따라 의사의 권위, 치료방법이 달라지는 점을 간과할 수 없다. 이와 같이 인간의 몸과 질병은 생물학적 측면뿐만 아니라 사회문화적, 심리적 측면을 함께 갖고 있기 때문에 기존의 생의학적 모델은 한계를 가질 수밖에 없다.

한편, 의학교육에서 패러다임의 변화는 의학교육과정에 대한 Harden의 SPICES 모델에 잘 나타나 있다. 이 모델에 의하면, 의학교육과정이 교수중심 teacher centered에서 학생중심 student centered, 정보수집학습 information gathering

에서 문제중심학습 problem based, 과목중심 discipline based 교육에서 학제간 통합 integration 교육, 병원중심 hospital based 에서 지역사회중심 community based, 획일화된 교육과정 standard program 에서 선택교육과정 electives, 도제식 교육 apprenticeship 에서 체계적 systematic 교육으로 전환되는 것이 바람직하다고 한다. 하지만 각각의 스펙트럼에서 어느 한쪽의 극단적 방향으로의 전환은 한국적 상황에서는 가능하지 않으므로, 한쪽으로 치우지치 않고 어느 정도 균형적인 상태를 유지하는 것이 바람직하다고 생각된다.

2. 자아성찰의 필요성

의학의 학습자는 의학교육과정이 제공하는 내용 및 활동을 경험함으로써의 능력, 소질, 적성을 개발하여 그들의 요구를 만족시킨다. 최근 의과대학에 입학하는 학생들은 가정과 학교에서 비교적 자신의 개별적 능력과 개성을 인정받는 사회적 분위기 속에서 교육을 받고 자라난 신세대로서 과거 기성세대 의사와는 다른 가치관, 사고방식, 행동방식을 갖고 있다(김상현, 2007). 하지만 이들은 의과대학 입학 후, 의과대학의 과다한 학습량을 소화하는 과정에서 학습유형도 족보중심 및 암기식 학습 중심의 수동적 학습을 하게 되고, 인성적 측면에서는 경쟁지향적이고 개인주의화되는 경향이 강하며, 사회적인 측면에서도 좁은 사회적 관계망, 사회와 세상 물정에 대한 무관심 등 타전공의 학생들과는 다른 독특한 문제점을 안고 있다. 이와 같이 의과대학생들이 남다른 학습능력과 잠재력을 가졌음에도 불구하고 기존의 의학교육 속에서 나타나는 문제점을 고려할 때 의학교육에서 지금까지 소홀히 다루어져 왔던 인문사회의학 교육의 필요성은 절실하다고 볼 수 있다. 진정한 의미에서의 의학

교육을 위해서는 학생의 요구수준에 맞고, 학생의 잠재력과 능력을 최대한 이끌어낼 수 있는 학습자 중심 교육이 이루어져야 할 것이다.

3. 변화하고 있는 의사 - 환자관계

의학교육에서 인문사회의학 교육의 필요성은 의학교육을 마친 후 임상의사가 되는 과정에서 만나게 되는 의사- 환자 관계 속에서 찾을 수 있다. 의사-환자 관계에 대한 대표적 논의는 구조기능주의 사회학자인 Parsons의 논의에서 시작된다. Parsons는 먼저, 전통적으로 의사- 환자 관계를 부모- 자식 관계에 비유하고 있는데, 첫째, 부모와 의사는 자식과 환자가 자신의 정상적 사회적 역할을 할 수 있도록 도움을 주는 사회통제의 주체자이고, 둘째, 부모와 의사의 통제를 받는 자식과 환자는 이러한 사회통제를 용인하며, 셋째 이들이 지향하는 사회적 목표(자식과 환자가 자신의 사회적 기능을 수행하는 것)가 같다고 보기 때문이다. 다음으로 Parsons는 의사- 환자관계를 기본적으로 비대칭적인 관계로 파악하고 있다. 여기서 비대칭적asymmetric 관계란 의사- 환자관계에서 권력이 한쪽으로 치우쳐 있음을 의미하며, 이 의사- 환자간 비대칭성은 치료를 위해서는 불가피하다고 본다. 또한 Parsons는 의사가 상대적으로 더 큰 권위를 갖는 것은 세 가지 상황, 즉 전문적 권위, 상황적 권위, 상황적 종속에 기인한다고 보았다. 의사가 갖는 전문적 권위란 사회로부터 인정받은 전문 치료인으로서의 권위를 의미하며, 이는 의학적 전문성, 교육훈련기간, 사회적 인정 등에 기초한 면허증으로 구체화된다. 상황적 권위란 환자가 처해 있는 상황의 긴급성과 관련되어 있는데, 긴급성이 클수록 의사는 더 큰 권위를 갖게 된다. 한편, 환자가 갖는 상황적 종속은 비전문가로서 환자는 의학적 전문지식을 가지고 있지 않으며, 자신의 건강상태와 질병의 원인을 모르며, 의사가 의학정보를 독점하고 있는 상황에서 발생한다. 이러한 Parsons의 전통적인 의사-환자관계는 기본적으로 의사와 환자의 이해관계가 일치한다는 것을 전제하기 때문에 의사-환자간 갈등적 요소를 간과하고 있으며, 질병의 유형에서도 급성질병에만 적용가능하다는 한계를 가진다.

이러한 Parsons의 의사-환자관계 모델을 바탕으로 Szasz와 Hollander는 질병의 심각성, 일상생활의 지장정도에 따라 의사-환자관계를 능동-수동관계(부모-유아관계), 지도-협력관계(부모-자식), 상호참여 관계(성인-성인)로 나누어 기본역할의 변화 가능성을 보여주고 있다. 또한 Friedson은 의사가 우월한 지배력을 행사하지만 본질적으로 의사-환자관계를 갈등적 관계로 보며, Haug과 Lavin은 의사-환자관계를 의사와 환자의 기질적 성향에 따라 자기책임형과 소비자주의형으로 나눔으로써 의사-환자관계에 소비자주의consumerism 개념을 도입하였다. 이외에도 McKinlay는 환자의 건강관리행태가 예방중심, 치료중심, 응급상황중심인가에 따라 의사와 환자의 권력이 달라진다고 보았다.

이와 같은 의사-환자관계의 변화는 거시적 관점에서는 사회전반적인 가치관의 변화, 즉 민주화, 인간성 회복, 소비자주의 확산으로 인한 것으로 볼 수 있다. 또한 미시적 관점에서는 지배-종속 관계에서부터 출발하여 질병유형, 기질, 상황에 따라 비대칭성의 정도가 완만한 관계, 비교적 동등한 관계, 갈등적 관계도 될 수 있고, 심지어 역비대칭성이 일어날 수 있을 정도로 다양할 수 있음을 보여준다. 따라서 인문사회의학 교육에서도 최근 일어나고 있는 의사-환자관계의 변화를 반영하여 의사-환자관계에서 발생할 수 있는 여러 가지 주제, 즉 의사소통교육, 의료윤리 및 법적 분쟁 등에 대한 교육을 실시하고 이에 적합한 교수방법과 평가방법을 개발할 필요성이 있다.

4. 급속한 사회 변화: 기술과 의식변화 속도의 불일치

인류의 역사에 가장 큰 변화를 가져오게 한 사건은 19세기말 영국에서 시작된 '산업혁명'과 20세기 말의 '정보화 혁명'으로 이는 농경사회에서 산업사회, 산업사회에서 지식정보화 사회로의 변화를 초래하였다. 이 농경사회–산업사회–지식정보화 사회로의 변화 과정에서 의료환경 역시 급속한 변화를 맞게 되었다. 이 사회구조의 변화과정에서 의료윤리, 의학 전문직업성 medical professionalism을 포함한 인문사회의학 교육에 대한 논의가 시작되었다. 먼저, 산업화 이후 의료정보기술과 생명공학기술과 같은 의료신기술의 눈부신 발전이 양날의 칼과 같이, 한편으로는 질병치료, 평균수명 연장 등과 같은 긍정적 영향을 미치기도 했지만 다른 한편으로 기존의 사회적 규범과 불일치하는 의료 및 생명윤리와 같은 의료윤리의 문제를 야기하게 되었다. 특히 급속하게 발전하는 의료신기술에 비해 잘 변하지 않는 사회적 규범으로 인해 의료현장에 있는 의료인들에게 가치관의 혼란을 안겨주었고, 의과대학과 교육자들에게는 장래 의사가 될 학생들을 위한 인문사회의학 교육이라는 새롭지만 심각한 과제를 던져주었다. 이 의료윤리에는 출생의 윤리(낙태, 인간복제 등), 죽음의 윤리(안락사, 뇌사 및 장기이식 등), 연구윤리(IRB, 연구진실성 등), 관계윤리(의사–환자관계, 의사–타의료인 관계 등) 등이 포함되어 있다. 다음으로 의학 전문직업성 medical professionalism에 대한 논의는 의료의 산업화, 국가의 의료관리가 정착되면서 의사들은 더 이상 전문직으로서의 역할을 할 수 없다는 위기의식에서 출발하고 있다.

이와 같이 우리사회의 전반적인 사회구조의 변화는 의료환경을 변화시켰고, 이러한 의료환경에서 의사로서 활동해야 할 미래의사를 양성하는 의학교육에도 영향을 미친 것이다.

Ⅲ. 인문사회의학 교육의 문제점과 주요 쟁점

인문사회의학 교육이 이러한 좋은 취지를 갖고 있지만 인문사회의학 교육은 가르치는 교수들에게는 매우 어려운 일이고, 교육받는 학생들에게는 불만스러울 때가 많이 있다. 특히 학생들의 불만은 인문사회의학 교육을 하는 데 있어 중대한 어려움이 될 수밖에 없다.

인문사회의학 교육에 대한 학생들의 비판은 크게 교육내용, 교수자와 교수법, 구조 및 순서로 나눌 수 있다(Shapiro et al., 2009). 첫째, 교육내용 면에서 인문사회의학 교육에서 다루는 내용이 임상상황과 별로 관련성이 없는 간접적이고 비실용적이고, 심지어 적합하지 않는 내용이라는 것이다. 그 대표적인 것으로 의과대학에서 다루는 내용이 지적인 유인상술intellectual bait-and-switch이라는 비판을 들 수 있다. 즉 과학적이고 객관적인 것을 추구하는 데 익숙한 학생들에게 의과대학에 입학할 때 기대하지 않았던 환자에 대한 글쓰기 과제를 의무적으로 부과하는 것에 대한 불만과 관련된 것이다. 둘째, 교수자와 교육방법에 대한 비판에서 먼저 의학교육에는 의사가 아닌 교수는 임상현실을 이해하지 못한다는 인식이 있기 때문에 의사만이 의과대학생을 가르칠 수 있다는 것이다. 또한 교육방법 면에서도 인문사회의학 교육의 유연성은 학생들의 취약성과 불확실성을 시험하게 하고, 보편적이고 옳은 정답이 없는 것은 불안감을 야기하며, 이미 인간주의적 자질이 형성되어 있는 학생들에게도 더욱 인간주의적으로 되게 하는 수업은 학생들에게 압력을 행사한다고 비판한다. 셋째, 구조에 대한 비판은 학생들이 인문사회의학 세미나에 너무 많은 시간을 소요하므로 시간을 줄이는 것이 효율적이라는 것과 강의와 읽을거리가 많아서 수업이 지나치게 빡빡하여 학생들을 압도한다는 것, 반대로 수업이 소집단 토론 중심이고 과정지향적이고 느슨할 경우, 모호하고, 개방적이고 너무 사적이라는 것이다.

여기서는 이와 같이 인문사회의학 교육이 가지는 본래의 취지와 목적을 구현하는 과정에서 부딪히게 되는 쟁점을 6가지로 좀 더 세분화하여 소개하고 이에 대한 논의를 하고자 한다. 인문사회의학 교육과 관련된 주요 쟁점으로는 인문사회의학에 대한 정의, 교육주체와 교육대상의 문제, 임상상황과의 연계성, 주제영역, 교육효과의 문제, 인문사회의학 평가의 제도화를 들 수 있다.

1. 인문사회의학에 대한 정의

인문사회의학의 정의와 관련된 논의는 크게 교육과정의 명칭, 교육과정의 성격으로 나눌 수 있다.

먼저 한국사회에서 인문사회의학을 지칭하는 다양한 명칭을 통일할 것인가, 아니면 명칭의 다양성을 존중할 것인가, 만약 통일한다면 어떤 명칭이 가장 적합한지에 대한 문제가 있다. 현재 우리나라 의과대학에서는 인문사회의학 외에도 의료인문학, 인문의학, 사회의학 등의 명칭을 사용하고 있다. 이에 대해 인문사회의학의 다양성을 고려하여 각 대학의 특성과 기호에 맞는 다양한 명칭을 존중하자는 입장과 교육내용의 표준화를 추구하고 교육과정 명칭이 다름으로써 오는 혼란을 막기 위해서 가능한 한 통일된 명칭을 사용하자는 입장이 있을 수 있다. 기초의학 및 임상의학 교육과정은 이미 우리나라 41개 의과대학에서 공통적으로 사용하고 있어서 이 교육과정에서 다루는 대략적 교육내용에 대해서 대부분 인식하고 있다. 하지만 인문사회의학 교육과정과 혼용해서 사용되고 있는 의료인문학, 사회의학 등의 명칭은 특정 학문이 포함여부가 함축되어 있기 때문에 명칭에 따라 교육내용까지 결정되는 것이다. 따라서 기초의학, 임상의학과 함께 사용될 교육과정 명칭에 대한 합의가 필요하며, 각 의과대학의 고유한 인문사회의학 교육의 특성은 별칭을 통해 표현하는 것이 바람직하다는 생각이 든다. 현재 의과대학, 의전원에 대한 인정평가 기준에서는 '인문사회의학'이라는 용어가 사용되고 있고 어느 정도 공식화되고 있어서 본 책에서도 인문사회의학이라는 용어를 사용하고 있다.

다음으로, 인문사회의학이 교양적 성격인가, 아니면 반드시 의학과 접목된 것이어야 하는가의 문제가 있다. 이 문제는 의과대학과 의학전문대학원이라는 두 가지 학제가 공존하는 현재 우리나라에서는 오히려 그 성격이 분명해진다. 즉 고등학교를 졸업한 후 의예과를 통해 들어오는 학생들에게는 교양적 성격이 포함되어야 하고, 4학년 대학교육과정을 마친 후 의학전문대학원을 통해 들어오는 학생에게는 교양적 성격 보다는 의학과 접목된 성격이 더 요구된다는 것이다. 이는 6년 학제가 대부분인 유럽의 의과대학에서 교양중심의 교육과정을 운영하는 반면 4+4 학제가 보편화된 미국의 의과대학에서는 의학과 접목된 교육과정을 운영하는 것을 통해서도 잘 알 수 있다.

한편 한 의과대학에서 의예과를 통해 들어온 학생들의 반응을 들어보면, 기초 및 임상의학 중심의 빡빡한 교육과정 속에서 교양적 성격이 가미된 과목이 긴장을 완화시켜주고 학교생활의 활력소가 된다는 의견이 있었다. 이러한 학생들의 반응은 학생들이 의과대학에서 공부 외에 심리적 지지를 받을 수 있는 다른 통로가 없음을 보여주기도 하는데, 이는 의과대학 학생들의 삶의 질을 높일 수 있는 다양한 프로그램 개발이 요구됨을 시사해준다.

2. 교육주체와 교육대상의 문제

인문사회의학을 누가 교육하고, 누구를 대상으로 교육해야 할 것인가의 문제
이다. 먼저 지금까지 대부분의 의과대학에서는 장래 의사가 될 사람을 가르
칠 수 있는 사람은 반드시 의사여야 한다는 것을 암묵적으로 가정하고 있는
데, 이는 의사가 아닌 교수가 학생을 가르칠 때에도 의사의 상징이라고 할 수
있는 하얀 가운을 입고 강의실에 들어가는 것을 보면 잘 알 수 있다.

　교수자가 의사인 경우와 의사가 아닌 인문사회과학자인 경우 각각 장단점
이 있다. 먼저 교수자가 의사인 경우, 우선 학습 분위기가 진지해지고, 임상
상황과 접목된 실질적인 내용을 가르칠 수 있다는 장점이 있다. 하지만 일정
수준 이상의 인문사회의학적 소양과 관련 지식 및 교수법에 익숙한 교수가 드
물어서 학생들이 그야말로 인문사회의학 교육을 통해서 반드시 습득해야 하
는 중요한 교육내용을 놓칠 수 있으며, 특히 비판적 성찰이 요구되는 프로페
셔널리즘 교육에서는 위계서열성과 동질성이 강조되는 의과대학 문화에서
자유로운 토론을 통해 개인적 의견을 피력하는 데 한계가 있을 수 있는 단점
도 함께 가지고 있다. 반면 의사가 아닌 교수자의 경우에는 폭넓은 인문사회
의학적 지식을 갖추고 인간과 사회현상에 대해 비교적 중립적이고 전문가적
통찰력을 이끌어낼 수 있는 장점을 갖고 있다. 하지만 간혹 의료상황을 잘 이
해하지 못함으로써 학생들의 흥미를 이끌어내지 못하는 지식 전달식 강의가
이루어지는 경우가 발생한다.

　하지만 의사가 아닌 교수자는 장차 의사가 될 학생들에게 의사로서 갖추
어야 할 시각뿐만 아니라 사회구성원 또는 시민으로서 갖추어야 할 균형 잡힌
시각을 제공해줄 수 있다는 점에서 인문사회의학 교육에 참여시키는 것이 바
람직하다. 의사만이 의사가 될 학생들을 가르칠 수 있다는 편견과 당위성은

다른 사회구성원과 동떨어진 가치와 시각을 갖게 함으로써 의사이기 이전에 사회구성원으로서 갖추어야 할 인문사회의학적 소양을 함양할 수 있는 교육의 기회를 원천적으로 배제시킬수 있다.

한편, 현존하는 인문사회의학 교육대상이 주로 의과대학 학생들에게 초점이 맞추어져 있음으로써 의과대학을 마치고 인턴, 전공의 과정을 거치면서 그 교육의 효과가 지속되지 못하는 문제를 안고 있다. 의과대학 학생 중심의 인문사회의학 교육은 학생들에게도 임상상황과 연계시키지 못하게 교육적 효과가 경감될 뿐만 아니라 정작 이 교육의 필요성이 절실한 임상현장의 인턴, 전공의에게는 어떠한 도움도 주지 못하게 되는 것이다. 따라서 학생 - 인턴 - 전공의로 이어지는 인문사회의학 교육과정 체계를 구축할 필요성이 제기된다.

3. 임상상황과의 연계성

인문사회의학 교육은 장래 의사가 되기 위해 임상상황에서 요구되는 전문의학적 지식, 임상술기와 함께 전문가적 자질을 함양하기 위한 것이다. 따라서 인문사회의학 교육도 임상상황에서 교수가 자연스럽게 환자를 대하면서 가르치는 것이 이상적이다. 그러나 임상상황은 교수 - 학생관계 보다는 의사(교수) - 환자 관계가 더 우선시 되는 환자중심적 상황이기 때문에 임상에서 학생들에게 인문사회의학 교육을 시키는 데에는 한계가 있다. 즉 인문사회의학 교육은 이상적으로는 임상상황과 연계시키는 것이 바람직하지만 현실적으로 적용시키는 데에는 많은 어려움이 따른다는 것이다. 더욱이 임상 의사이자 의과대학 교수들은 인문사회의학 교육의 필요성에 대해서는 인정하지만 굳이 임상상황에서 가르쳐야 한다는 것을 잘 이해하지 못할 뿐 아니라 정작 의과대학에서 인문사회의학 교육을 정식으로 받은 경험이 없는 경우가 대부분이어서 그 필요성을 느끼는 경우에도 어떻게 가르쳐야 할지 난감해 하는 경우가 많이 있다.

따라서 임상과 연계된 인문사회의학 교육을 위해서 우선 인문사회의학 교육을 위한 교수개발프로그램을 개발할 필요가 있다. 장기적으로는 의과대학의 교수뿐만 아니라 학생, 전공의 중 인문사회의학 교육을 담당할 수 있는 인력을 확보하여 훈련시킬 필요가 있다. 그리고 의과대학 전반적으로 인문사회의학에 대해 관심을 가질 수 있는 문화와 분위기를 조성할 필요가 있다. 구체적으로 이 책의 뒷부분에서 설명하고 있는 Northwestern University's Feinberg, School of Medicine의 College System과 New York University, School of Medicine의 Master Society와 같이 인문사회의학 교육에 관심을 가진 교수– 전공의– 학생으로 연결되는 모임을 조직하여 그 전통과 명맥을 유지시키는 방법을 고려해볼 만하다. 또한 의과대학에서 매번 이루어지는 각종 세미나를 의학적 주제에만 국한시키지 말고, 인문사회의학적 주제를 포함시키고, 그 진행방식도 일방적으로 연자의 강의를 듣는 방식이 아닌 의사들간 토론을 통해 인문사회의학에 대한 공감대를 형성할 수 있는 기회를 갖는 것도 생각해볼 수 있다.

4. 인문사회의학의 주제영역

인문사회의학 교육에서 무엇을 가르쳐야 하고, 그 범위를 어디까지 해야 할 것인가도 중요한 과제이다. 이는 인문사회의학에서 다루어야 할 교육내용과 관련된 것이다. 우리나라 인정평가 기준에 의하면 인문사회의학 분야는 의사학, 의료윤리, 의료정보, 철학, 어문학, 사회학, 경영학, 의사법학, 인류학, 심리학, 행동과학, 보완대체의학 등을 의미하며, 예방의학과 법의학은 교육내용에 따라 인문사회의학 분야로 분류가능하다고 한다(한국의학교육평가원, 2007). 그리고 권장내용으로 인문사회의학과 관련된 현장체험학습 또는 사회봉사프로그램을 포함시키고 있다. 이 인정평가 기준에 의하면, 우리나라에서 인문사회의학 교육은 인문학, 사회과학뿐만 아니라 예방의학 및 보건학, 그리고 의사로서 활동하는 데 실용적으로 요구되는 주제까지 포괄적으로 다루어야 한다는 사실을 함축한다.

결국, 인문사회의학 교육과 관련된 우리나라 인정평가 기준은 두 가지 점에서 앞으로의 좀 더 많은 생각을 요구한다. 첫째, 인문사회의학 교육과 예방의학 교육의 관계를 어떻게 정리할 것인가 하는 것이다. 둘째, 지나치게 실용적인 주제까지 인문사회의학 교육에 포함시킬 필요가 있는가의 문제이다. 먼저 예방의학은 의학과 사회과학적 특징을 동시에 가지기 때문에 의학과도 다르고 사회과학과도 차별적이라고 할 수 있다. 즉 예방의학은 의학 내에서 기초의학의 한 분야로서 사회와 연계된 주제영역을 다룬다는 점에서 생물학적 과학으로서의 의학과 다르고 오히려 사회과학과 공통점을 갖고 있다. 반면 예방의학은 방법론 면에서는 근거중심의학evidence-based medicine을 지향한다는 점에서 과학적 방법론뿐만 아니라 다양한 주의ism와 주장이 강조되는 일반 사회과학과는 차이가 있고, 오히려 의학 내 타전공과 유사점을 가지고 있다. 따라서 인문사회의학 교육에는 예방의학적 주제 중 건강과 질병에 영향을 미치는 사회적 요인을 다루는 사회역학social epidemiology, 사회집단과 질병 등과 같은 보건학 또는 의료사회학적 주제가 포함될 수 있다. 그러므로 예방의학 교육과 인문사회의학은 그 교육 영역에 있어 조화를 만들어 갈 필요가 있다.

한편, 일부 학자들은 의과대학에서 굳이 임상의사가 된 후 요구되는 실용적 지식까지 교육시킬 필요가 있는가에 대한 문제를 제기하고 있는데, 그 대표적인 것이 병원경영, 의료경영과 관련된 교육이다. 이러한 문제제기는 이 과목 명칭에 포함된 '경영management'이라는 용어에서 기인한다고 볼 수 있다. 즉 경영학은 인간본성, 사회현상, 일반교양을 다루는 인문학이나 사회과학과는 달리 효율성과 이윤을 추구하는 자본주의적 속성이 가미된 대표적인 학문으로 전문가적 자질과 태도를 함양하는 '교육'과는 가치 면에서 상충되는 측면이 있기 때문이다. 하지만 급변하는 사회 속에서 치료자로서 뿐만 아니라 사회지도자 또는 관리자로서 의사의 역할을 요구하는 의료 환경 속에서 새로운 관련지식과 자질이 추가되는 것이 더 자연스럽고 당연한 것일 수 있다. 오히려 학생들에게 변화하는 시대적 흐름과 상관없이 의사에게 요구되는 기존의 의무중심의 가치만 강조하고 교육하는 것은 졸업 후 학생들을 치열한 생존경쟁 속에 무방비한 채로 던져놓게 되는 우를 범할 수 있다.

5. 교육효과의 문제

인문사회의학 교육의 효과가 있는지의 여부는 과연 인문사회의학 교육에서 가르치는 가치와 태도가 의과대학 시절에 가르쳐질 수 있는 것인가와 연결된다. 혹자는 기본적 심성과 태도는 어느 정도 타고 나거나 어린 시절 이미 굳어졌기 때문에 성인이 되어 시작되는 의학교육에서 그 효과가 별로 없다고 말한다.

인문사회의학 교육은 타 인성교육에 비해 시기적으로 늦게 이루어짐에도 불구하고, 그 교육효과는 누가, 어떻게 가르치는가에 따라 달라질 수 있다고 말할 수 있다. 그 대표적인 예로 의료 커뮤니케이션 교육을 받고, 소집단 토론 중심의 교육을 받은 학생들이 그렇지 않은 학생들 보다 훨씬 커뮤니케이션 능력이 뛰어나고 자기표현을 잘 하는 경우를 들 수 있다. 예전의 의사들이 요즘 의사들에 비해 환자와의 관계에서 권위적이고 공감능력이 부족하며, 의사소통을 잘못하는 경향은 기본적인 심성이 다르기 때문이 아니라 '왜 환자와의 관계에서 공감과 의사소통기술이 중요한지'를 인식하지 못하고, 설령 인식한 경우에도 의사소통을 어떻게 해야 하는지를 배우지 못했기 때문으로 볼 수 있다. 다만 인문사회의학 교육의 효과를 높이기 위해서는 학생뿐만 아니라 임상상황과 본격적으로 접하게 되는 수련의와 전공의 과정에서도 수준별 인문사회의학 교육이 병행되어야 할 것이다. 그리고 학생 시기에도 학년별로 적합한 주제와 그 심화정도를 조정한 나선형 교육과정을 취함으로써 수평적·수직적 통합과 연계를 이루는 것이 효과적일 것이다. 즉 인문사회의학 교육을 받는 시기와 적용시킬 수 있는 시기 간 격차를 가능한 한 줄이는 것이 교육효과를 높이는 방법이 될 것이다.

6. 인문사회의학 평가의 제도화

우리나라 의사국가시험은 지금까지 의학적 지식을 중심으로 평가해왔으며, 2009년부터는 임상실기시험을 통해 의사로서 갖추어야 할 기본임상술기 평가가 포함되게 되었다. 그런데, 급변하는 의료 환경 속에서 인문사회의학적 소양과 지식, 의사소통기술, 의료윤리 등도 역시 의학적 지식과 임상술기 못지않게 의사로서 갖추어야 할 중요한 자질로 여겨지게 되었으며, 이제 어떤 방식으로든 인문사회의학적 지식과 소양을 평가해야 할 시점에 와 있다.

이미 의사가 되기 위한 평가에 인문사회의학적 요소를 포함시키고 있는 미국 의사시험의 경우, 기초의학적 지식을 주요 내용으로 하는 1 단계Step 1 에서는 질병치료와 예방에 영향을 주는 성별, 민족, 행동적 고려gender, ethnic and behavioral considerations affecting disease treatment and prevention, 임상의학적 지식 및 수기를 주요 내용으로 하는 2 단계Step 2에서는 의료윤리와 법medical ethics and jurisprudence, 그리고 기초의학과 임상의학 지식을 적용한 사례중심의 문제인 3 단계Step 3에서는 인문사회의학적 기본 개념을 적용하여 문제를 해결하는 방식의 문항을 포함하고 있다.

우리나라에서 미국 의사시험에서와 같이 인문사회의학적 평가가 이루어지기 위해서는 우선 인문사회의학 교육에서 평가해야 할 내용에 대한 의과대학들 간 합의가 필요하다. 하지만 교육내용에 대한 합의가 이루어지더라도, 이러한 교육내용을 가르칠 수 있는 교수자를 확보하는 일이 현실적으로 쉽지 않다. 이에 의과대학을 지역 권역별로 나눈 인문사회의학 컨소시엄을 구성하여, 교수자를 공동으로 구성하여 운영하는 방안을 고려해 볼 만하다.

이상과 같은 문제인식을 갖고, 다음 장에서는 외국의 의과대학에서는 인문사회의학 교육을 어떻게 시행하고 있는지 알아봄으로써 이러한 문제들을 해결할 수 있는 방안을 모색하고자 한다.

2부

외국 의과대학의
인문사회의학 교육 사례

이제부터는 외국 의과대학의 인문사회의학 교육 사례를 살펴보고자 한다. 이를 위해 주제별 또는 시행 대학별과 같이 한 가지 방법으로 살펴보는 것이 전체적으로는 더 체계적일 수 있을 것이다. 그러나 인문학이나 인문사회과학의 주제는 매우 복합적이고 학교별 상황과 특수성이 매우 커서, 전체를 주제별로만 묶기도 어렵고, 그렇다고 대학별로만 설명하는 것도 혼란스러운 측면이 있다. 따라서 여기서는 두 가지 방법을 모두 사용하기로 한다. 즉 주제가 뚜렷한 것은 주제별로 나누어 간단히 정리하지만, 가급적이면 대학별로 구체적인 사례들을 보도록 하겠다. 이것이 그 대학 전체의 인문사회의학 교육의 특성과 분위기를 잘 이해할 수 있는 방법이 되기도 하기 때문이다. 대학별 순서는 국가별로 하였는데, 여기서는 미국, 영국과 캐나다와 호주 등을 포함하는 영연방 국가, 그리고 유럽, 아시아 및 남아메리카 등의 순서로 정리하였다.

04

주제별 인문사회의학 교육 사례

여기서는 주제를 크게 의료인문학, 의료윤리와 의료법, 의료커뮤니케이션, 의료 프로페셔널리즘 등 4가지로 나누었으며, 그 내용은 다음과 같다.

I. 의료 인문학

인문학humanity에 대한 개념은 문화권, 국가, 사회마다 약간씩 차이가 있지만, 일반적으로 읽기, 쓰기, 듣기, 말하기와 같은 기본적 의사소통과 함께 문학, 역사, 철학, 예술 및 문화, 그리고 다양한 학문적 전통을 아우르는 통합 인문의학을 의미한다. 여기서는 이러한 교육내용을 다루고 있는 의과대학의 사례를 소개하고자 한다.

1. 자기성찰을 위한 글쓰기

글쓰기는 의학과 관련된 내용뿐만 아니라 일반교양에 대한 내용을 포함하는데, 특히 주제가 지정된 directed 에세이는 학생들로 하여금 특정 상황에서의 의사의 역할에 대해 더욱 많이 배우게 하고 진료에 포함된 사회정치적 이슈를 인식하도록 도와주기도 한다(Fried et al, 2003). 인문학적 글쓰기 교육을 실시하고 있는 의과대학의 프로그램들을 소개하면 다음과 같다.

첫째, California 의과대학 University of California, Irvine, College of Medicine에서는 가정의학 임상실습에서 모든 학생들에게 짧은 임상사례와 관련된 문학 작품을 읽게 하고, 이것이 그들의 치료계획 구성에 어떤 영향을 주었는지를 주제, 목적, 평가, 계획 (SOAP Subjective, Objective, Assessment, Plan)에 따라 쓰게 한다. 여기서는 프로그램 책임자와 임상의사가 함께 글쓰기 교육을 가르친다.

둘째, Missouri-Kansas 시립 의과대학 University of Missouri-Kansas City, School of Medicine에서는 의료전문가로서 진로 선택 career을 계획하고 있는 2학년 학생들을 위해 '글쓰기, 치유, 그리고 인문학 Writing, Healing, and Humanities'이라는 과목을 운영하고 있다. 이 과목에서는 교실에서의 토론 등을 통하여 학문적 연구, 삶과 사회에서 의학의 역할을 생각하게 하는 교육을 실시하고 있다.

셋째, New York 의과대학 New York University, School of Medicine에서는 학생들에게 의학 정보를 논리적이면서도 포괄적으로 환자들의 이야기 narrative와 종합적으로 연결시키는 인지기술과 능력을 개발하는 것을 도와주기 위해 2000년부터 공식적으로 글쓰기 연습, 임상 에세이를 핵심 의학 실습으로 통합해 운영하고 있다. 3학년 학생들은 의학실습 medical clerkship동안 의무적으로 에세이 original essay 하나를 써야 하는데, 이것은 환자가 호소하는 주 증상

chief complaint, 관련된 병력, 신체적 발견과 실험결과, 진단과 결과로 이끄는 공식 formulation을 포함하는 간단한 증례보고에 기초해야 한다.

학생들은 폭넓은 용어로 생각하고 전체적인 상황에서 의학을 보도록 장려된다. 에세이 또는 시를 쓰게 하는데, 이 때 글의 길이는 최대 1,000단어로 제한된다. 글은 예술적, 생물학적, 화학적, 경제적, 역사적, 문학적, 수학적, 기계적, 형이상학적, 윤리적, 인간주의적 등으로 다양한 방식으로 쓸 수 있으며 학생들이 다른 영역에 관심을 갖고 있으면 자신의 관심 영역에 맞추어 쓸 수 있다. 학생들의 에세이는 죽음과 죽음의 과정에 대한 경험, 죽음에 대한 불안감, 환자들의 영성 spirituality, 과학적 · 임상적 · 개인적 상황을 이해하는 데 있어서 전환점 turning point을 포함한 폭넓은 스펙트럼을 다루고 있으며, 이 에세이 중 훌륭한 몇은 출판되기도 한다. 임상실습을 위해서는 에세이 제출이 필수적이다. 평가는 논리성, 이야기 흐름, 스타일, 통찰, 명확성을 기준으로 이루어지며, 학과차원에서 의료 휴머니즘, 의과학, 의학철학, 질병 병리학, 창의적 예술이라는 5개의 영역에서 탁월한 에세이를 선정하여 시상하고 있다.

2. 환자 이야기(narrative)

최근 프로페셔널리즘, 인문학, 의사- 환자 간 의사소통 영역에서 중요하게 다루어지는 주제 중 하나는 환자의 이야기 narrative이다. Coulehan(2005)은 대부분의 졸업생들이 자기성찰적이 아닌 전문가 정체성 nonreflective professionalism identity을 가지고 있다고 보고, 이야기 중심 프로페셔널리즘 narrative-based professionalism의 중요성을 강조하고 있다. 그에 의하면, 의료기술이 발전할수록 환자는 치료에 더 높은 기대를 갖게 되지만 의료에 대한 만족도는 낮다고 한다. 이에는 여러 가지 이유가 있지만 그 중 하나는 의료 전문가들은 첨단기계를 사용하는 데 더욱 많은 시간을 보내는 반면 환자에게 귀를 기울이거나 환자와의 관계를 유지하는 데에는 시간을 덜 보냈기 때문이라고 본다. 인문사회의학 교육과정에서 환자이야기 narrative를 중요하게 다루고 있는 프로그램으로는 New York 의과대학 New York University, School of Medicine, Stony Brook 의과대학 Stony Brook University, School of Medicine, 갈베스톤 Galveston에 있는 Texas 의과대학 University of Texas, Medical Branch의 프로그램을 들 수 있다.

첫째, New York 의과대학 New York University, School of Medicine의 '의사, 환자, 사회 Physician, Patient and Society' 과목의 환자이야기 narrative 교육 프로그램에서 학생들은 질병에 대한 환사 경험의 이해를 증가시키기 위하여 교수가 이끄는 소집단에서 환자를 인터뷰하고 다양한 문헌들을 검토한다. 그들은 할당된 읽을거리와 집단토론에서 제기된 문제와 의사-환자 관계를 탐색한다. 여기서는 환자이야기, 만성질병의 영향, 사망 loss과 장애 다루기, 공감, 통증 그리고 의료비상환 reimbursement 체계의 영향 등 다양한 주제를 다룬다.

둘째, Stony Brook 대학 Stony Brook University의 인문학 수업은 이 대학의 초대 의과대학장이자 건강과학센터 설립자인 Pellegrino에 의해 도입된 1990년 이후, '사회 속의 의학 Medicine in Society'이라는 교육과정을 통해 구체화되었다. 사회 속의 의학 Medicine in Society 교육과정은 의학이 인간적이고, 공동체적 시도이고, 사회문화적 맥락에 놓여 있는 인간 가치에 의존하며, 이야기를 통해 가장 명백하게 표현된다는 것을 생각하게 만든다. 특히 이 대학에서는 입학 전 학생지원자에게 돌봄에 대한 열정을 표현하고 자신들이 시행한 자원봉사를 기술하는 에세이를 쓰게 하며, AIDS 프로그램과 중앙아메리카에서 인권 위반 사항 등을 모니터링하기를 요구한다. 이 대학의 입학관계자들은 지원한 학생에게 그들의 눈을 열어주고 봉사의 삶으로 이끈 가족 또는 친구, 부모에 대해 질문하고, 인터뷰에서 그들이 누구이고 그들의 삶에 무엇이 의미가 있는지에 대한 이야기를 하도록 장려함으로써 그들의 입학 동기를 평가하기도 한다.

셋째, Texas 의과대학University of Texas, Health Science Center at San Antonio에서 사용하고 있는 인문사회의학 교육 방법 역시 이야기의 사용이다. 이 대학에서는 이야기를 윤리적 사례, 짧은 이야기, 단계적 글 읽기의 독후감, 영화 감상문, 개인적 체험기 등의 인간경험의 표현으로서 대부분의 교육활동을 위한 출발점으로 본다. 여기서는 초청연사, 영화보기, 연극 활동과 같은 대집단 활동이 있기도 하고, 일반적으로 할당된 읽을거리와 사례연구에 따라 조직화된 소집단 토론으로 진행된다. 전체 학급의 크기는 200명이며, 소집단은 대략 다른 학문과 다양한 배경을 가진 2명의 교수 촉진자facilitator와 함께 16명 학생으로 구성된다. 예를 들면, 4학년 과정의 경우, 의과대학, 간호대학, 보건학 교수진뿐만 아니라 최근 활동하거나 은퇴한 지역사회 의사, 변호사, 작가, 역사학자, 윤리학자 등이 교수 촉진자facilitator로 활동한다. 소집단의 교수진은 학생이 세션에서 만나는 자료를 통해 문화적 가치, 사회적 태도, 그리고 감정적 반응에 대한 토론을 한다. 이러한 교육은 학교에 있는 '의료인문학과 윤리센터'를 중심으로 이루어지며, 학생들은 이 공간이 인문학을 배울 수 있고, 환자가 사람이라는 사실을 일깨워 주는 곳으로 인식한다.

3. 의학과 문학

인문학으로서 문학은 학생들이 자신들과는 매우 다른 문화적 배경을 가진 환자의 생활세계에 들어가는 데 가장 강력한 방법으로서(Bonebakker, 2003), 환자의 경험을 더 잘 이해할 수 있도록 도움을 준다. 대표적인 프로그램으로 University of California, Irvine의 '질병관련 시詩와 산문과의 만남' 프로그램과 University of Missouri-Kansas의 '문학: 치유의 예술' 프로그램을 들 수 있다.

California 대학University of California, Irvine에서는 학습자인 학생들에게 질병관련 시와 산문을 접하게 하는 문학중심 프로그램을 시작으로 점차 학습자가 시각적이고 활동적인 예술을 수용하는 특별 교육 이벤트를 포함하는 프로그램을 운영하였다. 그리고 Missouri-Kansas 의과대학University of Missouri-Kansas City, School of Medicine에서는 학생들에게 문학작품을 읽고 글을 쓰게 하여 환자경험을 더욱 잘 이해하는 방식에 대한 통찰을 제공함으로써 사물을 다르게 보게 하는 것을 목적으로 하는 '의료인문학 프로그램Program in Medical Humanities'을 운영하면서 그 과목의 명칭을 '문학: 치유의 예술'로 하였다. 이 코스의 주제는 다양하며 각 학생 집단에는 집단 내 토론과 글쓰기를 위하여 매일 문학작품들이 제공되고 2시간 동안 학생들이 그 문학 작품을 읽을 수 있도록 하고 있다. 또한 관련 강의가 있으며, 그 시간에는 글쓰기 숙제가 있다. 이 글쓰기 숙제는 학생들에게 선택된 글들을 묶은 선집에 대한 감상을 기술하게 하고 읽기와 관련된 개인적 경험을 포함시켜 글쓰기를 하도록 요구하는데, 글쓰기 숙제와 에세이 최종시험 요구에 대해 학생들은 일반적으로 잘 따라 오고 있으며, 그 모든 것은 학생들의 학습경험을 평가하고 장래 코스를 계획하는 데 도움을 준다고 평가되고 있다. 이 코스는 '문학: 치유의 예술'에 등록한 학생들에 대한 민속지학 연구ethnographic research를 통해 독서, 토론, 글쓰기 모두가 학생들이 의사가 되는 과정에서 이해해야 할 내용들의 지평을 더 넓히는 데 기여했다는 평가를 받았다. 이를 통해 좋은 의사가 되는 것은 항상 옳은 진단명을 발견하고 다지선다형 질문에 옳은 답을 선택하는 것만을 의미하는 것이 아니라, 특정 의학적 상황을 전체적 맥락에서 이해하고 파악하는 능력을 높인다는 사실을 깨닫게 한다.

4. 역사, 철학 그리고 의학

역사는 인간으로 하여금 겸손하게 만들고 연속성을 느끼게 해준다. 이것이 의과대학 학생들이 왜 역사 또는 의학사를 배워야 하는가에 대한 대답이다. 다음에서는 의학사 교육에 대한 내용을 북미 지역과 유럽 지역으로 나누어 조금 더 알아보도록 하겠다.

1) 북미 의과대학의 의학사 교육

의학사 수업은 대부분의 외국 의과대학에서 공통적으로 이루어지고 있는데, 일반적으로 유럽과 달리 미국의 일부 의과대학에서의 의학사 교육은 라틴어 교육과 함께 약화되는 경향이 있다고 한다(Fatovic-Ferencic, 2003). 그럼에도 불구하고 북미의 몇몇 의과대학에서는 의학사 교육이 비교적 활발하게 이루어지고 있는 바, 이를 살펴보면 다음과 같다.

California 의과대학University of California, Irvine, College of Medicine의 4학년 학생들은 4주 인문학 연구 과정에 등록할 수 있는 선택과목을 수강하여, 식민지 시대 미국 의사들의 활동과 삶, 질병에 걸린 환자들의 이야기 등을 공부하고 있으며(Shapiro & Rucker, 2003), Northwestern 의과대학Northwestern University's Feinberg, School of Medicine에서는 결핵과 같은 단일 질병의 역사, 문

화, 심리사회적 측면을 다루는 '결핵과 미국문화'라는 교과목을 세미나 형태로 운영하고 있다(Montgomery et al., 2003). 또한 Rochester 의과대학 University of Rochester, School of Medicine and Dentistry에서는 과목별 질병의 역사와 함께 신생아 문제에 대한 사회적 대응 역사, 미국의 산아제한과 낙태의 역사 등을 가르치기도 하였다(Spike, 2003).

한편 캐나다의 university of Manitoba의 '의학사History of Medicine component' 수업은 의학사에 관심을 가진 지역의사와 학자에 의해 9개의 강의로 구성되어 있는데, 이 강의들은 현재까지의 의학사를 거슬러 추적하도록 설계되어 있다. 그 구체적 제목들은 ① 과학적 의학의 뿌리; ② 전문직의 발달- 의사들의 태도와 행동; ③ 과학적 의학의 출현- 해부학; ④ 질병의 특성과 병리학에서의 핵심 개념; ⑤ 임상술기- 질병에 걸린 기관의 탐색; ⑥ 시회변화와 보건- 인구 건강/역학; ⑦ 질병의 원인과 예방- 박테리아/면역학; ⑧ 심장질환의 의학적 치료; ⑨ 심장질환의 외과적 치료이다.

또한 캐나다의 Dalhousie 의과대학Dalhousie University, Faculty of Medicine에는 '의학사를 위한 달하우지 사회 The Dalhouse Society for the History of Medicine'라는 교수, 지역사회 의사, 역사가, 방문학자가 참석하는 저녁모임이 있다. 여기서는 의사이면서 수필가, 소설가, 전기 작가, 극작가, 시인, 여행 작가, 단편 및 유머 작가인 사람들이 그들의 출판되지 않은 업적을 토론하고 읽을 수 있으며, 학생들에게는 그들의 의료인문학 연구를 발표할 수 있는 중요한 기회가 된다.

하지만 오늘날 의과대학을 졸업한 대부분의 학생들은 그들의 직업 역사에 대해 전혀 알지 못하고 있으므로(Bonebakker, 2003), 역사적으로 의사라는 직업이 어떻게 생겨나게 되었고, 시대별로 어떤 사회적 기능과 역할을 담당해 왔는지에 대한 역사 교육이 함께 이루어져야 할 것이다.

2) 유럽 전통의 의학사 교육

의학사 교육이 약화되고 있는 미국과는 달리, 유럽 전통에서는 의학사를 필수과목으로 두는 전통을 지켜왔다. 여기서는 크로아티아의 Zagreb 의과대학 Zagreb University, 독일의 Humboldt 대학 Humboldt State University, 스웨덴의 Karolinska Institute의 인문의학 프로그램에서 각각 의학사에 대한 교육을 어떻게 시행하였는지를 설명하였다. *

크로아티아의 Zagreb 대학 Zagreb University에서 나온 논문은 의학사 교육이 의과대학 학생들에게 다음과 같은 세 가지 측면에서 통찰력을 주고 있다고 보고하였다(Fatovic-Ferencic, 2003). 첫째, 의과대학생들은 의학에 대한 역사를 배움으로써 전반적인 문화적 역사에 대한 지식을 늘릴 뿐만 아니라 일반인들이 건강과 질병에 대해 생각하는 사고방식과 그들의 건강 문화를 배울 수 있다고 한다. 둘째, 의학사 수업을 통해 지금 자랑스럽게 배우고 있는 최신 의학 지식들이 수세기에 걸쳐서 찾아낸 원칙들에 근간을 두고 있고, 동시에 최신 의학지식에 대한 지나친 과신을 하지 않게 만들어 주는 의미가 있다. 셋째, 의학사 수업은 21세기 의학에서 제기된 대부분의 어려운 문제들, 예를 들어 환자들의 자율성, 의료행위의 무익성, 인간에 대한 간섭의 한계 등과 같이 예전부터 의료에 있어 논쟁이 있어 왔던 문제들에 대해서 어떻게 해결하려고 시도했었는지를 우리에게 알려주며, 설사 그 문제들을 완전히 해결하지 못했다 할지라도 그 동안의 노력들을 보며 겸허함을 배우게 한다. 한편, 의학사 수업은 역사적으로 있어 왔던 의사— 환자관계에서 겪게 되는 좌절, 의료 활동의 좌절에 대한 주제를 다룸으로써 실질적인 도움을 준다(Louis-Courvoisier, 2003). 즉, 대학의 의학사 교육을 통하여 18세기 의사들의 이야기에 포함된

* 자세한 내용은 각 대학의 프로그램 소개 부분에서 보시기 바란다.

좌절의 다양한 원인을 끄집어내고 현재의 의사들에게 스스로의 좌절을 견디는 데에 도움을 줄 수 있게 한다는 것이다.

한편, 스웨덴의 Karolinska Institute의 인문의학 프로그램을 소개한 Frich & Per Fugelli(2003)에 의하면, 의학사는 의료 시스템에 영향을 주는 힘과 과학적 패러다임의 이동에 대해서 배경지식을 가르쳐 주기 때문에 임상의학을 가르칠 때 매우 유용한 도구라고 한다. 또한 이들은 의학사를 가르침으로써 의대생들이 거만해지지 않도록 하는 내성을 가지게 될 것이고, 요즘같이 새로운 의학적 발견들이 계속되고 의학의 힘에 대해 순진하게 믿게 되기 쉬운 시기에 의학사 교육이 매우 중요하다고 주장하였다.

5. 예술, 문화 그리고 의학

임상적인 경쟁력을 갖고 전문가로서 발전하기 위해서 예술이 가지는 모호함과 다층적 의미의 표현을 위한 섬세함, 시간, 상상력, 사고력 등의 능력을 갖는 것이 필수적인 것이라고 한다(Friech & Fugelli, 2003). 여기서는 이러한 맥락에서 예술과 의학과 관련된 수업을 실시하고 있는 외국 의과대학 몇몇 사례를 중심으로 살펴보고자 한다.

먼저, Missouri-Kansas 의과대학University of Missouri-Kansas City, School of Medicine의 '의학과 예술에서 몸의 이미지 The Body Image in Medicine and the Arts' 강좌는 의사, 예술역사가, 영어/의학 인문학 교수에 의해 가르쳐 지며, 의과대학생 뿐만 아니라 타 전공의 3, 4학년 학부 학생들이 수강할 수 있는 매년 지속적으로 제공되는 학제간 강좌이다. 이 강좌는 자신의 몸과 다른 사람의 몸에 초점을 맞추고, 그러한 관점이 의사와 환자의 행동에 어떤 영향을 미치는지를 알아가는 데 초점을 두고 있다. 이 강좌에서는 학생들에게 인간의 몸에 대한 더 넓은 문화적 해석을 하도록 장려하기 위해 문학, 사진, 예술, 인류학, 예술역사, 문화연구, 페미니즘, 근대주의, 의학을 모두 채용한다. 또한 이 대학의 '치유와 예술Healing and the Arts' 강좌는 인문학 필수 또는 선택과목으로서 보건과학 학생들뿐만 아니라 학부 상급생들에게 유용한 간학문적 코스로서 저녁에 개설되는 것이 특징적이다. 이 프로그램의 기본전제는 학생들에게 예술이 어떻게 사람들의 삶에 치유요소가 되는가에 대한 실용적이고 이론적인 이해를 제공하는 것이다. 이 프로그램의 예술경험, 강의, 독서토론은 학생들에게 쓰기 숙제를 위한 자료를 제공하고 있다. 마지막으로 '치유와 문화적 다양성Healing and Cultural Diversity' 강좌는 의료 제공자와 수혜자간 장벽을 해결하고 치유과정을 가능하도록 도와주는 의사소통기술의 발달을 장려하기 위해 고안되었다.

New York 의과대학New York University, School of Medicine의 '의학에서의 문화와 다양성 The Culture and Diversity in Medicine' 강좌에서는 학생들에게 문화가 진료에 미치는 영향을 이해시키기 위해 문화적 배경과 전통을 분석한다. 또한 학생들은 관련 문학작품을 읽고 난 후 토의하고, 문화적 역량의 중요성과 핵심요소를 분석하며, 관습이 다른 사람과 표준화 환자에게 맞는 적절한 돌봄을 협동하여 계획한다.

한편, 캐나다의 Dalhousie 의과대학Dalhousie University, Faculty of Medicine에서는 음악적 전통을 갖고 있어 30여 년 전 Dr. Bernard Badley에 의하여 Tupper Band를 시작한 이후 이러한 의학적 전통은 학생들 생활의 일부분이 되었으며, 이는 미술 프로그램으로까지 확대되었다. 이 미술 프로그램은 호치킨Hodgkin병을 앓았던 Robert Pope의 업적을 기리기 위해 세워진 재단의 지원을 받은 것이다. 학생들은 의학과 관련된 그들만의 프로젝트를 발전시켰고, 이식, 알츠하이머, 주의력 장애, 성기능 장애와 같은 주제에 대한 학생들의 작품을 전시하는 예술 프로젝트도 개발하였다. 이러한 예술 프로그램은 전공의 프로그램Artist in residence program에까지 확대되었으며 여기에는 다양한 미디어, 천정화가, 시인, 이야기, 번역가에서 일하는 예술가가 있고, 각각은 독특한 방법으로 학생과도 연결되어 있다.

노르웨이의 오슬로 대학Oslo University의 '의학과 예술' 강좌에는 문학과 의학, 건축과 의학, 시각예술과 의학, 음악과 의학 세미나가 포함되어 있다. 이 강좌의 핵심 목표는 어떻게 예술이 개인적, 전문적 발전의 바탕이 될 수 있는지, 그리고 어떻게 예술이 환자들의 경험과 사회적, 문화적, 역사적 문맥을 꿰뚫어 보는 바탕이 될 수 있는지를 보여준다. 이 강좌와 관련된 모든 교수자는 의학적 배경을 가지고 있는 피부병학 교수, 의학사 교수, 인류학 박사 학위를 가지고 있는 신경과 레지던트, 음악 치료에 대한 연구 경력이 있는 가정의학과 의사, 사회의학 교수로 구성되어 있으며, 주요 초점은 학생들이 상호 작용하고 소통하고 토론하도록 자극하는 데 맞추어져 있다. 먼저, 시각예술과 의학 세미나에서는 그림과 사진들이 의사의 역할, 전체적인 인간의 상태, 의학사에 대한 통찰을 주는 출처로서 중요함을 강조한다. 학생들에게 화면을 제공한 후 그들이 본 것을 해석하도록 격려한다. 이 때 중요한 것은 친숙한 예술가의 작품을 학생들에게 보여주는 것이다. 예를 들어, 감정을 풍부하게 표현하기로 유명한 노르웨이의 화가 뭉크의 작품 중 〈질투Jealousy〉, 〈멜랑콜리 Melancholy〉 그리고 〈절규Scream〉를 학생들에게 보여주고 논의하도록 하였다. 다른 노르웨이의 작가들의 작품들 또한 정신병 환자가 되는 것, 성매매, 임상적 상황에서의 권력 관계, 그리고 결핵에 걸리는 경험 등의 주제에 대해 통찰력을 제공하였다. 다음으로 음악과 의학 세미나는 사람들의 삶과 건강, 치료에서 음악의 역할에 대해서 전달한다. 이 세미나에서는 태고적부터 이어져 오는 음악과 의학의 가까운 관계, 최근 음악과 의학에 대한 연구로 알려진 생리학, 내분비학, 면역학들에 대한 정보에서부터 최근 음악의 노인병, 정신의학 그리고 신경학적 분야의 임상적용에 대해 묘사하고 조사한 최신 정보들에 대해서도 이야기한다. 또한 강사의 노래지도와 음악공연을 통해 학생들로 하여금 건강과 창의성의 원천으로서 음악을 경험하게 한다.

6. 통합 인문의학

인문학으로서 학제간 주제를 아우르는 통합 인문의학 강좌는 Missouri-Kansas 의과대학University of Missouri-Kansas City, School of Medicine과 Stony Brook 의과대학Stony Brook University, School of Medicine의 강좌에 나타나 있다. 먼저 Missouri-Kansas 의과대학University of Missouri-Kansas City, School of Medicine의 '의료에서의 가치, 정책, 실천Values, Policies, and Practices in Health Care' 강좌는 많은 학생들에게 인기 있는 성공적인 강좌이다. 이 강좌에서 학생들은 과거와 최근 미국 보건관련 진료와 정책을 만들고 알려주는 암묵적인 가정과 문화적 가치에 대한 비판적인 검증에 참여한다. 이 코스에서는 '어떻게 우리는 인간이 되는 것에 대한 서구적 생의학적 관점을 발전시켰는가?'와 '나의 진료 및 의료철학을 위해 어떤 가치를 검증해야 하는가'와 같은 토론주제를 다루고 있다. 또한 다양성을 강조하고 철학, 사회학, 물리학, 의학 출신이 가르치는 이 대학의 '의료 커뮤니케이션Health Communication' 강좌는 2년간 '과학과 치유'에서의 관점을 제공하고 있다. 구체적으로 학생들은 과학과 현대보건의료의 치유 관점과 관련된 이론, 패러다임, 모델, 실천을 통해 비판적인 사고 기술을 개발할 수 있는 기회를 갖게 한다.

다음으로 Stony Brook 의과대학Stony Brook University, School of Medicine에

서는 인문학 수업(성찰의 기술 학습, 의사소통, 협상, 협력은 철학, 문학, 신학, 윤리와 타인문학 등)과 전문직 훈련을 통합시키기 위한 미션을 가지고 있다. 즉 이 의과대학의 필수교육과정인 '현대사회에서의 의학Medicine in Contemporary Society'에서는 다면 상호의존적이고 집중적인 수준에서 보건의료에 대한 인문학적 접근의 중요성을 강조하였다. 여기서는 의사의 개인적, 전문가적 영역에서의 자아인식, 의사와 환자 간 관계, 가족, 보건의료제도, 지역사회, 현대 미국사회를 포함하여 더 넓은 사회적 맥락에서 개인적인 치료, 모든 의료 상호작용에 배태되어 있는 사회적, 경제적, 정치적, 문화적, 영적인 힘 등을 다루고 있다.

Ⅱ. 의료윤리와 의료법

현대 의사들은 매일 매일의 임상현장에서 의학적 지식과 기술로만 해결할 수 없는 윤리적 갈등상황ethical dilemma에서 매순간 철학적, 종교적, 가치적, 윤리적, 법적 판단을 내려야 하기 때문에 의료윤리교육은 의학교육과정에서 필수적이다(맹광호, 1998).

여기서는 미국의 Northwestern University's Feinberg, School of Medicine, Hiram College 의과대학, 그리고 캐나다의 University of Manitoba 의과대학에서 이루어지고 있는 의료윤리 및 의료법 프로그램을 소개하고자 한다.

첫째, 미국의 노스웨스턴 의과대학Northwestern University's Feinberg, School of

Medicine은 1994년 교육과정 개혁 이후 '환자, 의사 그리고 사회(PPS Patient, Physician, and Society)'라고 하는 임상전 오후교육과정 afternoon curriculum을 가지고 있다. 이것은 3, 4학년 학제간 임상술기 교육과정의 한 부분으로서 의료윤리 프로그램인 '의학의 윤리적, 법적, 사회적 함의(ELSI Ethical Legal Social Implications)'로 확대되었다. 이 중 1학년 12주짜리 윤리와 가치 Ethics and Values 단원은 두 부분으로 나누어져 교육되고 있다. 첫 번째는 의사−환자관계에서 본질적인 도덕적 이슈, 즉 비밀유지, 진실말하기, 충분한 설명에 의한 동의 informed consent, 대리의사결정 등과 같은 주요 윤리적 개념이고, 두 번째는 사람들이 질병을 경험하는 방식(장애, 고통, 질병에 의한 낙인, 고립)에 대한 것이다. 2학년 의료 전문직 Profession of Medicine 단원에서는 의사의 환자 변호 advocacy를 포함해 21세기 의학이 직면한 많은 사회적 이슈, 예를 들면, 빈민치료, 의사의 과오, 오진, 낙태, 의사의 장애 physician impairment, 의사조력자살, 고문과 벌금형에 참여, 전문직 내에서의 차별 등을 다루고 있다.

둘째, Hiram 대학 Hiram College의 '윤리와 의료인문학 Ethics and Medical Humanity' 강좌에서는 의료인문학에서 학제 간 강좌, 최근의 도덕적 문제, 의료윤리, 죽음과 사망과정, 윤리적 의사결정 Ethical Decision Making 등을 다루고 있다. 이 대학 특별주제 세미나의 '생식의 윤리 Ethics of Reproduction' 강좌에서는 생식기술에 대한 관심을 갖고, 기술을 넘어서서 과학뿐만 아니라 연구를 둘러싼 윤리적 논쟁을 다룬다. 이 강좌의 목표는 과학적 연구에서 윤리적 딜레마가 어떻게 나타나는가를 규명하고, 연구 프로젝트의 토론에서 책임감 있는 참여자가 되도록 하는 것이다. 여기서 다루어지는 주제는 유전자 전이, 의학에서 복제의 적용, 성별 선택, 고기술 출산시대에서 부모됨의 미래 등이며, 각 강연을 준비하면서 학생들은 새롭게 진전된 윤리적 딜레마에 대한 기초과학 문헌과 논문을 읽게 된다.

셋째, 캐나다 의학협회는 의사국가시험을 위해 교육목표 CLEO^{Concepts of} Law, Ethics and Organization를 환자– 의사관계, 스스로를 위한 의학적 의사결정, 다른 사람을 위한 의학적 의사결정, 임종윤리, 연구윤리, 정의, 자원배분, 라이프스타일로 구성하였다. 이러한 교육목표가 반영된 캐나다 Manitoba 대학University of Manitoba의 의료인문학 프로그램은 임상윤리, 의학사, 법, 보완대체의학, 통증완화치료, 인간가치 등 6개의 요소로 구성되어 있다. 이중 임상윤리 구성요소Clinical Ethics Component에서 이루어지는 윤리교육은 5개 학기에서 2개의 부분session으로 지속되며, 이 중 하나의 부분은 각 학기에 특별한 유기체와 일치하는 사례에 대해 소집단 토론을 하며, 다른 부분은 윤리에서의 최신 이슈hot issues를 기술한다. 미리 계획된 교육과정에서 주요 윤리적 이슈를 강조하는 문제를 극복하기 위해 최신 이슈 부분에서는 정해진 주제 없이 학생들에게 각 부분에서 접근할 이슈를 선택하게 한다. 이를 통해 학생들은 모성– 태아 갈등, 제약회사와의 상호작용, 의료제공자와 가족을 위해 선호되는 치료, 선진국, 개발도상국에서의 HIV와 약, 의과대학생 선발과정에서의 잠재적 편견과 같은 새로운 주제를 이끌어내고, 이에 대해 서로 배우게 된다. 이 세션의 또 다른 장점은 학생들이 느끼는 방식으로 준비하고 발표하는 법을 배운다는 점이다. 이에 이어서 법 구성요소 Law Component는 윤리 교육이 이루어진 다음에 이루어지며, 법학교수와 의료변호사, 전문가적 규제와 의료– 법보호 영역에서 전문적인 활동을 하고 있는 의사들에 의하여 가르쳐진다. 또한 이 법 구성요소는 6시간 강의, 의사와 변호사에 의해 촉진되는 2시간 소집단 사례중심 토론으로 구성되어 있다. 강의에서는 환자의 법적 권리와 인권을 기술하고, 동의서, 기밀유지, 부주의, 역량, 행동과 요구, 의무기록, 병원규제 등과 같은 주제를 언급한다. 소집단 토론에서 학생들은 사례를 평가하고 법적 딜레마를 다루며, 캐나다 권리와 자유 헌장을 포함하는 자료를 제공받는다.

Ⅲ. 의료커뮤니케이션

의료커뮤니케이션은 의사-환자관계에서 좋은 대인관계를 만들고, 환자의 질병에 대한 정보 교환을 촉진시키며, 의사와 환자에게 치료에 대한 의학적 의사결정을 하게 한다(Ong et al., 1995)는 점에서 그 중요성이 크다고 할 수 있다. 더욱이 효과적인 의사소통은 양질의 의료서비스를 제공하는데 핵심적인 수단으로서 환자로부터 효과적인 정보를 습득하게 함으로써 정확한 진단에 도움을 주며, 의사-환자간 협력, 후원적 관계설정을 통해 환자만족도를 향상시키는 기능을 한다(노용균, 2009). 여기서는 외국 의과대학의 의료커뮤니케이션 교육을 미국의 하버드 대학Harvard University, UCLA 의과대학UCLA, School of Medicine의 사례를 통해 살펴보기로 한다(한국의과대학장협의회, 2007).

1. Harvard Medical School의 교육사례

Harvard Medical School의 의사소통교육은 이 대학의 인문사회의학 교육과정인 '환자-의사 I, II, III Patient-Doctor I, II, III'를 통해 이루어지고 있다. 이 중 '환자-의사 I'은 사회과학과 행동과학에 대한 주제를 중심으로 의사소통기술 및 면담기술을 습득하게 하며, '환자-의사 II'는 병원을 중심으로 한 신체검사 등의 임상실습을 통한 의사소통교육, 그리고 '환자-의사 III'은 실제 환자진료와 병행하는 의사소통교육을 하고 있다.

먼저, '환자-의사 I'은 임상노출의 첫 번째 기회로서 의사와 환자관계에 대한 태도, 신념, 기대 등을 형성하는 것을 목표로 한다. 이 과정에서는 질병이 인간에게 미치는 영향, 의사에 대한 환자의 기대를 습득하게 하고, 지도교수로부터는 환자와의 의사소통기술 및 면담기술을 습득한다. 주로 죽음, 죽음의 과정, AIDS, 성인 환자와 노인환자를 대면하는 방법 등이 핵심 주제로 다루어지며, 수업방식은 사회과학과 행동과학 영역에서 선정된 특정 주제를 선택하여 토론하는 방식으로 진행되며, 임상과정은 튜터링과 병행된다.

둘째, '환자－의사 Ⅱ'는 강의와 임상실습을 통한 기본적 수기 학습을 목표로 하고 있으며, 여기서는 신체검사와 신경학적 검사에 대한 기본수기 익히게 된다. 신체검사는 병태생리학과 연계되고, 신경학적 검사방법과 면담기술은 신경과학과 정신과학을 배울 때 함께 다루어지고 있다. 주로 환자－의사관계에 영향을 미칠 수 있는 윤리적, 사회적, 경제적 주제들에 대해 토론한다. 이 과정은 교수뿐만 아니라 일반의, 전문의 모두 참여해 학생을 가르치며, 2학년 전체과정을 병원중심으로 운영하고 있다. 수업방식은 토론, 비디오 녹화를 통해 피드백을 제공하는 방식을 취하고 있다.

셋째, '환자－의사 Ⅲ'는 임상적 현상에 대한 이해능력 향상을 목표로 한다. 이 과정은 1, 2학년 과정의 심화학습으로 임상실습을 하면서 접하게 되는 환자진료와 병행되며, 주로 의사로서 전문적인 직업 활동 중에 나타날 수 있는 내용을 다룬다. 구체적으로는 첫째, 교수·학생은 임상적 갈등상황에 대한 개인적, 윤리적 입장에 대하여 분석하고, 둘째, 만성질환, 죽음의 과정, 중독, 만성 통증 등의 다루기 어려운 환자에 대한 관점을 이해하고, 셋째, 의료경제, 관리, 문화적·성적·인종적 편견, 질병예방, 건강증진, 대안적 치료방법, 의사로서 진로 등을 다룬다. 이 과정은 일주일에 한번 튜토리얼 그룹을 통하여 임상경험에 도움을 주는 방식으로 수업을 운영하는데, 토론, 소그룹별 연구가 핵심을 이룬다.

2. UCLA, School of Medicine의 교육사례

UCLA, School of Medicine의 의사소통 프로그램은 '의사되기 doctoring' 과정에 포함되어 있다. '의사되기' 프로그램은 학년이 올라감에 따라 내용이 심화되어 다루어지는데, 1학년은 대인 커뮤니케이션, 의학면담, 보건에서 공동체의 역할, 인간발달과 행동, 2학년은 임상추론, 신체진단기술, 일차의료, 3학년은 임상에서의 문제해결 그리고 4학년은 사회 속에서 의사의 역할, 리더십 등을 다룬다. '의사되기' 프로그램은 학생들이 단순한 지식의 수용하는 역할에서 벗어나 능동적이고 학생자신이 곧 교육의 중심체가 되게 하는 문제바탕 또는 사례바탕 학습 problem-based, case-based과 학생들이 교수들과 적극적으로 상호작용 하는 자기주도적 학습방법을 지향한다. 이 대학의 의사소통 교육은 크게 세 가지 단계, 즉 의사되기 doctoring I, II, 의사되기 doctoring III, 그리고 의사되기 doctoring IV 단계로 구성된다.

첫째, 각각 1학년과 2학년을 대상으로 하는 '의사되기 I, II'는 실제 환자에 바탕을 둔 8개 모듈(4주 과정)로 구성되어 있다. 학생들은 이 모듈을 통해 환자의 생활, 가족과 공동체에 미치는 질병의 영향뿐만 아니라 질병의 과정에 대해 학습하며, 주로 인간발달, 의사-환자 관계, 의사-환자간 커뮤니케이션, 윤리적 개념, 건강/질병/보건의 사회적 맥락, 보건경제학(보험, 진료조직, 자원의 분배, 비용-효과성), 법적 문제, 약물과 알코올의 영향, 빈곤의 영향 등과 같은 주제가 다루어진다. 한편 '의사되기 II'에서는 '의사되기 I'에서 습득한 기본적 지식을 더욱 심화해 학습하게 되는데, 이 단계에서는 의사-환자 관계, 의학적 의사결정, 기본적 의학문제, 문화와 의학, 의료문화 등을 포함한다. 이를 구체적으로 살펴보면, 의사-환자 관계에서는 환자요구/공유된 의사결정, 지시사항 따르기, 개별 환자와 관련된 윤리적 문제 등과 같은 더욱 복잡한 의사와 환자 간 상호작용을 다룬다. 의학적 의사결정 주제에서는 단순한 임상문제와 표준화 환자, 신체검사의 문제, 검사 처방에 대한 기본적인 분석 등을 다룬다. 그리고 기본적 의학 문제에서는 통증과 불안, 문화와 의학에서는 사회적 수준에 따른 불안을 다루고 있으며, 의료문화에서는 의사의 역할, 의학적 실수, 집단 관계, 프로페셔널리즘 등을 다룬다.

주별 교육내용을 보면, '의사되기' 프로그램 첫 주에는 모듈에 대한 배경적인 정보를 얻고, 비디오 또는 표준화 환자를 통해 환자와 의사가 만남을 학습하고, 스스로 학습목표를 규정한다. 둘째 주에는 단독연구, 전문가 자문, 지역사회 실습을 통해 학습하며, 셋째 주에는 학생과 교수가 다시 만나서 환자추적과 개인연구 결과를 공유하게 된다. 넷째 주에는 1학년의 경우 임상지도 교수와 일차 진료를 경험하며, 2학년의 경우에는 일차 진료와 임상 추론 학습을 한다. 이 과정의 교육방법은 정보수집, 임상술기 도입, 소집단 학습, 사례중심학습, 문제중심학습, 임상실습, 지도교수 및 사이트 방문 등 다양한 방식이 사용된다.

둘째, '의사되기 III'은 '의사되기 I, II'에서 다루어진 주제에 대해 더욱 심화된 접근을 하는데, 설명적 과정과 임상실습 과정으로 구성되어 있다. 이 과정은 3학년 임상실습 과정 내내 격주로 하루 종일 진행된다. 먼저 설명적 과정은 8~10명의 소집단이 외래환자를 통해 배우는 과정으로서, 소그룹은 환자를 만나서 환자들이 갖고 있는 의학문제에 대해 토의하고, 환자들이 갖고 있는 사회심리학적, 문화적, 경제적 문제에 대해 학습한다. 다음으로 임상적 과정은 모든 학생들이 1년간의 장기적인 임상실습을 격주로 진행하며 1차의료진의 지도 하에 이루어진다.

'의사되기 III'의 교육내용은 '의사되기 I, II'에서 다룬 것 보다 더욱 복잡하고 어려운 의사-환자간의 상호작용(공유된 의사 결정, 화나고 까다로운 환자), 병력청취 및 신체검사 기술(불확실성, 질문하기), 의사결정(환자지향 의사결정, 공유된 의사결정, 정보제공), 정보에 대한 비판(저널 논문 분석) 및 의료문화(의료과오, 제약회사의 영향, 문화와 의학 등)에 대해 다룬다.

셋째, 의학과 4학년 학생들을 대상으로 개설되는 선택과목인 '의사되기 IV'에서는 미래의 학문적 리더로서의 발전을 위한 교육이론, 리더십, 경영이론 및 교육과정을 설계하고 분석하는 기술 등을 다룬다. 학생들은 정기적인 세미나를 통해 교육이론, 리더십, 경영이론 및 교육과정을 설계하고 분석하는 기술을 배우며, 특히 학생들은 의과대학에서 1, 2, 3학년 학생들을 정기적으로 가르칠 수 있는 기회를 가짐으로서 미래 학문적 리더로서의 자질을 갖추게 된다.

이와 같이 UCLA 의과대학 UCLA, School of Medicine의 의사소통 수업은 무엇보다도 전체 의과대학 교과과정 속에서 임상과 긴밀히 연계되어 있음을 알 수 있다. 그 경계를 찾기 힘들 만큼 깊숙이 통합되어있다. 즉 1학년 때 기본적인 의사소통에서 시작해 2학년 신체진단기술, 그리고 3학년에서 사회적 의사소통으로 심화되는 나선형 교과과정의 성격을 띠고 있다. 또한 4학년 학생이 참여하는 소집단 활동과 사례중심학습, 문제중심학습, 임상실습, 지도교수 및 사이트 방문 등과 같은 다양한 교수 도구를 사용함으로써 의사소통기술 습득에서의 교육적 효과를 높이고 있다.

Ⅳ. 의료 프로페셔널리즘

세계 각국의 의학교육에서 프로페셔널리즘을 어떻게 교육하고 있는지를 외국 사례를 통해 살펴보면 다음과 같다.

먼저, New York University School of Medicine의 프로페셔널리즘 교육과정은 기존 교육과정과 조화된 연속적 이벤트로 구성되어 있다. 먼저 오리엔테이션 강의에서 교수자는 프로그램을 소개하고 의료 프로페셔널리즘을 이해하기 위한 개념적 틀을 규정하고, 학생들은 가운 착복식white coat ceremony에 참여하며, 프로페셔널리즘에 대한 이해를 평가하는 설문조사를 작성한다. 특히 의료전문직의 가치를 향상시키고 성찰하기 위해 2002년 시도된 프로페셔널리즘 시작professionalism initiative 교육과정은 1학년 선택 교육과정과 연계되어 있다. 그 구성을 보면, 오리엔테이션, 해부학 세션, 자기평가 워크숍, 동료평가 워크숍 등이 있으며, 이 중 '인간해부에 대한 경험'이라고 불리는 해부학 세션에서 과정 책임자course director는 학생들과 함께 사체 기증자와 가족들 간 상호작용 자리를 마련한다. 학생들은 첫 번째 실습 대상 시신(카데바)에 대한 반응을 토론하기 위해 만나며, 훈련된 토론 촉진자facilitator는 신체 해부 기간 동안 학생들로 하여금 프로페셔널리즘을 표현할 수 있도록 도와준다. 또한 모든 1학년 학생들은 프로페셔널리즘 자기평가 워크숍에 참가하여 비디오를 본 후 어떻게 전문가적 행동이 실제로 전달되는지를 토론한다. 중요한 것은 몇 시간 후 충돌하는 가치 간의 갈등을 통한 상황에서 학생들이 가장 많이 배울 수 있다는 점이다. 임상전 기간 동안 훈련된 학생과 참여 교수자들에 의해 촉진되는 소집단 토론에서는 해부 실습에서 나타날 수 있는 비전문가적 행동에 대한 학생개발 사례연구를 다루기도 한다.

한편, 프로페셔널리즘 교육은 강의실에서만 이루어지는 것이 아니라 학생들이 직접 체험하고 봉사함으로써 교육적 효과가 더욱 크다. 이를 실천하고 있는 대표적인 대학으로 미국의 Hiram 의과대학Hiram College을 들 수 있다. 이 대학의 체험 봉사 프로그램에서 필수과목인 경험학습Experiential Learning Core은 학생들에게 그들이 진료자로서 궁극적으로 직면하게 될 다양한 유형의 환자와 보호자들constituencies에 대한 실제적인 노출을 위해 대학 캠퍼스의 안락함comforts을 넘어서기를 요구한다. 실제로, 이 필수과목은 학생들 간 커뮤니티를 만들어 그들에게 4년간 내용과 지식을 통합하도록 요구하기 위한 것으로 학생들은 두 개의 다른 공간(생활보조, 장애인을 위한 가정, 사회봉사 프로그램 등)에서 2개의 특별주제 세미나, 30시간 접촉하는 두 개의 봉사학습 프로그램, 의학에서의 기술적 방법론적 향상과 적용 그리고 학생들은 120시간의 한 임상 의사를 하루 종일 따라 다니는 프로그램 clinical shadowing과 생의학적 연구 인턴십에 참여한 후 개인적 연구 프로그램을 발표하는 세미나capstone seminar에서 평가를 받는다. 또한 봉사와 세미나를 연계하여 학생들은 주별 토론집단인 의료상황에서의 자원봉사Volunteering in a Health Care Setting에 참여하게 되는데, 이 학생들은 자원봉사 경험과 관련된 연구를 한 후 그 내용과 소감을 신문에 싣기도 한다.

05

대학별 인문사회의학 교육 프로그램 소개

여기서는 외국 의과대학들의 인문사회의학 교육에서 다루고 있는 주제, 교육 내용과 그 특징을 대학별로 기술하고자 한다. 인문사회의학 교육에서는 주제와 교육내용뿐만 아니라 그 교육내용을 학년별로 어떻게 구성할 것인가의 문제 역시 중요하다. 전체적인 교육과정을 조직할 때 적용되는 일반적인 원리는 브루너 Bruner에 의해 기술된 나선형적 spiral 계열화이다. 나선형 교육과정은 비슷한 주제에 대해 저학년에서는 폭넓게 시작하여 고학년이 될수록 깊이가 다른 내용이 반복적으로 이루어지는 교육과정을 말한다. 브루너 Bruner는 전체 개념을 습득하기 전에 기본적인 이해가 이루어질 때까지 내용의 기본적인 아이디어를 반복적으로 제시해야 한다고 지적했다(Print, 1993). 여기서는 국가별로 나누어 각 의과대학의 학년별 교육과정을 소개하고자 한다.

Ⅰ. 미국

미국 의과대학 인문사회의학 교육과정은 다음의 몇 가지 공통된 흐름을 가지고 있다(AAMC, 2006).

첫째, 인문사회의학과 관련된 과목이 의학교육 과정 속에서 점점 그 중요성이 커져서 처음에는 선택과목으로 시작하여 점차 필수과목화 되고 있으며, 최근에는 의과대학생들이 기본적으로 익혀야 할 교육내용은 필수과목에서 다루고, 학생 개인의 흥미와 진로선택과 관련된 교육내용은 선택과목을 개설하여 개별적인 교육이 이루어지고 있다.

둘째, 인문사회의학 교육과정이 비공식적인 데서 탈피하여 공식적 교육과정으로 들어오고 있는데, 이 또한 인문사회의학 교육의 중요성과 비중이 커지기 때문이다.

셋째, 인문사회의학 교육과정은 과목 subject 중심에서 학제 간 interdisciplinary 형식으로 변화되고 있다.

넷째, 교육방법도 1, 2학년의 경우 소집단 중심으로 이루어지고 있으며, 교육도구도 시, 에세이, 영화, 토론 등 다양하게 활용되고 있다.

한편 인문사회의학 교육과정에서 교육내용은 의학의 패러다임 변화, 사회적 요구 변화, 학습자의 능력과 소질을 개발할 수 있는가를 반영해야 한다. 즉, 의학 내 생의학적 bio-medical 관점에서 생심리사회적 bio-psycho-social 관점으로의 변화, 의료기술의 발달, 노인인구의 증가, 소비자주의 관점의 도입 등과 같은 의료환경의 변화, 그리고 다양한 관심과 진로계획을 갖고 있는 신세대 학생의 요구를 반영하고 있다. 미국의학교육협회(AAMC)에서는 인문사회의학 교육과정과 관련된 주제를 필수 및 선택과목으로 나누고 있다.

〈표 1〉에 의하면 미국 인문사회의학 교과목 중 필수과목과 선택과목을 포함하여 가장 많이 채택되고 있는 주제는 의료윤리, 의사소통기술, 문화적 다양성 등이다. 이중 필수과목으로는 의사소통기술, 의료윤리, 인간발달/생애주기, 가족/가정폭력, 문화적 다양성이 많이 개설되어 있었으며, 선택과목에서는 의료인문학, 의료윤리, 의료경제학, 문화적 다양성, 의사소통기술 등의 순으로 개설되어 있었다.

한편, 미국의학교육협회(AAMC)에서는 최근 인문사회의학 교육과정과 관련하여 중요한 관심사로 떠오르고 있는 58가지 주제가 개설되는 대학 수와 필수로 개설되는 평균 세션 수를 다음과 같이 제시하고 있다(AAMC, 2008). 이 자료에 의하면 먼저, 미국의 의과대학에서 필수코스로 가장 많이 개설된

〈표 1〉 미국 인문사회의학 필수과목 및 선택과목 현황

주제 분류	필수과목 수	선택과목 수	총수
의사소통기술	124	55	179
문화적 다양성	120	57	177
인간발달/생애주기	123	42	165
의료윤리	124	62	186
의료법	104	45	149
의료인문학	89	66	155
의료경제학	100	50	150
환자교육	109	36	145
인구학	113	48	161
가족/가정폭력	122	44	166

주: AAMC 자료(2008)

주제는 인간발달/생애주기 human development/life cycle와 의료윤리 medical ethics 이며, 그 다음이 문화적 다양성 cultural diversity과 약물남용 substance, 그리고 의사소통기술 communication skills, 임종 돌봄 end-of-life care, 인간의 성 human sexuality, 의료유전학 medical genetics, 영양 nutrition, 예방/건강유지 prevention /health maintenance였다. 다음으로 선택코스로 많이 개설된 주제는 보완대체의학이 가장 많았고, 그 다음이 임종 돌봄 end-of-life care, 의료인문학 medical humanity 순으로 많았다.

한편 개설된 주제를 임상전 코스와 임상실습코스로 나누어 살펴보면, 임상전 코스에서는 의사소통기술 communication skills, 의료유전학 medical genetics, 인간발달/생애주기 human development/life cycle, 근거중심의학 evidence-based medicine, 역학 epidemiology, 의료윤리 medical ethics 순으로 많이 개설되었다. 이에 비해, 임상실습코스에서는 의사소통기술 communication skills, 노인의학 geriatrics, 예방/건강유지 prevention /health maintenance, 근거중심의학 evidence-based medicine 순으로 많이 개설되었다.

〈표 2〉 미국 인문사회의학 교육의 주제영역

주제영역	주제와 관련된 과목을 개설한 의과대학 수		필수로 개설되는 평균 세션 수	
	필수 코스	선택 코스	임상전 코스	임상실 습코스
보완대체의학(alternative/complementary Medicine)	113	77	4.4	3.1
생물/화학적 테러(biological/chemical Terrorism)	100	23	2.9	1.9
생명통계학(biostatistics)	122	40	11.7	3.4
화학예방(chemoprevention methods)	91	32	4.4	2.1
임상변환연구(clinical translational research)	75	61	15.8	7.2
의사소통기술(communication skills)	124	53	44.6	17.8
지역사회건강(community health)	120	66	12.9	8.9
건강위험경감을 위한 상담(counseling for health risk reduction)	120	51	8.3	5.6
문화적 다양성(cultural diversity)	125	64	10.1	6.0
문화적으로 관련된 건강행동 (culturally-related health behavior)	121	48	8.9	4.6
재난관리/대응(disaster management/response)	77	30	2.1	1.9
질병감별시험(disease screening tests)	121	43	11.4	7.8
임종 돌봄(end-of-life care)	124	69	7.7	6.9
환경과 건강 (environmental health)	108	36	3.9	2.2
역학 (epidemiology)	122	54	19.4	6.5
건강연구문헌의 평가(evaluation of health research literature)	118	47	13.0	5.2
근거바탕 의학(evidence-based medicine)	123	51	20.1	10.7
가족/가정폭력(family/domestic violence)	121	48	5.6	4.3
동성애자 건강 문제(GLBT health issues)	83	28	2.1	1.4
노인의학 (geriatrics)	121	73	16.3	14.5
국제건강문제(global health issues)	98	67	5.7	2.7
보건의료재정(health care financing)	111	53	4.2	3.5
보건의료의 질 향상(health care quality improvement)	100	42	3.4	5.5
보건의료체계(health care system)	119	54	5.2	3.7
건강결정요인(health determinants)	105	35	6.2	4.3
건강격차(health disparities)	118	44	5.2	3.7
의료교양(health literacy)	89	33	3.0	1.5
보건정책개발과정(health policy development processes)	85	47	2.4	1.7
의료서비스재정(health services financing)	110	47	3.0	2.1
보건감시전략(health surveillance strategies)	96	34	3.6	2.6
보건의료 노동인력(healthcare workforce)	76	37	1.3	1.3
인간발달/생애주기(human development/life cycle)	126	40	20.9	6.8
인적 요인/공학(human factors/engineering)	27	16	0.8	0.5

주제영역	주제와 관련된 과목을 개설한 의과대학 수		필수로 개설되는 평균 세션 수	
	필수 코스	선택 코스	임상전 코스	임상실 습코스
인간의 성(human sexuality)	124	34	10.3	5.9
면역 (immunization)	118	42	5.2	4.0
의료윤리(medical ethics)	126	61	19.2	7.9
의료유전학(medical genetics)	124	45	32.1	6.1
의료인문학(medical humanities)	96	68	11.0	3.9
의료정보학(medical informatics)	108	42	5.5	4.4
의료법학(medical jurisprudence)	110	41	4.6	3.7
의학적 인증/규제(medical licensure/regulation)	76	19	1.5	1.2
의료사회경제학(medical socioeconomics)	109	39	4.8	2.7
영양(nutrition)	124	57	17.4	7.4
비만(obesity)	103	32	5.9	4.0
직업관련 의학(occupational medicine)	89	36	4.3	2.7
통증관리(pain management)	120	62	7.3	5.2
통증완화치료(palliative care)	120	60	5.4	6.7
환자건강교육(patient health education)	110	41	8.5	5.6
환자안전/보고체계(patient safety/reporting system)	85	22	2.4	2.0
인구기반의학(population-based medicine)	117	37	10.1	4.1
진료관리(practice management)	68	44	2.2	1.9
예방/건강유지(prevention /health maintenance)	124	53	15.6	11.4
공중보건체계(public health system)	99	49	4.0	3.0
질병의 인종/민족적 인구통계(racial/ethnic demographics of illness)	114	38	6.7	3.2
연구방법론(research methods)	115	66	13.0	4.5
약물남용(substance abuse)	125	51	10.1	7.1
담배중독(증상) tobacco dependence (diagnosis)	105	26	2.0	2.1
담배중독(관리) tobacco dependence (management)	104	25	2.0	2.1

출처: http://services.aamc.org/currdir/section2/2008hottopics.pdf

이제부터 각 대학별 인문사회의학 교육 프로그램을 보도록 하겠다.

1. Harvard Medical School: New Pathway Curriculum＊

Harvard 의과대학Harvard Medical School의 인문사회의학 교육과정은 이 대학의 교육과정인 'New Pathway Curriculum' 속에 잘 스며들어 있다. 'New Pathway Curriculum'의 특징은 크게 4가지로 나눌 수 있다. 첫째, 동급생으로부터 배우는 소집단 및 상호작용중심 개인지도 학습small and highly interactive tutorial learning, 둘째, 기본적 의학개념을 암기를 통해 배우는 것이 아니라 소집단 조사와 실제 환자사례 분석을 통해 배우는 문제중심학습problem-based approach, 셋째, 환자ー 의사관계 및 사회적 맥락에서 현대의료를 보는 관점에 대한 강조, 넷째, 문헌연구, 외부와의 협동연구, 복수학위 프로그램 등의 교육설계를 학생 스스로에게 맡기는 다학문적 설계multidimensional schedule 등이 그것이다. 이 교육과정은 학생들에게 직업, 의업 그리고 의대생활의 경험을 소개하기 위해 새롭게 구성된 '전문직 입문introduction to the profession'이라는 수업으로 시작되며, 첫 3년과 반 학기에 걸쳐 프로페셔널리즘, 커뮤니케이션, 신체진단을 다루는 환자ー 의사관계the patient-doctor relationship에 초점을 맞추어 진행되고 있다. 그 내용을 표로 보면 다음과 같다.

＊ http://hms.harvard.edu

〈표 3〉 하버드 의대 인문사회의학 관련 주제

	인문사회의학 주제
임상전 교육과정 I (Preclinical Year I)	임상역학과 인구학(Clinical epidemiology and population health) 전문직 입문(Introduction to the profession) 환자-의사 I(Patient-Doctor Year I) 의료윤리와 프로페셔널리즘(Medical Ethics and Professionalism) 지역사회와 의사(Physician in community) 학문으로서 의학(Scholarship in medicine) 사회의학과 국제보건 입문(Introduction to social medicine and global health)
임상전 교육과정 II (Preclinical Year II)	보건정책 입문(Introduction to health care policy) 인간발달(Human development) 환자-의사 II(Patient-Doctor Year II)
선택과정 (Elective Courses)	인류학(Anthropology) • Elective Clerkship in Medical Anthropology) 지역사회중심 보건(Community based health care) • 외래 응급의학(Urgent Care Ambulatory Medicine) • 대학사회에서의 일차의료(Primary Medical Care in a University Community) • 일차의료 선택(Primary Care Medicine Elective) • 일차의료 선택실습(Primary Care Elective Clerkship) • HIV에서의 통합 선택: 실험실, 진료소, 그리고 지역사회(Integrated Elective in HIV: Laboratory, Clinic, and Community) • 자문 정신의학(Consultation Psychiatry) • 지역사회 병원에서의 심화정신의학실습(Advanced Psychiatry Clerkship in a Community Hospital) • 지역사회 정신의학(Community Psychiatry) • 지역사회의료센터에서의 의료인류학(Medical Anthropology in a Community Health Center) 보건관리(Health care management) • 보건관리 입문(Introduction to Health Care Management) • 미래 보건의료제도에서의 정보기술(Information Technology in Healthcare System of the Future) • 미래 보건의료제도에서의 정보기술(Information Technology in Healthcare System of the Future) (실습) (Lab) • 생명의학 기업에서의 중요한 시도(Critical Trials in Biomedical Enterprise) • 과학정보에 대한 비판적 읽기와 기술평가(Critical Reading and Technical Assessment of Scientific Information)

인문사회의학 주제
논문과 의학(Literature and medicine) • 동료검토 문학 이해하기(Understanding the Peer-Reviewed Literature)
의료윤리(Medical ethics) • 의학에서의 의사결정과 자원할당(Decision Making and Resource Allocation in Medicine) • 정의적 건강과 유전학(Justice Health and Genetics)
환자－의사관계(Patient-Doctor relationship) • 문화적으로 역량 있는 의사: 자기인식과 문화적 정체성(Emerging a Culturally Competent Physician: Self Awareness & Cultural Identity) • 의학 내 인간의 성(Human Sexuality in Medicine) • 멘토와 함께하는 임상사례집 프로젝트(Mentored Clinical Casebook Project) • 생명, 질병, 죽음: 두 가지 대조적 세계관(Life, Illness and Death: Two Contrasting World Views)
사회의학(Social medicine) • 보건의료관리 입문(Introduction to Health Care Management) • 의료인류학에서의 선택 임상실습(Elective Clerkship in Medical Anthropology) • 지역사회건강센터에서의 의료인류학(Medical Anthropology in a Community Health Center)
영성과 치유(Spirituality & Healing) • 의학에서의 영성과 치유(Spirituality and Healing in Medicine) • 마음－몸 의학(Mind-Body Medicine)

이와 같이 하버드 의과대학의 인문사회의학 교육과정은 의료인류학, 의료윤리, 의학사, 보건의료정책, 사회의학과 건강불평등 등 의학과 인접 학문과 연계된 것이 특징적이며, 교육목표 역시 지식습득 뿐만 아니라 연구능력 함양을 지향하며, 사회전반에 대한 폭넓은 시각을 제공하고 있다.

2. Johns Hopkins School of Medicine: 'Gene to Society' - 환자, 의사, 사회 (Patient, Physician and Society: PPAS)*

Johns Hopkins 의과대학^{Johns Hopkins School of Medicine}은 학교의 미션을 최상의 전문적 기준^{the highest professional standards}에 맞는 학생, 대학원생, 박사후 펠로우로 교육하는 데 두고 있다. 그 중에서도 예비의사교육과정^{pre-doctoral} curriculum은 환자치료, 연구, 교육을 통해 건강을 향상시키기 위해 폭넓은 교육의 기반을 갖춘 의료계의 지도자를 양성하는 데 목표를 두고 있다.

이 대학에서 요구하는 졸업생들이 갖추어야 할 역량으로는 과학과 진료, 임상역량, 의학의 사회적 맥락, 의사소통, 프로페셔널리즘을 들 수 있는데, 그 각각을 좀 더 자세히 보면 다음과 같다. 첫째, 과학과 진료^{science and practice of} medicine는 과학적 원리와 과학지식의 다학문적 체계를 임상문제의 진단, 관리, 예방에 적용시키는 것과 생의학연구의 중요한 평가를 통해 건강과 질병의 다양한 표현을 이해하는 것이다. 둘째, 임상역량^{clinical competence}은 유능한 진료에 필수적인 기본 사실, 개념 원리를 위해하기 위한 충분한 수준의 의학지식을 습득하는 것과 질병의 예방, 진단, 관리에서 자료를 수집하고 조직하며, 해석하고 임상결정을 내리는 데 있어 효과적이고 효율적인 높은 수준의 수행을 보여주는 것이다. 셋째, 의학의 사회적 맥락^{social context of medicine}은 건강, 질병, 치료에 영향을 미치는 사회적 · 행동적 · 경제적 요인을 이해하고 대응하는 것을 말한다. 넷째, 의사소통^{communication}은 효과적인 치료에 필수적인 환자와 가족에 대한 효과적이고 동정적인 대인의사소통기술을 보여주고, 환자, 가족, 동료, 지역사회에 조직화되고 분명한 방식으로 정보와 아이디어를 제공한다. 마지막으로 프로페셔널리즘^{professionalism}은 환자, 가족, 의료

---

* http://www.hopkinsmedicine.org/

사회와의 관계에서 연민, 정직과 청렴이라는 개인적 특성을 보여주고, 보건의료환경에 적용할 수 있는 높은 수준의 판단과 행동기준을 준수하며, 환자, 가족, 동료, 타 의료인으로부터의 건설적인 평가뿐만 아니라 의학지식과 진료에서의 비판적인 자기평가를 나타낸다.

'Gene to Society'라고 불리는 Johns Hopkins 의과대학^{Johns Hopkins} School of Medicine의 교육과정은 처음으로 기초의학교육과 임상 멘토링, 그리고 지역사회기반 학습을 결합시킨 프로그램이다. 의학사, 의료윤리, 논문연구에 대한 교육은 학습경험의 정보를 제공해주고 확장시킨다. 특히 학생들은 세계 의학을 이끌고 있는 의사, 과학자, 의학교육자들과 직접 함께하는 소집단, 세미나 중심 학습에 참여함으로써 학습^{learning}과 교수^{teaching}간 경계가 없는 체험들을 하고 있는 것이 이 대학 교육의 특징이다.

이 대학의 대표적 인문사회의학 교육과정인 '환자, 의사, 사회(PPAS ^{Patient,} ^{Physician and Society)}'에서는 4년간 행동사회과학을 통해 프로페셔널리즘, 건강과 질병에서의 마음— 신체 상호작용, 환자행동, 의사역할과 행동, 의사— 환자 상호작용, 보건의료에서의 사회와 문화적 이슈, 보건정책과 경제학 등을 다룬다. 특히 학생들은 여름방학 활동을 통해 기본 전이조사^{basic transitional} ^{research}, 임상 전이조사^{clinical transitional research}, 보건정책, 보건, 의료인문학에 대한 관심영역을 심화시킬 수 있는 기회를 갖는다.

3. UCLA, School of Medicine: 의사되기 (Doctoring)

UCLA에서는 'Doctoring 1, 2, 3, 4'를 통해 인문사회의학 교육을 시행하고 있다. 각 학년별 교육 구성을 보면 다음과 같다.

〈표 4〉 UCLA 의과대학의 인문사회의학 교육내용

학년	교 육 내 용
1학년	인간발달, 의사-환자관계, 의사-환자 커뮤니케이션, 윤리적 개념, 건강, 질병, 조건의 사회적 맥락, 보건경제학, 법적 문제, 약물과 알코올의 영향, 빈곤의 영향 등
2학년	의사-환자관계, 의학적 의사결정, 기본 의학문제, 문화와 의료, 의료문화 등
3학년	〈설명 과정〉 8~10명의 학생 소집단이 외래환자를 통해 배우는 과정. 소그룹은 환자를 만나서 환자들이 갖고 있는 의학문제에 대해 토의하고 환자의 사회심리학적, 문화적, 경제적 문제를 이해하며 학습한다. 〈임상실습 과정〉 각 소집단에서 3학년 동안 임상경험에서 겪을 수 있는 실제 시나리오를 포함하는 비디오테이프를 보게 하여 서로 문제를 공유, 해결책을 찾게 함 일차의료진의 지도하에 이루어짐
4학년	선택과목, 미래 학문리더로서의 발전을 위한 교육이론, 리더십 등을 다룸 4학년 학생들이 1, 2, 3학년을 정기적으로 가르칠 수 있는 기회를 제공함

4. University of California, Irvine, College of Medicine – 이야기 역량 (narrative competency) 중심

미국 캘리포니아 어바인 의과대학University of California, Irvine, College of Medicine 에서는 의학 교육과정을 구성하는 데 있어 수평적 통합, 수직적 복합성, 환자 돌봄이라는 세 가지 원칙을 적용하였는데 (Shapiro & Rucker, 2003) 그 각각은 다음과 같다.

첫째, 수평적 통합horizontal coherence 원칙은 해당 학년의 기존 강좌의 주제와 내용을 연결시키는 것이다. 예를 들면, 1학년 '선택 창의 프로젝트 optional creative project'에서는 해부학gross anatomy을 학생의 주관적 경험과 연결시키며, 선택과목으로서 문학과 의학에서는 심화된 환자 돌봄 주제와 의사소통기술을 포함한 신체검진, 심리 사회문화적 환자 관련 이슈를 통합시킨다. 그리고 2학년 인문학 세션에서는 학생의 초기 임상경험을 소집단 토론으로 통합하고, 3학년 인문학 세션에서는 다양한 일차 진료 실습 부분을 통합하고, 3학년 임상실습에서의 창의프로젝트는 윤리와 가치, 역사 교육을 병행해 진행한다.

둘째, 수직적 복합성vertical complexity 원칙은 1학년부터 전공의까지의 훈련과정에서 의료인문학 교육과정 자료를 조직화하고 점진적으로 개념을 심화시킨다는 것이다. 예를 들면, 1학년 의료인문학은 해부학, 면담, 신체검진에 초점을 맞추고 이 모든 내용을 1학년에서 다루고, 3학년에서 임상의학으로의 사회화, 나쁜 소식 전하기, 죽음과 죽음의 과정death and dying과 같이 3학년에서 경험하는 것과 관련된 모든 주제를 다루는 것이다.

셋째, 환자 돌봄에 적용하는 원칙은 증가하고 있는 환자와 학생의 접촉과 병행하여 환자 돌봄과 관련성이 있는 교수법 적용을 강조하는 것이다. 이 원칙은 특히 전공의 단계에서 중요한데, 전공의들의 회의적인 태도에 대해 교육과정은 매일 매일의 환자관리에 유용한 무언가를 가르치고 있다.

미국의 University of California, Irvine, College of Medicine은 1997년 3명의 학생등록으로 시작해 2000년 대학으로부터 공식적인 승인을 받아 운영되고 있는 '의료인문예술의학 프로그램The Program in Medical Humanities & Arts'이 있다. 이 프로그램은 학생들이 이야기narrative 역량을 갖추도록 하는

데 초점을 두어 개설되었다. 여기서 이야기 역량이란 환자들이 자신들의 사정에 대하여 잘 이야기 하도록 유도하는 능력과 그 이야기를 잘 이해하는 능력을 말한다. 구체적으로 이 프로그램의 교육 목표는 ① 환자의 언어와 행동에 대한 자세한 관찰과 주의 깊은 해설 기술을 자극하고, ② 환자경험에 대한 상상력과 호기심을 개발하며, ③ 환자와 가족구성원의 관점을 위한 공감을 향상시키고, ④ 환자와의 관계와 정서적 연결을 장려하며, ⑤ 환자에 대한 전인적 이해를 강조하고, ⑥ 경험과 그것의 의미에 대한 성찰을 증진시키는 것이다.

이 대학 인문사회의학 교육과정의 가장 큰 특징은 ① 이야기 역량에 초점을 맞추고 있으며, ② 교육과정이 세 가지 원칙(수평적 통합, 수직적 복합성, 환자 돌봄의 적용)에 따라 구성되어 있고, ③ 교육대상도 학부학생 뿐만 아니라 전공의까지 포함하고 있으며, ④ 인문사회의학 교육을 위해 교수개발프로그램에 상당한 자원을 투자하고 있다는 점이다.

이 의과대학의 인문사회의학 교육과정인 'The Program in Medical Humanities & Arts'의 1학년 교육과정에는 3시간의 필수 인문학 세션이 있다. 이 인문학 세션은 진료와 휴머니티 관계에 대한 간단한 강의, 창의적 글쓰기와 그림그리기의 치료적 가치를 논의하는 의사와 환자 패널, 환자에게 의미 있는 것을 탐구하는 문학작품 선택을 바탕으로 한 소집단 중심의 글쓰기 훈련으로 구성되어 있다. 둘째, 2학년에는 학생의 첫 번째 임상노출을 검증하는 PBL 교육과정 부분으로서 소집단 토론이 있다. 이 토론은 환자의 경험, 학생–의사관계와 학생–환자관계, 학생의 훈련에 대한 창의적 프로젝트를 공유하는데 할애하고 있으며, 학생집단의 멘토인 의대교수와 프로그램 디렉터에 의해 진행된다.

셋째, 3학년 필수 창의적 과제와 집단토론은 3학년 내과와 소아과 임상실습에서 반복되는데, 3학년에서의 이러한 반복적 활동은 임상학년에 들어가고 환자에 대한 책임감이 커지는 이 시기 학생에게 유용하다고 할 수 있다. 가정의학과 임상실습에서는 모든 학생들에게 짧은 임상사례와 관련된 문학작품(부분)을 읽게 하고, 이것이 그들의 치료계획형성에 어떤 영향을 주었는지를 SOAP Subjective, Objective, Assessment, Plan에 따라 쓰게 한다. 여기서는 프로그램 디렉터와 임상의사가 함께 가르친다. 마지막으로 4학년 학생들은 식민지 시대 미국에서의 의사, 그 시대에 질병에 걸린 어린아이들의 이야기와 같은 4주간 인문학 연구 과정에 등록할 수 있는 선택과목을 수강할 수 있다.

5. Northwestern University's Feinberg, School of Medicine, USA - college system 도입

이 대학 교육과정인 'Medical Humanities and Bioethics Program'은 의학 내 사회적 도덕적 이슈에 대한 담론공동체가 만들어지는 것을 장려하는 것을 목표로 하고 있으며, 모든 학생들은 입학해서 졸업할 때까지 대학의 멘토가 주도하는 4개의 교육 프로그램college, 즉, ① 향후 자신의 진로와 관련된 활동을 하는 프로그램college system, ② 다양한 주제를 다루는 인문사회의학 세미나, ③ 창의적 글쓰기 세미나, ④ 선집anthology 출판 프로그램 중 하나를 택하여 교육을 받는다. 특히 인문사회의학 세미나에서 '셜록 홈즈와 임상판단' 등과 같은 교육 프로그램은 임상에서 임상추론을 하는 데 도움이 된다. 이렇게 다양한 인문사회의학 교육활동이 이루어질 수 있는 것은 모든 임상전 코스에 평가제도로서 통과/비통과pass/fail 평가제도를 도입한 것과 관련이 있다.

6. Michigan State University, College of Human Medicine, USA - 장기적 환자중심 경험

이 대학의 인문사회의학 교육과정인 'Ethics, Professionalism, and Humanities'의 특징은 학생들이 구조화된 환자 돌봄 경험을 하게 하여 장기적 환자중심 경험 longitudinal patient-centerd experience 프로그램을 한다는 점과, 의과대학뿐만 아니라 간호, 수의학, 인문학, 법, 농업과 자연자원대학에서도 실시된다는 점을 들 수 있다.

이 중 장기적 환자중심 경험에서는 16개월 동안 2명의 의과대학생이 만성질환을 가진 환자와 가족을 10회씩 방문하도록 하는데, 방문의 목적은 다음과 같다. 첫째, 의사들이 환자들에게 지시한 사항을 학생들이 다시 환자들과 토론하는 것이다. 이것은 환자들이 의사들의 지시를 잘 실천하도록 하기 위해서가 아니라 이런 지시들에 대하여 환자들이 어떤 생각을 하고 있는지를 이해하기 위해서이다. 둘째, 미국 내 보건정책과 관련된 구체적인 문제들과 의료접근성 그리고 경제적 이슈를 토론하는 것이다. 이 프로그램은 학생들에게도 호응을 받고 있고, 교수들도 학생의 전문가로서의 의식 발달에 도움을 준다고 보고 있으며, 이 프로그램에 참여하는 환자의 가족들도 미래 의사들이 가져야 하는 이해 능력과 감수성을 개발하는 데 있어 자신들이 기여를 하고 있다는 것에 열정을 가지게 한다. 이러한 경험들을 통하여 학생들은 환자들과 그 보호자들을 통합적이고도 진심으로 이해하는 경험을 하게 되는 것이다.

7. University of Missouri-Kansas City, School of Medicine, USA - 문학 작품 중심

이 대학의 교육과정인 'The Program in Medical Humanities'의 특징은 문학작품 중심의 인문사회의학 교육이 이루어진다는 것이다. 이 교육과정의 목표는 문학작품을 읽고 글을 쓰는 것을 통하여 질병에 대한 각 환자의 스토리를 이해하고 진정한 공감을 하도록 하여 환자경험을 더 잘 이해할 수 있게 도와주는 방식으로 학생들에게 통찰력을 제공하는 것이다. 교육과정 초기에는 '문학: 치유의 예술'과 '의학과 예술에서 몸 이미지' 프로그램이 제공되었다.

첫 번째 코스인 '문학: 치유의 예술' 코스에서는 각 집단 별로 매일 두 시간의 프로그램을 통해 집단 내 토론과 읽을 문학작품들이 할당되며, 관련 강의가 열리고 거기에 더해 글쓰기 과제가 주어진다. 이 글쓰기 숙제에서는 학생들에게 읽을 작품으로 주어진 선집에 대한 반응을 기술하게 하고 그 자료들과 관련된 개인적 경험을 글의 내용에 포함하기를 요구한다. 이런 프로그램들은 학생들이 학습경험을 평가하고 장래 코스를 계획하는 데 도움을 주며, 학부 학생들은 학사 학위의 인문학 학점을 받을 수 있다. 두 번째 코스인 '의학과 예술에서 몸 이미지'는 의사, 예술역사가, 영어/의학 인문학 교수가 가르치며, 그것은 학생들이 자신의 몸과 다른 사람의 몸에 초점을 맞추고 관점이 행동에 어떤 영향을 미치는지를 보는 데 초점을 둔다. 학생들에게 인간의 몸에 대한 더 넓은 문화적 해석을 하도록 장려하기 위해 문학, 사진, 예술, 인류학, 예술역사, 문화연구, 페미니즘, 근대주의, 의학이 모두 사용된다.

8. New York University, School of Medicine, USA — 임상실습과의 연계성

이 대학의 인문사회의학 프로그램의 특징은 임상실습과 연계된 정규 교육과정, Master Scholars Program 등을 들 수 있다. 인문사회의학 정규 교육과정인 PPS Physician, Patient, and Society에서는 환자 이야기 patient narrative, 의학에서의 문화적 다양성을 다루며, 임상실습에서는 공식적 글쓰기 연습, 임상에세 이를 포함시키고 있다. 또한 프로페셔널리즘 교육의 일환으로 학생들은 가운 착복식 white coat ceremony에 참여하고, 해부학 수업에서는 '인간해부에 대한 경험'이라는 세션에서 학생, 기증자, 가족들 간 상호작용을 통해 죽음과 프로페셔널리즘을 공유한다. Master Scholars Program에는 5개의 영역 society, 즉 생의학과 보건과학 Biomedical and Health Science, 의료정보학과 생명기술학 Medical Informatics and Biotechnology, 보건정책과 보건 Health Policy and Public Health, 생명윤리와 인권 Bioethics and Human Rights, 의학에서의 예술과 인문학 Arts and Humanities in Medicine의 영역이 있다. 이 교육 과정 master society은 다양한 교육 방법을 통하여 이루어지는데, 그 내용은 다음과 같다. ① Colloquium 프로그램은 관심영역의 토론을 위해 연사를 초빙하며, 주제로는 인간 유전자 이면의 기술, 문학작품에 비친 의사-환자 관계, 제3세계를 위한 신약발견, 의학에서의 휴머니즘을 포함한다. ② '법과 의학', '예술치료'와 같은 주제에 대한 교수 주도 세미나는 학생들에게 토론에 참여하고 핵심 교육과정에 필수적으로 포함되지 않은 영역을 탐구할 수 있는 기회를 만들어 준다. ③ 필수적인 학생 멘토 프로그램은 5개 master society 구조를 통해 이루어지는데, 9월에 학생들은 그들의 관심사에 따른 멤버십 master society를 선택하고, 교수 멘토에 의해 촉진되는 소집단에서의 정기적인 만남을 가진다. 여기서 멘토 역할을 하는 교수들은 다양한 임상의학 및 기초의학에 속하여 있지만, 자신들이 속한 master society의 주제에서 특정한 관심과 전문성을 가진 사람이다. 토론은 프로페셔널리즘, 학생의 사고와 열정, 그들이 의사가 되는 과정에서 직면하는 도전과 같은 이슈를 포함하며, 멘토링 구성요소는 모든 사회 master society내에서 동등하며, 멘토 교수들은 학장실의 협력 하에 학문, 교육과정, 경력 문제 등에 대해 학생들에게 조언하는 기능을 지속적으로 수행하고 있다.

의료인문학은 인문학, 사회과학, 창의적 예술을 포함하고 완전한 구성요소로서 프로페셔널리즘을 포함한다. NYU에서 연구와 창의적 시도에 대한 학제 간 영역 평가는 학생과 교수들이 의학적 사실과 관련된 인간적이고 사회적 유의미성을 탐색하고 인간의 삶에서 질병의 의미, 아픈 사람과 죽어가는 사람과 일하는 것의 영향에 대해 성찰하기 위한 수단 습득을 가능하게 한다.

9. University of Rochester, School of Medicine and Dentistry, USA – 의료 인문학 집중 과정

이 대학은 미국에서 의과대학생을 위한 의료인문학을 집중과정 또는 부전공으로 제공하는 유일한 의과대학이다. 또한 학생들은 임상실습기간 동안 의료인문학과에서 운영하는 윤리 집담회 Ethics Grand Rounds, 윤리학 저널클럽, 두 달에 한번 있는 의료사 History of medicine society 모임, 문학과 의학 독서 집단 모임, 의학에서의 여성 Women in medicine과 보완대체의학과 같은 폭넓은 주제에 대한 외부강연을 포함하는 50개의 다양한 행사활동 중 8개 이상 참석해야 한다. 이 대학의 교육과정은 기초과학과 임상의학의 통합을 목표로 하는 'double-Helix' 교육과정인데, 여기서 제공되는 의료인문학 세미나의 예는 다음과 같다.

- 철학과 삶의 의미(Philosophy and the meaning of life)
- 인종, 계급, 성이 보건의료전달에 미치는 영향(The impact of race, class and gender on the delivery of health care)
- 의학이 과학인가? (Is medicine a science?)
- 의학과 빅토리아 문화 (Medicine and victorian culture)
- 창의적 글쓰기 워크숍 (Creative writing workshop)
- 문화가 통증의 경험에 미치는 영향(The influence of culture on the experience of pain)
- 의학에서의 영성과 믿음(Spirituality and faith in medicine)
- 정신의학적 자서전(Psychiatric autobiography)
- 여성과 의학: 인류학적 관점(Women and medicine: an anthropological view)
- 사회활동가로서 의사(Physicians as social activists)
- 전염병과 매독: AIDS, 매독, 결핵의 문화사(Plagues and poxes: a cultural history of AIDS, Syphilis, and TB)
- 마지막 진단: 죽음의 복합성(The final diagnosis: the complexities of death)
- 술, 약, 그리고 문학: 20세기 미국에서의 약물남용 (Liquor and drugs and literature: substance abuse in 20th century America)
- 탄생에서 죽음까지: 여성, 의학, 생애주기(Birth to death: women, medicine, and the life cycle)
- 몸의 역사: 의학과 예술에서의 관점(A brief history of the body: perspectives in medicine and the arts)
- 광기: 정신의학, 윤리학, 법에서의 논쟁(Crazy: controversies in psychiatry, ethics, and law)
- 1960년대와 1970년대의 몸의 정치학: 의학과 문화의 역사에서의 읽기(Body politics in the '60s and '70s: readings in the history of medicine and culture)
- 의사의 삶 — 의사 Michael LaCombe 의 단편(A doctor's life-the short stories of Dr. Michael LaCombe)
- 국제적 연구의 윤리적 사회적 차원(Ethical and social dimensions of international research)

- 광기와 영감(Insanity and inspiration)
- 정부와 간호의 강: Tuskegee 시 결핵 실험(The Government and nurse rivers: the Tuskegee syphilis experiment)
- 프랑켄슈타인의 유산: 과학 공상과 의학의 미래(Frankenstein's legacy: science fiction and the future of medicine)
- 동물/인간 경계의 철학적 문학적 토론(Philosophical and literary discussions of the Animal/Human Boundary)
- 실수, 비난, 과오(Fault, Blame, and error)
- 질병의 이미지: 의학에서의 사진 표현(images of illness: photographic representations in medicine)
- 의학영화연구(Medical cinema studies)
- 환자의 사혈: 중세의학 (Bleeding the patient dry: medieval medicine)
- 관찰의 기술: 환자와 그림을 통한 학습 (The art of observation: learning to look at patients and paintings)
- 대중매체에서의 생명윤리(Bioethics in the Mass media)

10. Stony Brook University, School of Medicine, USA − 인간적 맥락의 이야기 중심 교육과정

이 대학의 교육과정인 'Human Contexts: Medicine in Society'는 의학이 인간적이고, 공동체적이고, 사회문화적 맥락에 놓여져 있으며, 인간가치에 의존하며, 이야기를 통해 가장 명백하게 표현됨을 강조하는 이야기 중심 교육과정이다.

이 대학 교육과정의 전반적인 교육목적은 다음과 같다. 학생들에게 ① 전문적 진료의 대인관계, 윤리적, 사회적, 문화적 부문을 인식시키고; ② 그러한 각 부문을 이해하고 기술하기 위해 인문학과 사회과학에서의 충분한 지식 기반을 습득하고; ③ 상호적(의사소통) 기술, 특히 공감, 경청과 반응, 자신의 관점을 표현하고 방어하는 것, 건설적 비판 상호교환, 집단 촉진과 리더십 개발을 할 수 있도록 하며; ④ 분석기술, 특히 비판적으로 사고하고, 개념을 분명하게 하고, 편견을 없애고, 토론을 평가하는 능력을 개발하고; ⑤ 종합적 기술, 특히 생의학적 정보뿐만 아니라 이야기와 사회적 정보를 이용하여 판단 시 충돌하는 가치를 이해하고 균형을 맞출 수 있는 능력을 개발하고; ⑥ 학습기술, 특히 자신의 지식에서 누락된 부분을 인식하고 정보의 원천resource을 사용하고 평가하는 능력을 키우며; ⑦ 사회적 맥락에서 임상진료를 위해 중요한 태도(관용, 이타주의, 연민, 호기심, 동료 간 협력, 용기, 돌봄)를 모델링하고 양성하는 것을 목적으로 한다.

이와 같은 교육과정이 의료 체제하에서 임상문화에 구체적이고 지속적인 영향력을 가지도록 노력하는 것이 필요하다. 왜냐하면 현대 의학이 고급기술 지향적이고 고급기술에 의존적이며, 의료의 전통적 가치에서 벗어나 있는 것이 학생들에게 큰 영향을 끼치고 있는 상황에서 임상 전 의학교육에서 의료윤리, 프로페셔널리즘, 성찰적 진료, 관계기반의학에 대한 개념들을 가르치는 것은 중요한 의미를 갖기 때문이다.

이 대학의 교육 목표는 학생들이 비판적 성찰을 하는 능력이 손상되는 것에 대비하여 임상전 학년 학생들에게 비판적 시각을 가진 교수자를 역할모델로 제시하고, 1, 2학년에서 이런 비판적 성찰을 말과 글로 묘사하는 기술을 지속적으로 연습시킨다. 이 대학의 인문사회의학 교육과정은 '현대사회와 의학(MCS Medicine in Contemporary Society)'으로 명명되어 있으며, 학년별 교육내용은 다음과 같다.

1학년 'MCS 1'은 필수 58시간으로 구성되어 있고, 학생들에게 의학 역량

실습에서 요구되는 기초지식과 술기를 제공하도록 계획되어 있다. 코스 모듈은 프로페셔널리즘, 임상윤리, 생명윤리와 보건정책의 법적 측면, 사회경제적 맥락, 질병 이야기, 문화적 다양성, 영성에 대한 주제를 포함하는 의사 이야기, 환자 이야기를 포함하고 있다. 학생들은 철학, 법, 문학, 신학, 역사, 경제학, 사회학, 보건정책과 같이 다양한 학문의 언어와 방법론을 학습한다. 각 세션은 30~45분 강의 또는 75~90분 소집단 토론 후 사례발표를 포함하고 있다. 학생들은 10명씩 10개 부분으로 나누어지며, 각 집단의 활동은 의사와 의사가 아닌 치료자(간호사, 사회복지사, 교회상담가, 심리학자 등)인 두 명의 교수진 또는 인문학자(역사, 철학, 영어학자, 여성연구가, 인류학자 등)에 의해 진행된다. 소집단 활동은 토론, 학생보고서 발표, 역할극, 문제해결 연습을 포함해 다양하게 이루어지며, 많은 경우에 학생들은 토론 리더가 되며, 학생들은 지정주제(예: 해부학 실습 사체cadaver에 대한 성찰적 에세이, 임상윤리에서 문제에 대한 공식적 분석 반응, 사망한 환자의 가족에게 쓰는 개인적 편지로서 까다로운 임상결정에 대한 토론)에 대한 3개의 논문을 작성한다.

2학년 'MCS 2'는 두 파트로 나뉘어져 있는데, 첫 번째 파트는 거의 소집단 형식으로 진행되는 20주 2시간 세션을 포함한다. 두 명의 교수 촉진자에 의해 진행되는 'MCS 1'과는 달리 'MCS 2'는 사례기반 학습을 사용하기 때문에 학생들은 스스로 생의학적 윤리와 프로페셔널리즘의 측면에서 주제를 탐색하는 집단 세션을 구조화하고 이끌어 나간다. 보건의료의 사회적, 경험 규범적 이슈이면서 2학년 교육과정의 다른 부분에서 동시에 가르쳐지는 사례들은 이타주의, 역할책임 그리고 개인적 통합이라는 일관된 주제에 초점을 맞추고 있다. 'MCS 2'의 두 번째 파트는 6주에 걸쳐 12시간동안 만나는 선택과목으로 구성되어 있으며, 모든 학생들은 질병이야기, 출산건강에 대한 사회적 이슈, 시와 정신질환, 호스피스와 통증완화치료, 영성과 건강, 의학 내 인권과 같은 주제 중에서 선택하게 된다.

3학년 'MCS 3'은 저학년의 수업내용을 학생들의 핵심 임상경험과 연결시키는 것으로, ① 초기 2년 동안 학습한 지식, 술기 태도를 임상상황에서 강화하고, ② 핵심임상 과목에 새 주제와 방법론을 도입하며, ③ 학생들에게 전문가적 가치를 성찰 – 분석 – 문제제기 – 수정 – 명료화하는 틀을 제공한다. 교육과정은 MCS 연습 또는 과제를 핵심임상실습과 통합하는 것으로 구성되어 있다.

4학년 'MCS 4'는 학생들에게 특별히 흥미 있는 영역에서 경험의 폭을 넓히도록 계획되어 있다. 이 프로그램의 필수과목에서는 일반적인 주제와 유연성 있는 형식을 제공하며, 선택과목에서는 교육과정에서 다루지 않는 범위 내에서 특정 교육적 요구를 충족시키도록 개발된 혁신적인 것을 다루고 있다.

11. Hiram College, USA – 과학과 인문학을 결합시킨 생물인문학 프로그램 (The Biomedical Humanities)

이 대학 교육과정의 특징은 예비 의대생을 위한 의학 전 교육과정에 인문학과 과학을 결합시킨 생물인문학 프로그램을 통하여 환자나 다른 사람을 다루는 데 있어 더욱 섬세할 수 있도록 가르침으로써 더 나은 임상진료자로 발전시키기 위한 노력을 한다는 것이다. 이 프로그램을 통하여 학생들을 윤리적으로 생각하고 충분한 설명에 의한 동의informed consent를 사용할 수 있도록 하고, 다른 배경과 문화를 가진 사람들과 상호작용하는 능력을 증가시키며, 학생들에게 기초의학연구와 임상진료에 대한 적극적인 소개를 하고, 다양한 장벽을 넘어 학생들로 하여금 의사소통하는 것을 배우도록 지도한다. 또한 과학자와 인문학자들은 전형적으로 다르게 배우고 일한다는 것을 인식시켜 준다. 이 프로그램은 의학에서의 더 진전된 연구를 위한 생물학과 화학 교육과정을 요구하고, 물리학에서의 코스를 추천하며, 나머지는 세 개의 다른 핵심영역에서의 연구영역─커뮤니케이션, 관계와 문화적 감수성, 그리고 윤리와 의료인문학─과 경험학습에 할애하도록 한다.

이 교육 과정은 상대적으로 그 역사가 짧기 때문에, 이 교육과정으로 만들어진 효과를 측정하는 데는 아직 어려움이 있다. 그러나 학생들이 이 프로그램을 통해 근원적인 윤리적 이슈를 인식할 수 있다고 말한다는 점에서 이 프로그램은 매우 의미가 있다. 또한 졸업생들은 그들이 진로설정에 대해 더욱 지혜로운 결정을 하고 있다고 말하였다. 'Biohumanity 프로그램'이 인문학liberal arts적 측면에서 학생들을 교육시키기 위하여 만들어졌으나, 이 교육 프로그램을 통하여 학생들은 분석적이고 지적인 능력도 증가하는 것으로 나타났다.

12. Northeastern Ohio Universities, College of Medicine, USA ─ 역사적 이론적 교육과정 관점

이 대학의 인문사회의학 교육과정인 'HVM Human values in Medicine Program'의 원래 목표는 학생들이 그들과 타인의 가치를 성찰하게 하는 인문학 훈련의 내용과 기술을 사용하게 하고, 지역사회와 더 큰 문화 내 의사─환자 관계에서 그들의 역할을 평가하게 하는 것이다. 지난 수년간 문화연구 지향, 특히 의사─환자관계와 의학 훈련에서, 미국의 보건의료 접근과 전달 내에서 불평등과 불공정을 밝히는 데 목적을 둔 비판적 분석 연습이 포함되었다. 최근 프로그램 개발은 모든 학생들을 위한 생명윤리 프로그램을 표준화하고, 모든 학생들이 HVM 선택과정 중 듣는 필수 4학년 코스를 개발하는 것이다.

필수 HVM 교육과정은 120시간이며, 학생들은 15명이상 등록한 모든 세미나 형식에서 제공되는 여러 개 수업 중에서 선택한다. 대부분의 코스들은 4시간 블록형태로 1주일에 수차례 만나며, 프로그램으로는 '문화와 의학 Culture and Medicine', '프로페셔널리즘에 대하여 On Professionalism', '과학소설과 의학 Science Fiction and Medicine', '의학의 역사 History of Medicine', '작가로서 의사 The Physician as Writer', '여성의 건강 Women's Health: Views from Literature, Communities, and Clinical Medicine', '문학과 의학 Literature and Medicine', '의학과 미국의 꿈: 전문가 계급의 가치에 대한 단상 Medicine and the American Dream: A Meditation on Professional Class Values'이 있다. 어떤 것들은 분명히 한 개의 학문에 기반을 두지만 대부분 여러 개의 학문영역에 걸쳐 있다.

13. Pennsylvania State University, College of Medicine, Hershey, Pennsylvania, USA: 프로젝트 중심 & 전공의 과정과 연계된 프로그램

1967년 의과대학 최초로 의료인문학과가 개설된 이 대학에서는 1학년 'Humanities and Medicine'에서 환자 프로젝트 The Patient Project라는 이름으로 교육이 이루어지고 있다. 이 프로그램은 한 달에 한번 환자 집 방문을 통해 1학년 학생들 2명씩 특정 환자를 추적하도록 하는 1년 짜리 환자경험에 대한 장기 훈련 1 year-long exercise 코스이다. 이 훈련의 목적은 학생들이 환자로부터 질병과 치료에 대한 경험을 배우는 것인데, 학년 말에 학생들은 질병과 치료와 관련된 다양한 사회심리학적 이슈를 포함하는 '풍부한' 환자 히스토리를 쓴다. 이 환자 프로젝트 The Patient Project는 환자와 거의 접촉하지 않는 1학년 학생들에게 훌륭한 학습경험으로 판명되었고, 환자 역시 이러한 만남에 가치를 두고 즐거운 경험을 한 것으로 판명되었다.

이 대학의 인문사회의학 교육은 학년별로 다음과 방식으로 이루어지고 있다. 먼저, 1학년 '인문학과 의학Humanities and Medicine'에서는 12시간, 3가지 주제(질병, 진료에서 문화적 문제, 의료 프로페셔널리즘)를 다루며, 이 강좌는 간헐적인 전체 강의와 함께 약 16명의 학생 소집단으로 구성된 학생 토론이 있다. 이 세션은 장애를 가진 장애인권 활동가, 가난한 사람을 위한 의료제공에 개인적으로 참여하는 의사, 유방암 극복을 위해 보완대체의학 양식을 사용한 환자 등을 포함하고 있다. 노화에 대한 세션에서 학생들이 8명의 노인을 모셔 와서 특정 문제에 대해 인터뷰하고 토론하는 표준화 환자 프로그램이 기획되어 있다. 학생들은 환자의 목적과 요구를 찾아내고, 이를 통합하는 해결책을 연구해야 하는데, 이 연습을 통해 학생들은 임상면담에서 특정 환자집단과 관련된 최근 기술과 이슈를 함께 다룰 수 있게 된다. 1학년 필수 코스의 주제인 'Humanities and Medicine'에서는 의학의 문화/병원, 과거와 현재/질병에 대한 환자의 관점/고통과 환자/종교와 영성/장애/보완대체의학과 비서구 의학/가난한 사람들을 위한 의료제공/노화/죽어감과 죽음/전문가적 책임감 등을 다루고 있다.

둘째, 2학년 학생의 필수 코스는 주당 2시간씩 12번으로 구성된 '윤리와 프로페셔널리즘Ethics and Professionalism'이다. 코스의 형식은 입문적 성격의 전체 강의로 구성되어 있으며, 이후 각 16명씩 소집단 토론이 있다. 동의와 기밀유지에 대한 세션은 소집단에 대해 표준화된 환자를 채용하고, 종종 '실제적인' 환자 시나리오에 적용시킴으로써 추상적인 윤리적 개념을 구체화하는 연습을 채용한다. 소속 학과의 임상윤리학자들은 임상 동료, 소집단 세션을 가르치는 다른 인문학 교수진과 함께 이 코스를 지도하며, 각 기관의 다양한 수준에서의 윤리 관련 교육에 대한 책임을 갖고 있다. 예를 들면, 내과 실

〈표 6〉 Pennsylvania 주립 의과대학의 인문사회의학 교육과정

미국 펜실베니아 주립 의과대학의 인문학에서 제공되는 필수 코스, 집담회, 세미나의 주제

- **1학년 필수 코스의 주제: '인문학과 의학'**
  - 의학의 문화
  - 병원, 과거와 현재
  - 질병에 대한 환자의 관점
  - 고통과 환자
  - 종교와 영성
  - 장애
  - 보완대체의학과 비서구 의학
  - 가난한 사람들을 위한 의료제공
  - 노화
  - 죽어감과 죽음
  - 전문가적 책임감

- **2학년 필수코스의 주제: '윤리와 프로페셔널리즘' 충분한 설명에 의한 동의(informed consent)**
  - 관리의료
  - 법적 문제
  - 윤리와 어린이
  - 진실말하기와 과오
  - 비밀유지
  - 연구윤리
  - 유전학에서 윤리적 문제
  - 임종에서의 의사결정
  - 사전 지시
  - 의사조력 자살
  - 호스피스와 완화의료

- **3학년 집담회**
  - 임상실습기간 중 윤리사례 집담회
  - 소아과 실습 중 윤리사례 집담회

- **4학년 세미나(필수 1달 장기 세미나)**
  - 통증완화 의학
  - 어린이와 HIV/AIDS
  - 사전치료계획
  - 의료윤리와 문학
  - 민속 및 보완대체 의료체계
  - 명상 진료와 의료기술
  - 종교와 건강
  - 인간 계승 통제: 역사에서 고통받는 사람과 치유자 역사로부터의 교훈
  - 의료재난(medical adversity)에서의 위기와 갈등
  - 문학과 의학 읽기

습에 참여하는 의대생을 위한 주별 윤리사례 집담회, 매월 학생들과 토론하는 소아과 실습, 소아과와 정신과 전공의를 위해 정기적으로 계획된 교육 세션 그리고 중환자실Medical Intensive Care Unit, 외과 ICU, 소아과 ICU, 안과학을 위한 교수세미나 등이 그 경우이다. 2학년 필수코스의 주제인 '윤리와 프로

페셔널리즘 Ethics and Professionalism'에서는 충분한 설명에 의한 동의 informed consent/관리의료/법적 문제/윤리와 어린이/진실말하기와 과오/비밀유지/연구윤리 유전학에서 윤리적 문제/임종에서의 의사결정/사전 지시/의사조력자살/호스피스와 완화치료 등을 다룬다.

셋째, 3학년 교육과정에서는 임상실습기간 중 윤리사례 집담회/소아과 실습 중 윤리사례 집담회 등이 개최된다.

넷째, 4학년 학생들은 통증완화의학, 어린이와 HIV/AIDS, 그리고 '의료윤리와 문학'과 같이 특정 주제에 대한 4주짜리 심화 인문학 세미나 중 하나를 수강해야 한다. 이 필수과목의 목적은 1, 2학년에서 일반적인 방법으로 접근했던 의료인문학에 대한 주제와 관심을 다시 접하게 하여 학생들에게 그들의 임상지식과 경험을 인간주의적 관점에서 직접 개입시키게 하는 것이다. 4학년 세미나에서는 통증완화 의학/어린이와 HIV/AIDS/사전치료계획/의료윤리와 문학/민속 및 보완대체 의료체계/명상 진료와 의료기술/종교와 건강/인간 계승 통제: 역사에서 고통 받는 사람과 치유자, 역사로부터의 교훈/의료 재난 medical adversity에서의 위기와 갈등/문학과 의학 읽기 등을 다룬다.

이 외에도 이 대학은 레지던트를 위한 인문학프로그램인 '인간주의적 의사를 위한 모임 retreats'을 제공한다. 학생들은 정규 교육과정으로는 4학년 세미나 코스 중 하나를 대신하여 독립 연구 프로젝트를 완수할 기회를 갖게 된다. 예를 들어 비정기적이지만 문학예술저널인 'Wild Onions'의 편집장이었던 한 학생은 성인과 소아 정신과 병동, 의료 및 외과 환자, 은퇴 공동체 지역에 있는 환자 등에게서 가져온 시詩 들을 가지고 시 치료법 poetry therapy 프로그램을 개발하기도 하는 등 다양한 교육활동을 경험하였다. 이 외에도 이 대학에는 의학과 관련된 활동으로 문학과 예술 경시대회, 임종에 대한 연극 책을 출판하는 의료극장 medical theatre 프로그램, 인간주의적 주제에 기여하는 학생집단 후원, 뛰어난 인간주의적 자질에 대해 학생, 전공의, 교수, 간호사를 인정하는 시상 프로그램 등을 실시하고 있다.

14. University of Texas, Medical Branch at Galveston : 임상의학과 인문 사회의학간 연계교육과 통교육과정 평가

이 대학의 인문사회의학 교육과정에서 1학년 전체 학생들은 의료인문학의 입문인 '의료윤리와 전문가적 가치 The Values and Ethics and Medicine'를 수강한다. 14주 필수 코스인 이 과목은 6명 이상의 연구소 교수진들이 약 15명의 학생을 두 개 집단씩 맡아서 세미나 방식으로 가르친다. 여기서는 치료관계와 공감적 치료자에서부터 건강과 질병, 건강신념, 개인적 자유의 개념에까지의 주제를 다룬다. 1998년 PBL 교육과정으로 바뀌면서 이 코스는 전통 기초과학 강좌와 함께 없어졌고, 기초과학과 2년 짜리 의학 치료 코스(POM)로 이루어진 장기계통 organ system 강좌라는 새로운 구조가 개발되었다. 이 의학 치료 코스(POM)는 환자평가와 임상결정에서 기초기술을 가르치고, 학생들이 스스로 생각하고 협동습관을 개발하도록 계획되었다. '의료윤리와 전문가적 가치 The Values and Ethics and Medicine'에서의 주제는 소집단토론에서 고려되는 임상사례로 통합되었다. 분리된 단기코스로서 '영성과 임상치료 Spirituality and Clinical Care'는 의학과 간호학 교수진이 협력하여 1학년 의학 및 간호학과 학생을 가르친다. 한편, 2학년 '인문학, 윤리, 그리고 프로페셔널리즘 Humanities, Ethics, and Professionalism'은 연구소 교수들에 의해 POM 부문에서 가르쳐진다. 강좌는 소집단 형식으로 이루어지고, 읽기, 토론, 에세이 과제로 평가된다. 주제들은 14주 코스에서 가르쳐지는 것과 유사하고 역사와 의철학 읽을거리

뿐만 아니라 문학과 시각 자료를 포함하고 있다. 과거 3년 동안 특별초청과 발표로 시작되었지만, 이후에는 학생들이 질병을 가진 환자의 이야기를 발췌한 인용문을 읽는 방식과 같은 질병의 경험에 초점을 둔다. 의료인문학 프로그램에서 대학원 학생들은 'Narratives of Illness' 코스에서 선정한 짧은 드라마 읽을거리를 준비하고 발표한 후, 의과대학생과 함께 자료토론에 참여한다.

모든 3학년 학생들은 내과 임상 로테이션에서 만나는 '윤리사례 집담회 Ethics Case Conference (3주)'에 참여하고, 산부인과 임상경험을 위해 집담회에 참석한다. 연구소 교수와 임상 동료는 공동으로 가르치고, 학생들은 병동 업무에서 나온 도덕적으로 문제가 되는 사례를 토론하고, 이에 대한 해결책을 제시한다. 또한 모든 3학년 학생들은 필수 의료법 코스를 필수로 수강한다. 마지막으로 모든 의과대학 4학년 학생들은 4명의 모의 환자와 인터뷰한 병력청취, 신체검진, 진단, 그리고 전문가 행동에서의 기본 술기를 시험하는 3시간짜리 통합교육과정 평가 시험 Integrated Curriculum Evaluation Exercise examination을 통과해야 한다. 연구소 교수진은 시험자로서 임상 동료와 함께 참여하고 학생-환자간 인터뷰를 관찰하고, 학생들에게 상호작용, 추론, 진단에 대해 질문한다. 또한 연구소에서는 1년 동안 학생들이 서명한 과목을 선택과목으로 제공한다. 선택과목은 학생들은 4주 동안 1개의 선택과목만을 수강하기 때문에 코스의 주제에 몰두할 수 있는 기회를 갖게 된다.

15. University of Texas, Health Science Center at San Antonio, USA : 이야기 중심 교육과정

이 대학의 교육과정의 핵심목표는 ① 학생들에게 생명의료윤리와 윤리적 분석방법의 원칙에 대한 이해를 제공하고 ② 비판적 사고와 성찰적 진료를 촉진하며, ③ 문화적 감수성과 자기 인식을 함양하고, ④ 의사소통과 경청기술을 향상시키고, ⑤ 전문가적 덕목과 행동을 모델로 삼는 것이다. 또한 인문학 프로그램은 ① 윤리와 미술품을 분리하기보다 통합하는 더욱 전통적이고 포괄적인 인문학에 대한 정의 ② 효과적이고 인지적 영역으로 더욱 균형되고 통합된 접근 ③ 학생, 교수, 지역사회를 포함하고 참여시키는 개방적이고 다원론적 환경의 중요성을 강조하고 있다.

이 대학의 1학년 교육과정은 소집단 형식에서의 환자와의 상호작용, 병력청취, 신체진단에 대한 입문기술을 배우는데 할애하는 '임상통합코스(CIC Clinical Integration Course)'와 함께 시작된다. 이 코스에서는 인문학 활동이 통합되는데, 예를 들면, 직업적 활동의 결과로서 HIV 환자가 되는 한 여자의 인생이 극적으로 변화하는 것에 대한 젊은 의사의 개인적 고백을 포함하는 'The Call of Stories'가 발표되기도 하였다. '윤리적 원칙과 윤리적 의사결정 Ethical Principles and Ethical Decision Making'으로 불리는 세션은 환자와 가족, 획기적인 사례와 주요 이슈, 문헌인용, 관련 사례이야기에 대한 다큐멘터리 영화와 같은 자료를 추적한다.

2학년 교육과정은 임상과학, 병리학, 약리학, 임상기술, 현재는 인문학에서 지도를 협력하는 생체 organ system별 모듈로 조직화되어 있다. 기초 및 임상과학을 각 모듈에서 보완하고 완수하기 위해 7가지 세션을 구성하였다. 예를 들면, 심혈관 모듈에서 종교적인 그림에서부터 이식에 대한 Richard Selzer의 이야기 단계적 읽기에 이르기까지 심장에 대한 미술적 문학적 이미지를 검증한다. 인간의 의식을 이해하기 위한 신경과학 모듈은 과학적, 영적, 상상력 있는 탐색에 대한 자료뿐만 아니라 Oliver Sacks의 저술로부터의 인용까지를 포함한다. 1학년과 2학년에서 요구되는 활동에 덧붙여 참여 학생과 교수진에 의해 선정되거나 쓰인 이야기와 시를 토론하기 위해 매 6주마다 만나는 과외의 북클럽을 가지며, 최근 간학문적 교수진에 의해 가르쳐지는 1, 2학년 학생을 위한 6주짜리 선택과목을 개발하고 있다.

3학년 과정은 임상실습에서 각 순환을 위한 두 개의 세션을 구성하고 있다. 첫 번째 세션은 'Sounding the Body'로서 신체검진의 발전에 대한 역사적이고 문학적인 관점이며, 두 번째 세션은 'The Myth and Abuses of Informed Consent'로서 이야기를 이용한 환자와 의사의 만남에 대한 탐색이다. 2개의 선택과목인 '문학과 의학', '자기발견의 문학'은 할당된 읽기에 대해 주별 토론과 마지막 연구한 비평적 논문을 요구하는 3학년에게 유용한 과목이다.

4학년 '의사가 되는 과정 On Becoming a Doctor'은 5주 동안 계획된 6주 필수 코스 중 하나이며, 6가지 세션은 초청연사, 패널 발표, 자전적 프로파일, 문학작품, 영화, 그리고 퍼포먼스와 같은 다양한 활동과 자료를 통해 의사됨에 대해 학생들이 이야기하고 생각하게 만드는 것으로 구성되어 있다. 세션은 주창자/활동가, 과학자/기술자, 선생/학생, 치료자/환자, 그리고 이야기 전달자/목격자와 같이 전통적으로 의사와 관련된 보완적 또는 모순적 역할과 책임으로 구성되어 있다. 또한 학생들은 소집단토론에서 개인적 세션 주제와 관련된 갈등과 문제를 다룬 사례를 이용하여 윤리적 의사결정기술을 연습하기 위한 기회를 가진다. 필수과목에는 의과대학에 응시한 학생의 개인적 진술의 수정을 포함하는데, 학생들이 창의적이 되도록 장려하고 마지막 소집단 세션에서 수정된 그들의 진술을 공유하게 된다. 학생과 교수진은 학생들에게 왜 그들이 의사가 되고 싶어 하는지, 그들의 목표와 느낌, 태도가 교육적 경험을 통해 어떻게 변하거나 변하지 않는지, 그들이 선택한 직업에 대한 책임을 재확인하거나 재평가하는 이러한 과제에 대해 긍정적으로 평가하고 있다.

Ⅱ. 영연방 국가: 영국, 캐나다, 호주

1. 영국의 University of Dundee, School of Medicine

Dundee 의과대학University of Dundee, School of Medicine은 12가지의 학습 성과
learning outcome 중심의 교육을 지향하고 있다. 이는 크게 의사가 할 수 있는
것(7가지), 의사가 진료에 접근하는 방법(3가지), 전문가로서의 의사(2가지)
등 세 가지로 나누어 제시될 수 있다. *

분류	내용
의사가 할 수 있는 것 7가지 (What the doctor is able to do) - 'Doing the right thing'	1. 임상술기역량(Competence in clinical skills) 2. 실용적인 시술역량(Competence in practical procedures) 3. 환자조사역량(Competence to investigate a patient) 4. 환자관리역량(Competence in patient management) 5. 건강증진과 질병예방 역량(Competence in health promotion and disease prevention) 6. 의사소통역량(Competence in communication) 7. 정보통제 및 검색역량(Competence in handling and retrieval of information)
의사가 진료에 접근하는 방법 3가지 (How the doctor approaches practice) - 'Doing the thing right'	8. 기초 및 임상과학과 기저 원칙 이해하기(An understanding of basic and clinical sciences and underlying principles) 9. 적절한 태도, 윤리적 입장 그리고 법적 책임(Appropriate attitudes, ethical stance and legal responsibilities) 10. 적절한 의사결정기술, 임상추론 그리고 판단(Appropriate decision-making skills, clinical reasoning and judgement)
전문가로서의 의사 2가지 (The doctor as a professional) - 'The right person doing it'	11. 의료서비스에서 의사의 역할에 대한 이해(An understanding of the doctor's role in the health service) 12. 개인발전을 위한 태도(An aptitude for personal development)

* www.dundee.ac.uk/medschool/mbchb

이 12가지의 목표가 인문사회의학 교육의 프로그램으로 구성되어 진행되게 된다.

2. 영국의 Imperial College - London*

이 대학의 인문사회의학 교육과정은 '의사와 환자·Doctor and Patient'이며, 여기서는 사회적 맥락에서 의학적 측면을 다루고 있다. 즉 전통적 의학교육과정에 임상경험을 통합하여 의사소통기술, 의료윤리와 법, 사회학 등을 다루고 있는데, 임상에 대한 기초basics에서 인문사회의학적 주제를 다루어 임상과의 통합을 시도하였다. 또한 학생들은 이 대학의 인문학과Department of Humanities에서 개설한 8개 과목의 외국어와 12개 과목의 인문학 프로그램을 선택하여 수강할 수 있는데, 그 과목명은 다음과 같다.

- 외국어: 아랍어, 프랑스어, 독일어, 이탈리아어, 일본어, 중국어, 러시아어, 스페인어
- 문학 : 음악과 서구문명 / 의사소통과학: 대중과 미디어 / 음악기술학 / 과학과 기술에서의 논의와 윤리적 딜레마 / 철학 / 창의적 글쓰기 / 정치학 / 유럽의 역사(1870～1989) / 과학철학: 이론, 사회 그리고 의사소통 / 의학의 역사 / 인문학 에세이 / 21세기 세계사

* http://www3.imperial.ac.uk/courses/undergraduatesyllabuses

3. 영국의 Leeds University*

Leeds 대학 Leeds University에서는 단계별로 인문사회의학 교육이 이루어지고 있다. 1단계는 임상진료 준비단계 Phase 1 : preparing for clinical practice로 1, 2, 3년차에 해당되며, 2단계는 임상진료 상황 단계 Phase 2 : clinical practice in context로 4년차 때, 3단계는 의사되기 단계 Phase3 : becoming a doctor로 5, 6년차에 시행되고 있다.

이 대학에서는 의사에게 임상의학 및 의과학적 측면을 넘어서는 지식, 술기 및 태도를 요구하는데, 이는 개인적·전문가적 발전(PPD Personal and Professional Development)에 잘 나타나 있다. 여기에는 의사소통기술 communication skills, 팀워크 기술 teamwork skills, 진료의 윤리적 측면 평가, 건강에 영향을 미치는 사회문화적 요인과 치료가 제공되는 맥락에 대한 인식, 평생학습을 개발하기 위한 자기인식과 성찰 연습 등을 포함한다.

이를 학년별로 살펴보면 먼저 1학년에서는 정보(IT)기술, 집단 및 팀워크 기술, 근거바탕의학기술을 개발할 수 있는 기회를 포함한 다양한 경험이 제공된다. 학생들은 환자의 집을 방문함으로써 건강에 대한 사회문화적 측면의 영향력을 평가할 뿐만 아니라 의사소통기술을 개발할 수 있는 기회를 갖는다. 모든 학생들은 응급구조코스 first-aid course에 참여해야 한다. 2학년 학생들은 지역사회조직을 몇 차례 방문함으로써 건강에 대한 사회문화적 측면의 영향력을 인식하며 이 과정을 통해 지역사회 조직을 조명하는 지역사회소식지 Community Newsletter를 만들기도 한다. 마지막으로 3학년 학생들은 환자중심 면담기술 patient-centered consulting skills을 더욱 심화시킬 기회를 가지며 임상

* http://www.leeds.ac.uk/undergraduate

술기개발을 위해 지역일반진료에서 임시근무attachment를 하기도 한다. 각 학년에서는 전자성찰일기와 집단토론을 통해 자기인식self awareness을 개발한다.

4. 캐나다의 Manitoba University - 임상전 교육과정 강화

1986년 개설된 이 대학 인문사회의학 프로그램인 '인간가치 프로그램Human Values Program'은 다른 의과대학보다 임상전 교육과정에서의 임상술기에 더 많은 시간을 할애하며, 비교적 응집력 있는 의료인문학 프로그램을 운영하고 있다는 특징이 있다. 이 대학에서는 최근 6가지 요소를 다루고 있는데, 임상윤리Clinical Ethics, 의학사History of Medicine, 법Law, 보완대체의학(CAM), 통증완화치료Palliative Care, 인간가치Human Values 등이 그것이다. 각 구성요소에 대한 구체적인 내용은 다음과 같다.

① 임상윤리 (Clinical Ethics component)

캐나다 의학협회는 캐나다 의사면허시험을 도입하고 CLEO로 알려진 학습목표를 만들었다. 이 세션은 임상윤리에 기초하여 다음의 CLEO 윤리 목표를 강의한다. ① 환자-의사관계; ② 스스로를 위한 의학적 의사결정; ③ 다른 사람을 위한 의학적 의사결정; ④ 임종윤리; ⑤ 연구윤리; ⑥ 정의; ⑦ 자원배분; ⑧ 라이프스타일 등이다. 강의는 실제 사례를 다루며, 종종 주변적 관심 사항, 그리고 임상적 실용주의와 철학의 결합을 강의한다. 가능하다면, 동영상 발표가 강의 내용을 보완하며, 강의 후에 학생들은 임상의와 철학과 대학원생들과 함께 한 시간 동안 사례에 대해 토론하기 위해 소집단에 모인다. 마지막 세션은 '임상 지도교수와의 어려운 관계'와 같이 학생들이 의학교육 동안 마주치는 대인관계적 딜레마에 초점을 둔다. 여기에 학생들은 소집단으로 시나리오를 토론하고 더욱 깊은 대화를 나눈다. 윤리자료는 학습목표, 강의노트, 토론사례, CLEO 교육목표에 대한 요약을 포함하는 소책자를 포함한다. 학기말 시험에서 짧은 답변문제와 개인적 선택에 대한 윤리주제에 대한 1,000자의 에세이를 작성한다. 윤리교육은 이후 5개 학기에서 2개의 세션으로 지속되며, 이 중 하나의 세션은 각 학기에 특별한 유기체와 일치하는 사례에 대해 소집단 토론을 하며, 다른 세션은 윤리에서의 최근 핫이슈를 기술한다. 8개월의 교육과정 기간 중 미리 계획된 교육과정에서 주요 윤리이슈를 강조하는 것은 어려우므로 핫이슈 세션은 사전에 미리 정해진 주제 없이 계획되고 학생들은 각 세션에서 다룰 이슈를 스스로 선택한다. 이를 통해 학생들은 모성－태아 갈등, 제약회사와의 상호작용, 의료제공자와 가족을 위한 선호되는 치료, 선진국, 개발도상국에서의 HIV와 약, 의과대학생 선발과정에서의 잠재적 편견 등에 대해 서로 배운다. 이 세션의 장점은 학생들이 그들이 느끼는 방식으로 준비하고 발표하는 법을 배운다는 것인데, 매우 교육적이다.

② 의학사 (History of Medicine component)

첫 학기에 열리는 이 교육은 의학사에 관심을 가진 지역의사와 학자들이 강의하는 9개 주제로 구성된다. 그 주제들은 현재까지 의학사를 추적하도록 설계되고 ① 과학적 의학의 뿌리; ② 전문직의 발달－태도와 행동; ③ 과학적 의학의 출현 － 해부학; ④ 질병의 특성과 병리학; ⑤ 임상술기－질병에 걸린 장기의 탐색; ⑥ 사회변화와 보건－인구 건강/역학; ⑦ 질병의 원인과 예방－박테리아/면역학; ⑧ 심장질환의 외과적 치료 (* ⑨ 기타는 삭제) 등으로 구성된다. 이 교육은 학생들이 강력한 역사적 요소를 가진 최근의 문제에 대해 논문을 만들도록 도서관 검색을 하는 혁신적 접근을 통해 평가된다.

③ 법 (Law component)

윤리와 법 간 교류와 차이를 강조하기 위해 법 요소는 첫 번째 학기에서 집중된 윤리 세션에 이어서 진행된다. 윤리 요소는 CLEO 목표의 법적 측면에 부응하도록 구성되었으며, 이 요소는 법학교수와 의료변호사, 전문가적 규제와 의료－법 보호에서 활발한 의사에 의해 가르쳐진다. 법 요소는 6시간 강의, 의사와 변호사에 의해 촉진되는 2시간 소집단 사례바탕 토론으로 구성된다. 강의는 환자의 법적 권리와 인권; 동의서; 기밀성; 부주의; 역량; 행동과 요구; 의무기록; 병원규제를 언급하며, 소집단 토론에서 학생들은 사례를 평가하고 법적 딜레마에 대한 카드게임 교육방식을 사용한다. 이 때 학생들은 캐나다 권리와 자유 헌장을 포함하는 자료를 제공받는다.

④ 보완대체의학 (CAM component)

보완대체의학은 임상실습 전 2학년 말에 주어지는데, 이 시기까지 학생들은 이미 어느 정도 의학적 개념을 가지게 되고 더 넓은 시각으로 의학을 보려는 태도를 가지게 된다. 이 시점에서 보완대체의학을 가르치며, 강의는 CAM입문, 몸–마음 치료, 자연치료, 동종요법, 카이로프랙틱, 중의학, 침술학 등을 포함한다. 학생들은 각 세션에 대한 목표와 노트가 든 책자를 받고 학기 말에 다지선다형 시험을 통해 평가된다.

⑤ 통증완화치료 (Palliative Care component)

이 요소는 지역의사, 통증완화 관련 전문가 등에 의하여 교육된다. 첫 도입 강의를 하고 나서, 통증 통제, 신경학적 증상의 통제, 순환 및 소화기 증상 통제 등을 다룬다. 또한 학생들이 죽음을 둘러싼 어려운 문제들을 생각하고 평가하게 하도록 2가지 경험 세션에 참여하도록 한다. 첫 번째는 짧은 오리엔테이션 후, 학생들은 통증병동에서 환자와 시간을 보내는 것이고, 두 번째는 표준화 환자에게 '나쁜 소식 전하기'를 직접 해 보도록 하는 것이다. 학생들은 강의노트를 받고, 이 교육에 참여한 학생들은 시험에서 다지선다형 문제로 시험을 본다.

⑥ 인간가치 (Human Values component)

2개의 인간가치 세션이 매 학기에서 있게 되며 학생들에게 과학을 관통하고 있는 의학의 중요한 가치적 측면을 생각하도록 한다. 이 세션의 목표는 인간조건에 대한 이해를 함양하고 환자와 의사가 건강, 질병, 고통을 어떻게 경험하는지를 보여주는 것이다. 학생들은 실제 환자와 직접 만남을 가지도록 하기 때문에 인간가치 세션에 대한 오리엔테이션은 임상적으로 구성된다. 1학년에서 학생들은 예술을 통해 그려진 고통에 대해 배운다. 구체적으로 지역을 기반으로 한 환자들의 의견 제시와 권익 등을 옹호하는 단체 참여, 매년 의료와 연관된 예술작품 발표를 통한 개인적 미술 작품 전시, 건강, 질병 의학을 다루는 문학 작품 발표, 의사의 개인적 질병의 치료에 대한 이슈를 다룬 작품 전시 등으로 이루어진다. 특히, 프로페셔널리즘 세션에서 각 수업은 학생들에 의한 '전문가 행동규정'을 만들어 보도록 한다. 2학년 세션은 영성(spirituality) 검증, 대중과 의사구성원에 의해 비춰지는 몸 이미지, 의학에 수반되는 문학, 제약 산업과의 관계, 의료 과오, 이제 곧 있게 시작될 임상실습의 현실 등을 다룬다. 많은 세션들이 경험적이고, 그들의 시야를 넓히기 위한 것이기 때문에 학생들은 인간가치 세션에 대하여는 별도의 시험을 치지 않는다.

이 외에도 이 대학에서는 연간 2개의 시상제도가 있는데, 첫째, 가장 우수한 인문학과 연관된 의학적 논문을 쓴 학생에게 상을 주는 것이 있고, 둘째, 가장 인간주의적 humanism 의사로 체화된 졸업생에게 상을 주는 것이다.

5. 캐나다의 Dalhousie University, Faculty of Medicine − 인문사회의학 교육에 대한 단계별 접근

이 대학의 인문사회의학 교육 프로그램은 의과대학생들의 학습과 경험을 통합하기 위해 1992년에 시작되었다. 이 프로그램은 의학사, 문학, 음악, 미술, 다문화주의, 철학, 인식론, 신학, 인류학, 프로페셔널리즘, 대안적 치료의 역사, 글쓰기, 이야기하기, 공중보건법, 국제적 의학, 윤리학을 포함하는 넓은 개념의 의료인문학을 다루고 있다.

이 대학은 의과학을 강조하지 않는 것이 아니라, 인문학과 과학의 합리적인 균형을 이루려는 것을 목표로 하며, 의학은 과학이 아니라 과학을 사용하여 인간을 돌보는 학문임을 강조하고 있다. 이 대학의 의료 인문학 프로그램의 가장 큰 특징은 인문사회의학 교육을 세 가지 단계로 접근하고 있다는 것이다. 1단계는 임상과 기초의학의 학생들에게 유용한 의료인문학의 선택 과목과 연구기회를 제공하고, 교육 프로그램과 활동을 통해 생활 속에서의 인문학적 경험 참여와 학생의 학습을 장려하고 정당화하는 것이다. 2단계는 인문학을 의학교육의 교육과정 속에 더욱 통합시키는 것이며, 3단계는 졸업 후 의료인문학 교육 프로그램을 운영하여 향후 의료인문학 교육프로그램을 통합하는 작업을 해 나갈 수 있는 더욱 많은 교수진을 훈련시키는 것이다.

6. 호주의 New South Wales University – 다양한 교수학습방법에 따른 임상 과 완전 통합된 교육과정

New South Wales 대학New South Wales University의 인문사회의학 교육은 임 상과 완전 통합된 교육과정으로 다양한 교수학습방법에 따라 시나리오 기반 학습scenario-based learning, 진료 기반 학습practise-based learning, 개별성찰 학 습independent reflective learning이 이루어진다. 이 대학의 학년 별 교육과정과 교육 영역별 교육 주제는 다음과 같다.

〈표 7〉 호주 New South Wales 의과대학의 교육과정

Year 1	Year 2	Year 4	Year 4	Year 5	Year 6
			Aging & Endings - 3 Care of Elers Genatrics Oncology	Clinical Module - 1 Hospital-based Care (Internal Medicine)	Clinical Module - 6 Primary Care Medical Specialties
Foundations Independent Collaborative Learning Teamwork Disciplines of Medicine	Society & Health - 1 Respiratory Genetics infection Health Care System	Society & Health - 2 Blood & Skin Genetics Infection Comparative Health	FlexibleCourse A12 Course in another Faculty	Clinical Module - 2 Hospital-based Care (Surgery)	Clinical Module - 7 Mental Health
Beginnings Growth & Devt -1 Cell Biology Embryology Reproductive	Beginnings Growth & Devt -2 Gastrointestinal Digestion Metabolism Renal Fluid Balance	Society & Health - 3 Population Health Primary Care Rural Health Infections	Independent Learning Project	Clinical Module - 3 Chronic & Complex Care	Clinical Module - 8 Hospital - Based Care (Critical Care & Rural Health)
		Mid-Year Recess			
Health Maintenance - 1 Cardiovascular Thermo-regulation	Health Maintenance - 2 Gastrointestinal Digestion Metabolism Renal Fluid Balance	Beginnings Growth & Devt -3 Introduction to Women's & Children's Health Issues	Independent Learning Project	Clinical Module - 4 Women's Health	Clinical Module - 9 Elective
Ageing & Endings -1 Neuroscience (Central) Cancer	Ageing & Endings -2 Neuroscience (peripheral) Musculoskeletal Cancer	Health Maintenance - 3 Acute Hospital-Based Care	Independent Learning Project	Clinical Module - 5 Children's Health	Clinical Module - 10 Preparation for Internship

Phase 1
Scenario-Based Learning

Phase 2
Practice-Based Learning

Phase 3 - Independent
Reflective-Based Learning

http://www.med.unsw.edu.au/medweb.nsf/page/Program%20Structure

〈표 8〉 호주 New South Wales 의과대학의 교육과정 영역과 주요주제

영역	주요주제
시작, 성장과 발달 (Beginnings, Growth and Development)	• 임신, 출산 그리고 출생(Conception, pregnancy and birth) • 아동기 성장과 발달(Childhood growth and development) • 사춘기, 청소년기, 성 그리고 관계(Puberty, adolescence, sexuality and relationships) • 영양, 성장 그리고 몸 이미지(Nutrition, growth, and body image)
건강관리 (Health Maintenance)	• 항상성, 유지, 균형(Homeostasis, sustenance, and equilibrium) • 교육, 건강증진 그리고 질병예방(Education, health promotion, and disease prevention) • 숙주 방어(Host defence) • 건강을 위태롭게 하는 생활양식 요인(Lifestyle factors that risk health)
노화와 죽음 (Ageing and Endings)	• 폐경(Menopause) • 노화과정(The ageing process) • 퇴행성 질환(Degenerative disease) • 죽음, 죽음의 과정 그리고 통증완화 돌봄 • (Death, dying and palliative care)
사회와 건강 (Society and Health)	• 사회, 문화 그리고 유전자(Society, culture and genes) • 건강의 사회경제적 결정요인(Socioeconomic determinants of health) • 보건의료전달체계(Health delivery systems) • 건강과 인권(Health and human rights)

7. 호주의 Sydney Medical School - 전문성 습득을 위한 미래 의사교육

Sydney 의과대학Sydney Medical School은 미래의 의사는 다음 9가지 영역에서 전문성을 가져야 한다고 본다. 즉 ① 의사소통communication, ② 의료의 질과 안전quality and safety, ③ 교수학습teaching and learning, ④ 문화적 역량cultural competency, ⑤ 윤리ethics, ⑥ 임상적 의사결정clinical decision-making, ⑦ 리더

십과 관리 leadership and management, ⑧ 건강옹호 health advocacy, ⑨ 더 넓은 맥락에서의 건강 the broader context of health이 그것이다. 이 대학에서는 이러한 전문성을 확보하기 위한 '기초 및 임상과학(BCS Basic and Clinical Science)', '환자와 의사(PD Patient and Doctor)', '지역사회와 의사(CD Community and Doctor)', '인성 및 전문성 발달(PPD Personal and Professional Development)'과 같은 교육과정을 구성하고 있다.

Ⅲ. 기타 - 유럽, 아시아, 남아메리카 국가

1. 독일의 Humboldt University of Berlin - 문제중심의 통합교육과정

독일에서는 1989년 Humboldt 대학 학생들이 교육과정 개정을 요구하던 시점부터 인문학이 의학교육에서 필수적인 부분으로 인식되게 되었다. 이에 1999년 이후 Humboldt 의과대학에서도 기존의 커리큘럼과 병행하여 수정된 교육과정을 시작하였다. 이 의과대학의 인문사회교육의 특징은 문제중심 통합교육과정이다. 이 교육과정은 전통적인 수업방법과는 다른데, 2~7주의 모듈을 통해 모든 관련 분야를 수평적으로 통합하여 전체적인 주제를 다루고 기초의학과 임상교육간 분리를 없애려고 한다.

이 교육과정은 전체적으로 세 단계로 이루어져 있다. 첫 번째 단계(1~5학기)는 장기 시스템을 다루며, 두 번째 단계(6~10학기)의 모듈들은 인생의 생애주기에 따라 각각의 임상 훈련들과 짝을 이루고 있으며, 세 번째 단계

(11, 12학기)에서는 임상실습과 선택과목 수업을 듣는다. 주요학습방법은 소그룹 문제중심학습이며, 이 외에도 세미나, 임상술기 훈련, 실험수업 등으로 보충된다. 학생들은 첫 단계에서 매주 한 번씩 의사와 환자의 개인적인 진료상담에 참여하며, 1학기에서 10학기까지 학생들은 의사소통과 상호작용에 대한 개별지도수업에 참여한다.

또한 이 대학에는 '의학이론과 진료원칙'이라는 특별학습 모듈(SSM Special Study Module)인 통합교육을 실시하고 있다. 이 모듈은 지금까지 자연과학에 치우쳐진 의학에 대한 시각을 보다 넓게 보도록 가르치는 데 목적을 두고, 의사-환자관계와 의료전문가들의 사회적 맥락들에서 의학을 설명한다. 이 모듈에서 인문학과 의학교육을 통합하는 것은 학생들에게 현대의학의 강점과 약점을 인식시키고, 학생 자신만의 개성과 사회적 책임감을 키우도록 하며, 학생들의 전체적인 조망능력을 향상시키기 때문이다.

이 세미나의 강사들은 각각 의학사, 의료윤리, 사회학, 인류학, 보완대체의학들의 분야에서 초빙되었으며, 일주일에 한 번, 1~2명의 강사가 90분짜리 수업에서 한 그룹 당 21명의 학생들을 담당하며, 학생들은 5년 동안 학교를 다니면서 주어진 범위 내에서 다른 주제들을 선택하고 네 번의 세미나에 필수적으로 참가해야 한다.

이 세미나에서는 의사-환자관계, 의학적 연구 및 진료에서 사회문화적 요소, 건강과 질병에서 성별의 의미, 의학적 지식의 도덕적 함의와 법적 함의 간 상호작용, 현대과학에 의거한 개념들의 장단점, 이 개념에 대한 대안적 이론, 의학에서 중요하고 기초적인 이론적 개념들의 정의(예: 건강과 질병, 삶과 죽음, 치료, 진료, 몸과 영혼에 대한 정의 등) 등을 다루고 있다. 이 세미나는 전체적으로는 성공적이었으나 경제적인 지원의 한계와 교수진의 소속 부서에 따라 세미나가 너무 다른 성격으로 진행되었다는 단점이 지적되었다.

2. 스웨덴의 Karolinska Institute - 임상의학과 연계된 인문의학 장려

1998년 스웨덴의 선도적인 의학교육센터 중 하나인 Karolinska Institute에서는 과학적 의학과 대칭을 이루는 인문의학 분야에 대한 연구와 교육을 시작했다. 이 프로그램의 기본적인 요소는 임상진료에서 인문의학을 장려하는 것으로 임상의들이 자신의 일과 인문학이 관계가 있다는 것을 인식할 수 있도록 임상진료 및 실험과 연계지어 프로그램을 만들었다. 이를 위해 교수진은 의학적인 분야와 인문학적 분야에서 둘 다 훈련을 받은 교수와 인문학만을 전공한 교수들로 구성하였다.

이 기관의 인문의학 프로그램은 크게 세 가지 분야, 즉 의학사, 의학철학, 임상현장의 사례로 구성되어 있다. 의학사는 의료체계에 영향을 주는 힘과 과학적 패러다임의 이동에 대한 배경지식을 가르쳐주기 때문에 임상의학을 가르치는 데 매우 유용한 도구이다. 의학철학은 의학사와 달리 개념적 질문과 의학의 개방적 또는 암묵적 가정들에 초점을 맞추어 자연과학 철학의 전통적인 질문들을 조명하거나 철학의 패러다임과 맞지 않는 임상활동의 부분들을 철저히 따져보는 방식으로 진행된다. 즉 현상학, 해석학, 실존주의 등을 통해 임상활동에 대해 이해하려는 접근방식을 취하고 있다. 한편 임상상황과의 만남은 다양한 방법으로 다루어질 수 있으나 임상현장이 너무나 다방면에 걸쳐 있어서 너무 모호하고 복잡하기 때문에 심리학, 인류학, 창조적 예술과 같이 인간에 대한 더욱 다양한 지식들이 관여해야 한다.

한편 이 기관에서는 학생들에게 초기 단계에서부터 임상의로서의 임무와 책임감에 대해 지속적으로 생각하도록 하기 위해 의사학교The Doctor School를 통해 인문사회의학교육을 하고 있다. 이 의사학교의 목표는 ① 의료전문직과 일찍 대면할 수 있는 자리를 마련해주는 것 ② 환자의 증상 뒤에 있는 인간을 볼 수 있는 능력을 갖도록 격려하는 것; ③ 자기 자신에 대한 이해와 지식을 늘리는 것; ④ 환자들과의 대화능력을 훈련시키는 것; ⑤ 환자를 보살피는 데 자연과학적 지식과 인문학을 잘 조합하여 사용하는 능력을 습득하도록 하는 것이다. 즉 스웨덴의 Karolinska Institute의 인문의학 프로그램은 학생들에게 다양한 관점을 제시함으로써 앞으로 그들이 의사로서의 임무에 대한 인식을 넓히고 전반적으로 사려 깊은 태도를 갖게 하기 위한 것이다. 이 외에도 이 기관에서는 17주의 선택과목을 통해 문학과 의학, 창의적 글쓰기, 임상적 만남— 이야기, 철학, 역사, 보완대체의학과 같은 다양한 주제를 다루고 있다.

3. 노르웨이의 University of Oslo, Faculty of Medicine＊ — 개인적 전문적 발전의 바탕으로서 의학과 예술 교육

1996년 개설된 의학과 예술 과목의 핵심목표는 어떻게 예술이 개인적, 전문적 발전의 바탕이 되고, 환자들의 경험과 사회적, 문화적, 역사적 맥락을 꿰뚫어보는 바탕이 될 수 있는지를 보여주는 것이다. 이 수업과 관련된 교수들은 피부과 교수, 의학사 교수, 인류학 박사학위를 가지고 있는 신경과 전공의, 음악치료에 연구경력이 있는 가정의학과 의사, 사회의학과 교수로서 모두 의학적 배경을 가지고 있다. 수업은 1번의 강의와 4번의 세미나(문학과 의학, 시각예술과 의학, 건축과 의학, 음악과 의학)로 이루어져 있으며, 각 세미나에서는 다음과 같은 내용을 다룬다.

첫째, 문학과 의학 세미나는 인간의 경험과 이해에서 이야기와 은유의 역

＊ 노르웨이의 의과대학은 총 4개이고, 교육과정은 총 6년이며, 매년 입학하는 학생 수는 평균 210명, 졸업생 수는 170∼180명이다. 의과대학에 입학하는 모든 학생들은 정부로부터 보조금을 받아서 무료로 공부할 수 있으며, 단지 거주비와 책, 문구비만 부담하면 된다.

할에 대해 알려준다. 윌리엄스 W. C. Williams의 「무력의 사용 The Use of Force」은 디프테리아에 걸렸을지 모를 여자아이를 진료하기 위해 결국 무력을 사용하게 되는 의사의 이야기이다. 이 이야기를 통해 의사소통의 중요성, 인간에 대한 이해와 공감, 치료자의 역할에 대해 다양한 감정과 생각, 숙고를 하게 한다. 또한 입센 H. Ibsen의 「사람들의 적 An Enemy of the People」 중 일부 장면을 학생들에게 연기하도록 하여 의사가 과학적인 지식을 정치적 담론의 영역으로 옮기려는 도중에 일어날 수 있는 일을 묘사하게 한다.

둘째, 시각예술과 의학 세미나에서는 의사의 역할, 일반적인 인간의 상태, 의학사에 대한 통찰의 원천으로서 그림과 사진의 중요성을 강조한다. 즉 학생들에게 화면을 제공한 후 해석하도록 하는데, 이 때 학생들에게는 노르웨이의 유명 화가인 뭉크의 작품 〈질투 Jealousy〉, 〈멜랑콜리 Melancholy〉, 〈절규 The Scream〉와 같은 친숙한 작품을 보여주고 논의하게 함으로써 정신병 환자가 된다는 것, 성매매, 임상적 상황에서의 권력관계, 결핵에 걸리는 경험 등의 주제에 대해 통찰하게 한다.

셋째, 건축과 의학 세미나에서는 학생들에게 건물, 방, 내부 인테리어가 어떻게 치료자와 환자에게 영향을 미치는지를 인식시키기 위한 과목이다. 건축은 가치와 기대역할을 반영하며, 의학의 이데올로기적 측면과 권력구조를 이해하는 열쇠가 될 수 있다. 노르웨이와 다른 유럽국가의 오래된 병원의 그림과 최신 병원의 사진들을 비교함으로써 이러한 건물과 내부구조가 그곳에서 일하는 사람에게 어떤 영향을 줄지를 생각하게 한 다음 서로의 의견을 공유하도록 한다. 이러한 생각은 오슬로의 대학병원 중 하나인 국립병원이 '인간주의적 병원'이라는 주제로 재건축되면서 도전받았다. 즉 이 세미나는 병원의 구조와 내부인테리어가 인문학적 아이디어를 구체화시키는 방법을 보여준다.

넷째, 음악과 의학 세미나는 사람들의 삶, 건강, 치료에서의 음악의 역할을 알려준다. 이 세미나에서는 태고 적부터 이어져오는 음악과 의학 간 밀접한 관계를 다루며, 강사의 노래지도와 음악공연을 통해 학생들에게 음악이 건강과 창의성의 원천이 됨을 경험하게 한다.

4. 스위스의 University of Geneva, School of Medicine ― 의사-환자 치료 관계를 위한 인문사회의학 교육

의사에게 과학적 기술은 필수적이지만 의사-환자관계에서 의사가 가지는 이야기 능력 또한 중요하기 때문에 의과대학 교육과정에 인문의학을 포함시켰다. 1998년 University of Geneva, School of Medicine의 의학사 교육과정을 보강하기 위해 인문의학 프로그램이 제안되었으며, 그 결과로서 2001년 인문의학부서가 의료윤리학 연구 및 교수실에 만들어졌고, 프로그램이 개설되었다.

이 대학의 의료인문학 프로그램은 미국과 영국의 연구자들이 30년에 걸쳐 내놓은 아이디어와 경험에 영감을 받아 4가지 상호의존적인 목표들, 즉 맥락화contextualization하는 능력, 개인적인 성찰과 판단력 개발, 상상력 촉진, 치료적 관계에서의 질적 수준 향상 등을 가지고 구성되었다.

첫 번째 목표인 맥락화하는 능력은 의사들로 하여금 환자들이 그들의 이야기와 경험을 어떻게 해석하는지를 알게 해주고 의사-환자 사이에 더욱 성공적인 치료관계를 만들게 하여 준다. 의학이 해석적 과학이라는 사실과 명백한 증상을 가진 가장 신뢰할만한 환자란 이론으로만 가능하지 사실은 거의 불확실한 상태를 가진 환자들만이 존재한다. 따라서, 환자의 문화적, 사회적,

가족적 맥락에 대해 더욱 관심을 가져야 한다는 것은 매우 중요하다. 두 번째 목표는 학생들이 스스로의 판단력을 개발하고 자신의 가치관과 신념을 표현할 수 있도록 하는 것이다. 인문의학은 비판적 판단력을 발달시키고 때때로 어려운 결정을 내리는 데 필요한 초연함을 가질 수 있도록 해준다. 세 번째 목표는 학생들의 상상력을 증진시키는 것이다. 이성이 의사들의 스스로의 가치를 만들고 분석하는 것을 도운다면 상상력은 다른 사람들이 어떻게 경험하고 인식하는지를 이해하도록 도와준다. 예를 들면 문학에 대한 이해는 우리의 경험을 풍요롭게 하고 다른 사람들을 이해하고자 하는 내적 의지를 제공하고 공감과 연민의 능력을 길러준다. 더 나아가 문학은 창의성과 밀접하게 관련되어 있으며 진료에서의 지적·관계적 측면을 발달시킨다. 즉 창의성은 새로운 해결방법을 발견하기 위한 유연성을 제시해준다. 네 번째 목표는 앞의 세 가지 목표들과 일상적인 진료를 연결시켜 치료관계를 발전시키는 것이다.

5. 크로아티아 의과대학 (Croatia University, college of Medicine) − 경제위기 속에 남은 인문사회의학 교육과정

크로아티아 의과대학의 가장 큰 특징은 역사수업을 강조하고 있으며, 이 역사교육을 의학교육 과정의 마지막에 두고 있다는 점이다. 그 이유는 의학사를 깊게 배우기 위해서 먼저 의학에 대한 선행지식을 쌓는 것이 더 효과적이라고 생각했기 때문이다. 이 대학 역사교육의 핵심목표들은 다음과 같다.

1. 학생들이 인식론과 철학에 대해서 새로운 시야를 갖도록 자극하는 것
2. 학생들이 현대의학과 보건에 대해서 자신의 의견을 주장할 수 있도록

준비시키는 것

3. 학생들의 비판적인 생각 능력을 발전시키는 것

4. 현재의 의료 행위를 역사적 맥락에 놓음으로써 학생들의 의학에 대한 시야를 넓히는 것

5. 자발적으로 의학 외쪽 서적의 독서를 고취시키는 것 (일류저널들의 새로운 섹션들이 증명하듯이 시, 희곡, 서사시, 드라마 등등의 다양한 분야)

크로아티아의 모든 6학년 의대생들에게 필수인 의학사 수업은 먼저 필수이론에 대한 강의로부터 시작하여 세미나로 이어지는데, 세미나에서는 30~40명의 학생들이 한 그룹을 이루어서 서로 토론을 한다. 이 세미나에서 주로 다음과 같은 이슈를 다루었다.

- 다양한 시기의 전통의학과 대체의학(침술과 동종요법)과 그들이 현대의학에 어떠한 방식으로 융합되고 있거나 또는 융합되지 않고 있는가

- 역사 속의 전염병들과 지리, 인구분포, 전쟁, 사회적 행동 또는 다른 질병들과의 관계(나병과 흑사병, 매독과 에이즈, 천연두와 에이즈 등등)

- 세 번의 생물학적 혁명과 그들이 의학과 과학에 미친 영향

- 다른 과학들과 비교해서 볼 때 의학 이론과 진료 그리고 공공보건서비스 발전(특히 중세 크로아티아 항구도시인 Dubrovnik에서 이루어진 첫 검역에 초점)의 과거와 현재

- 역사적으로 의학적 연구실험들의 사용과 악용 사례를 실험결과와 사회에 미치는 영향, 그리고 도덕적 결과를 포함해서 이야기하기

프로그램의 마지막인 특별 세미나에서는 과거와 현재를 연결하는 데 초점을 맞추는데, 참가자들은 현재의 토픽들(예; 예술가의 해부학 작품, 에이즈와 성적접촉을 통해 전달되는 전반적인 질병들, 약에서의 유전학 등)을 과거의 사건이나 이슈들과 비교해보는 시간을 갖는다. 이 때 학생들은 크로아티아어로 쓰여 있는 몇 가지 종류의 의학사 교과서를 참고해도 되지만 가능하면 도서관에 가서 관련 분야의 원서들이나 역사서적들을 찾아보게 하였으며, 특별히 더 관심이 있는 학생들에게는 의사학회Society for the History of Medicine와 같은 회의나 집담회에 참여하도록 지원해주었다. 그 결과 몇몇 학생들은 자극을 받아 관련 분야의 논문을 쓰는 학생들도 있었다. 각 수업에서는 마지막에 학생들에게 구두시험을 보게 한 후 최종성적을 부여하며, 학생들도 교수의 수업진행능력과 토론을 이끄는 능력에 대해서 평가한다.

Fatovic-Ferencic(2003)에 의하면 의대생들이 의과대학 교육 과정의 자연과학 지식과 임상의학 지식을 완벽하게 이해하는 것은 의문의 여지가 없지만 이러한 지식들만으로 의사가 환자를 대하는 데는 충분하지 않다고 한다. 왜냐하면 그 지식들은 약을 처방하는 데에는 도움이 될지 몰라도 '치유'하는 데에는 부족하기 때문이다. 크로아티아 의과대학에서는 예산의 부족과 의학사 교육에 대한 책임의식의 부족이 교육의 걸림돌로 작용하고 있지만 의학사를 필수과목으로 두는 전통만큼은 지켜오고 있다고 한다.

6. 일본의 동경의과대학(Tokyo Medical University)

동경 의과대학Tokyo Medical University의 교육과정 중 인문사회의학 교육과정은 주로 우리나라의 예과 2년 과정과 본과 1, 2학년에 해당되는 제1학년에서 제

〈표 9〉 일본 동경의과대학 인문사회의학 관련 교육과정

〈제 1학년〉				
생명윤리학	심리학	법학	철학	라틴어
의학사	수학	물리학	화학	생물학
자연과학기초	영어	의학영어 I	독일어(선택)	프랑스어(선택)
정보과학	의학입문	과제연구	생체 과학	운동의학

〈제 2학년〉			
해부학 I	해부학 II	생리학	생화학
병리학	면역학	기생충학	
영어	의학독어(선택)	과학불어(선택)	

〈제 3학년〉			
약리학	병리학	미생물학	의료용 전자공학
〈사회의학 I〉 1. 위생학, 공중위생학 2. 의료와 사회			
〈임상의학 I〉 1. 호흡기계 2. 순환기계 3. 소화기계 4. 혈액 증형 기계 5. 신경계 6. 내분비 대사 영양계			
의학영어 III	의(醫)의 윤리	그룹별 자주연구	

〈제 4학년〉		
〈임상의학 II〉 1. 신장비뇨기계 2. 생식기능 3. 임신과 분만 4. 성장발달가령 5. 운동기계 6. 피부계 7. 이비인후 구강계 8. 눈 시각계 9. 정신계 10. 감염증계 11. 면역, 알레르기 12. 중증침습/물리 인자 13. 구급, 마취, 중독 14. 기본적 진료지식 15. 증후 병의 용태론		
기본적 진료기능 실습	〈사회의학 II〉 1. 의료와 사회 2. 법의학	의학영어 IV

〈제 5학년〉
임상의학 III - 임상실습

〈제 6학년〉
임상의학 IV - 장기별 집중강의 - 1. 소화기 · 간담췌　　　　　　2. 신장 · 비뇨기 · 순환기　3. 신경 · 내분비 · 대사 4. 호흡기 · 혈액 · 감염증 · 알레르기　5. 정신 · 내과 진단 · 의료 면접 · 진찰 · 구급 · 마취 · 중독 · 쇼크 6. 산부인과　　　　　　　　7. 소아과　　　　　　　8. 운동기 · 교원병 · 피부 · 머리 경부

출처: Tokyo Medical University 홈페이지(http://www.tokyo-med.ac.jp/)

4학년까지 구성되어 있다. 제1학년에는 외국어 과목으로 영어 I, 라틴어, 독일어와 프랑스어(신택)로 구성되어 있으며, 일반교육과목에는 생명윤리학, 심리학, 법학, 철학, 의학사, 의학입문, 과제 연구 등이 포함되어 있다. 제 2학년에는 영어 II와 의학 독어, 과학 불어(선택), 제 3학년에는 의학영어 III, 위생학 및 공중위생학과 의료와 사회를 다루는 사회의학 I, 의醫의 윤리, 그리고 그룹별 자주 연구 등이 포함되어 있다. 제 4학년에는 의학영어 IV와 의료와 사회, 법의학을 포함하는 사회의학 II가 포함되어 있다.

7. 일본의 동경여자의과대학 (Tokyo Women's Medical University)

동경여자의과대학Tokyo Women's Medical University의 인문사회의학 교육에는 일본어학, 영어, 외국어 문화, 의학교육학, 법학, 경제학, 의료정책, 역사학, 철학, 심리학, 의료병원 관리학 등이 포함되어 있다. 이 중 일본어학은 자기표현, 글쓰기, 의사소통 관련 과목이고, 영어는 의학연구의 중요한 도구로서 영어능력을 높이기 위한 과목이라고 할 수 있다. 외국 문화는 불어, 독어와 같은 언어뿐만 아니라 역사, 사회, 예술, 문학 등을 통해 익히기 위한 과정이다. 그리고 의학교육학은 일본에서 최초로 도입된 과목으로 교수법, 평가, 교수개발 등의 의학교육에서 다루는 주제뿐만 아니라 인문사회의학적 주제라고 할 수 있는 인간관계교육, 연구방법론까지 포함하여 다루고 있다.

다음은 Tokyo 여자대학Tokyo Women's Medical University에 개설된 인문사회 의학 과목 중 일본어학, 영어, 외국어 문화, 의학교육학에 대한 수업개요를 소개한 것이다.

가. 일본어학: 일본어학에서는 인생을 풍부하게하기 위한 한 수단으로서 '표현기술'(1학년 필수 과목), '문장 표현'(1학년 선택 과목), '스피치 커뮤니케이션'(1학년 선택 과목)을 개강하고 있다. '장소에 어울리는 표현'(경어의 사용법, 편지를 쓸 때의 마음가짐, 대중연설, 프레젠테이션 등)이나 '다른 사람에게 전해지는 표현'(리포트 쓰는 법, 말투의 기본 등)이란 무엇인가를 연습을 통해 추구해 나간다.

나. 영어: 의사에게 영어는 의학을 연구하는 데 있어서 중요한 도구로서 역할을 한다. 영어는 필수과목으로서 1학년에서 4학년에 걸쳐 4년간 5회밖에 없기 때문에 1학년 100명을 12~13명씩 8개 클래스로 나누어 학습효과가 높은 소수 인원 시스템을 취하고 있다. 선택 과목으로서는, '영국문학'(대상 학년 : 1~4학년), '청취 listening'(1학년), '의학토론Ⅰ·Ⅱ'(2~4학년), '의학영어Ⅰ·Ⅱ'(2~4학년)를 개강하고 있다. 고등학교 때까지 몸에 익힌 기초 영어능력을 1학년에서 익히고, 의학영어는 4학년과 선택 과목으로 학습할 수 있도록 하고 있다.

다. 외국어 문화: 언어를 배우고 타문화와의 커뮤니케이션의 능력을 높이기 위해서, 독일어와 프랑스어 수업, 독일·프랑스의 문학·문화 수업을 선택 과목으로서 개강하고 있다. 어학은 초급, 중급Ⅰ, 중급Ⅱ의 세 가지 수준이 있고 모두 소수 인원 클래스이다. 일상회화를 중심으로 한 텍스트, 비디오 등을 사용하고 언어를 배우는 것과 동시에, 타문화 교육의 관점에서 일본과 다른 생활습관, 사고법, 표현 등을 이해할 수 있도록 수업을 구성하고 있다. 문학·문화 수업에서는, 역사적, 사회적, 예술적 분야에서 매년 주제를 선택하고, 강의와 토론을 실시하고 있다. 2004년 독일문학에서는 전설과 이야기, 독일의 역사와 문화를 즐겨, 프랑스 문화에서는 일본으로부터 강한 영향을 받은 인상파를 중심으로 근현대 회화를 채택했다. 어학과 문화의 수업을 제휴시켜 국제적 이해가 깊어질 수 있도록 하고 있다.

라. 의학교육학: 일본에서 처음으로 의학교육을 연구해 추진한 강좌이다. 의학교육의 본연의 자세는 학문·기술의 진보나 사회의 변모에 따라 변화하고 있다. 시대에 맞는 교육의 방법·평가법 그리고 교원의 육성법을 연구해서 정보를 나누는 것이 강좌의 중요한 역할이다. 현재, 교육평가 연구로부터 시작해서 학습자 평가, 교육 능력개발 등이 큰 연구 프로젝트로 가고 있지만, 그 중에는 학생이 참가하고 있는 것도 있다. 또 강의·실습·튜토리얼·임상실습으로 구성되는 의학부 커리큘럼의 구축·운영에 넓게 관련되고 있다. 학생교육에서는 의학부 졸업 전 교육으로, 1학년에 시작하는 '의학을 배우는 방법' 및 '인간관계 교육'을 통한 의학생의 기본임상능력으로써의 지식·기능·태도 교육을 담당하고 있다. 대학원에서는 '얼마나 가르칠까'에 의해서 배울 기회를 마련하고 있다(http://www.twmu.ac.jp/).

8. 아르헨티나의 National University of La Plata, Faculty of Medicine — 치료하는 의학에서 겸손한 의학으로

아르헨티나에는 1980년대 이후 새로운 의과대학들이 설립되면서 현재 총 23개의 의과대학이 있다. 이 중 11개는 대부분 정부의 원조를 받고 있는 명성 있는 의과대학이며, 12개는 사립대학으로 이 대학들 중 절반 정도는 부에노스아이레스 또는 근교에 자리 잡고 있다.

La Plata, 의과대학National University of La Plata, Faculty of Medicine을 간략히 소개하면, 2004년 이전에는 교육과정이 총 6년이었으나 이후에는 5년으로 바뀌었다. 1897년 설립된 이 대학은 1976년 초기에는 철학, 인류학, 의학과 예술과 같은 인문의학 수업을 개설했으며, 그 뒤 행동과학(심리학, 사회학, 법학), 문학과 예술, 의료인류학, 의학방법론, 의학가치론 등과 같은 과목으로 확장되었다. 2002년 발생한 아르헨티나의 경제위기는 인문사회의학 교육뿐만 아니라 모든 의학교육을 진행하는 데 장애가 되었음에도 불구하고 그 전통은 살아남아 있다. 그 후 의료인문학 과목으로 의학과 문학, 의료인류학, 생명윤리학, 의학 미학Medical Kalology 등의 과목이 개설되었다. 이중 1983년 처음으로 학생들과 젊은 의사들에게 제공된 의학과 문학 과목에서는 연극분석이 특히 유용했는데, 수업의 참가자들은 극중 등장인물의 역을 하나씩 맡아 대사를 읽으며 연기할 수 있어서, 각각의 수업들은 참가자들이 특별히 개인적으로 감정이입을 하는 일종의 '의학드라마'인 셈이었다. 특히 의료인류학은 가장 성공적이고 가장 오랫동안 개설된 수업으로 그 비결을 전문 인류학자가 자연과학적이며, 의학적인 언어로 수업을 진행함으로써 젊은 의사들에게 가장 진료에 도움이 되는 수업으로 알려져 있다. 이 대학의 인문의학 수업은 의학의 개념을 '치료하는 기술'에서 이 치료기술을 완화하고, 더욱 겸손하게 묘사하는 방향으로 변화하는 데 초점을 맞추고 있다.

06

외국의 인문사회의학 교육 지원과
교육방법 및 평가방법

I. 교육 지원 프로그램

지금까지 세계 각 의과대학에서 어떻게 인문사회의학 교육을 실시하는지를
알아보았다. 여기서는 그러한 인문사회의학 교육을 활성화시키고 확산시키
기 위한 특별 프로그램들을 운영하는 대학의 예들을 보도록 하겠다.

1. 교육 활성화를 위한 제도

인문사회의학 교육을 활성화시키기 위해 혁신적인 제도를 도입한 사례로
New York 의과대학 New York University, School of Medicine의 'Master Scholars
Program'을 들 수 있다. *

2. 전공의 교육 프로그램과의 연계

임상 전(우리나라의 경우 예과 기간부터 본과 1, 2학년까지)에 이루어지는 인문사회의학 교육은 막상 임상환경에 들어갈 때 잘 연계되지 못한다는 한계가 있다. 더구나 레지던트 기간에 들어서서 의학 전공 분야에 대한 전문적 훈련을 받게 되면 그 교육 효과가 소멸된다는 문제가 제기되어 왔다. 인문사회의학 교육이 임상과 연계되지 않을 경우, 그 효과를 확인할 수 없고, 효과가 있더라도 미미한 경우가 많다는 것이다.

미국의 Stony Brook University, School of Medicine에서는 이러한 문제들을 해결하기 위해 비판적인 교수자와 역할모델을 발굴하고, 1, 2학년에서 개발한 성찰과 말과 글로 묘사하는 기술을 그 이후 기간에도 지속적으로 연습시킨 결과, 성공적인 결과를 거두었다. 이 대학의 인문사회의학 프로그램은 특히 프로페셔널리즘, 커뮤니케이션, 생명의료윤리 영역에서 핵심적인 임상역량과 관련된 교육과정을 개발하고 확장시키는 데 도움이 되는 전공의 프로그램과 긴밀하게 연결되어 운영되고 있다. 이러한 대학과 전공의 프로그램간 연계는 다양한 전공과에서 온 전공의를 이 대학의 프로그램인 MCS 1, 2와 선택 프로그램에 참여하게 하였고, 이 노력은 졸업 후 의학훈련을 확대시켰을 뿐만 아니라 이 대학의 교육 프로그램 수준을 향상시키고 있다. 즉 인문사회의학 교육과 전공의 교육 프로그램과의 연계는 ① 임상 전 학생들에게는 부가적으로 의사의 역할모델을 제공하고, ② 전공의에게는 교수법, 프로페셔널리즘과 의사소통에서 핵심 역량 기술방법을 가르치며, ③ 각 전공분야에 기반하고 있으면서 인문학, 프로페셔널리즘, 생명윤리 교육을 도와줄 수 있는

---

* 이에 대한 자세한 내용은 앞의 제 5장 대학별 인문사회의학 교육 프로그램을 참조할 것.

교수자로서의 전공의 집단을 발굴하게 하였다. 즉 특정 주제를 배우는 가장 최선의 방법은 그것을 가르치는 것을 배움으로써 가능하기 때문에 결국 전공 의에게 도움이 되기도 한다.

이 외에 병원의 의료전문가를 대상으로 한 인문사회의학 프로그램으로 미국의 Maine Humanities Council에 의해 창립된 병원기반 인문학 읽기와 토론 프로그램 A Hospital-Based Reading and Discussion Program을 들 수 있다. 이 프로그램에서 참가자들은 삶을 돌아볼 수 있게 하는 소설, 시, 드라마, 비소설 작품에 대해 토론하였고, 토론이 참석자의 의학적 신분에 상관없이 허심탄회하게 이루어질 수 있고 폭넓은 토론을 촉진하도록 학자들이 선정되었다. 참가자들은 과학의 세계를 실제 경험의 세계와 연결하고 그들의 일이 더 나아지도록 하기 위해 인간주의적 관점과 통찰을 관련시킨다. 특히 '문학과 의학'은 의료전문가들을 이질적 집단에 참여시키는 프로그램을 만드는 데 있어 독특하다. 그 프로그램의 조직자는 프로그램을 다른 지역에까지 확장시키기 위해 국가기관과 협력하여 노력하고 있다.

3. 학제 간 프로그램 강화

인문사회의학 교육을 활성화시키기 위해 각 의과대학에서 직접 관련 과목을 개설, 운영하는 것보다 의학과 중첩되는 학문을 의학교육 프로그램과 연계해 공동학위 프로그램을 도입하는 것이 필요하다. 의학과 관련된 대표적인 공동학위 프로그램으로 MD/MBA Medical Doctor-Master of Business Administration(의학– 경영학 석사 공동 학위) 프로그램, MD/JD Medical Doctor-Juris Doctor(의학 – 법학 박사 공동학위) 프로그램을 들 수 있다.

1) 예일 대학교(Yale University)의 MD/MBA 프로그램

이 대학이 가지고 있는 의학과 경영학의 공동학위 프로그램인 MD/MBA은 임상활동과 변화무쌍한 의료환경에서의 변화를 관리할 수 있는 의사– 경영자를 양성하는 것을 목표로 한다. 이 프로그램은 사적, 공적, 비영리 부분에서의 경영에 특화된 예일 대학교 경영대학원의 장점을 살린 혁신적인 교육과정을 통해 팀 중심의 분위기 속에서 개인의 책임감을 강조한다. 공동학위 프로그램은 4년간의 의학사와 경영학 석사를 함께 하는 것으로 5년간의 과정을 이수하면, 의학사와 경영학 석사가 동시에 주어진다. 이 때 학생들은 3년 6개월의 수업료는 의과대학에 지불하고, 1년 이상의 연구 학년비용은 경영대학에 지불한다.

2) 오하이오 주립대학(Ohio State University)의 MD/JD 프로그램

이 대학의 MD/JD 프로그램은 6년 만에 두 개의 학위를 취득하는 프로그램으로 의학과 법학학위를 원하는 학생들에게 특히 유용한 프로그램이다. 학생들이 의과대학에 입학하고 2년간의 과정을 이수한 후, 2학년에 법학적성검사 Law School Aptitude Test를 치른 후, 이 대학의 법학대학원인 Moritz 대학원에 응시할 수 있다. 법학대학원에 합격하면 학생들은 1년간 법학대학원에서 전일제 full-time 연구를 하고 의과대학에서 3학년 과정을 이수한다. 학생들은 이후 2년 동안 나머지 MD와 JD 과정을 이수하게 된다.

3) 캐나다 Dalhousie University, Faculty of Medicine의 MD/인문학 프로그램

이 대학에서는 본교의 타 전공(역사, 생물학, 불어와 영어 등) 교수들뿐만 아니라 타 지역 대학의 교수진들과 협력하여, 공동연구 프로그램과 지원활동을 공유하였으며, 지역사회의 대중을 위한 많은 프로그램을 운영하기도 한다. 이 대학의 한 관계자에 의하면, 특정 개인이 인문사회의학 교육을 소유하지 않고 많은 위원회와 연결시키고, 학생조직, 학과나 의과대학 프로그램에 있는 어디서나 볼 수 있는 모든 노력을 장려하고 존중하는 것이 중요하다고 한다. 이러한 노력이 성공적일 때 인문학 프로그램은 교육프로그램과 의과대학 생활의 중요한 부분되고, 인문학 프로그램은 다시 그런 활동을 더욱 장려할 수 있게 된다.

4) 미국 로체스터 의과대학(University of Rochester, School of Medicine and Dentistry)의 조건부 부전공 제도(pathway)

이 대학에서는 의과대학 내 학제 간 프로그램 사례로서 졸업 시 의학과 함께 의료인문학을 부전공으로 인정해 주는 제도이다. 인문사회의학 교육과 관련하여 조건부 부전공 제도pathway는 학생에게 최초 2년간 최소 3개의 의료인문학 세미나를 듣는 것을 요구하고 있다. 또한 이 제도pathway는 4년 동안의 연속성을 위해 연구 프로젝트와 몇몇 강좌를 부가시키는데, 3학년 또는 4학년에서 임상윤리, 문학과 의학, 의학사에서 임상 선택과목 중 하나를 선택하는 것이 포함되어 있다.

4. 시간과 공간에 얽매이지 않는 프로그램

대부분의 인문사회의학 프로그램은 강의실에서 낮 시간에 필수 또는 선택과목 형식으로 이루어진다. 하지만 이러한 고정관념을 탈피하여 시간과 공간에 얽매이지 않는 인문사회의학 프로그램도 있을 수 있는데, 가장 대표적인 사례로서 캐나다의 Dalhousie 의과대학Dalhousie University, Faculty of Medicine의 프로그램을 들 수 있다. 이 대학에서는 시간과 공간에 얽매이지 않는 두 가지 프로그램을 개설하였다. 첫 번째는 학생, 교수, 타 대학교수진에 의한 발표와 함께 의료인문학에 대한 지속적인 이야기 시리즈를 개최한 모임이다. 이 모임은 캐나다의 다른 지역(캐나다 동부의 Nova Scotia)의 숙소 또는 리조트에서 개최되기도 하며, 여기에는 이 이야기에 관심을 가진 모든 사람들이 참석하여, 음악, 소설, 전기, 에세이, 단편, 시를 읽을 수 있다. 두 번째 모임은 매달 저녁에 이루어지는 '의학사를 위한 Dalhouse Society'로서 여기서는 교수, 지역사회 의사, 역사가, 방문학자들이 두 개의 논문을 발제한다. 이 저녁 모임은 학생들에게 그들의 연구를 의료인문학에 제공할 수 있고, 작가이자 의사가 그들의 출판되지 않은 업적을 토론하고 읽을 수 있는 기회가 된다.

5. 교수개발 프로그램으로서 인문사회의학 교육

교수개발faculty development은 다양한 업무를 맡고 있는 교수들을 새롭게 하고 도와주는 활동을 지칭한다(Centra, 1978). 교수개발은 교수자로서 학생을 가르치기 위한 목적도 있지만 이 교수개발을 통해 교수 자신에 대해 성찰할 수 있는 기회를 마련해준다. 특히 인문사회의학 교육에서 교수개발은 의사가 되기 이전에 가졌던 인문학적 소질과 적성을 재발견하고 의료전문가로서 자신이 활동하고 있는 분야에서의 업무를 성실히 수행하는 데 도움을 주며, 나아가 성숙된 인간으로서 삶을 살아가는 데 성찰의 기회를 제공해줄 수 있다.

캐나다 Dalhousie 의과대학 Dalhousie University, Faculty of Medicine의 의료인 문학 교수인 Murray(2003)는 인문사회의학 교육에서 교수개발은 단계별 접근을 해야 한다고 주장한다. 그에 의하면 첫 번째 단계는 의과대학 조직 내에 의료인문학의 관심을 높이고 이 교육의 중요성과 정당성을 확보하는 것이고, 두 번째 단계는 인문학을 기존의 교육과정과 더욱 통합시키는 것이며, 세 번째 단계에서는 인문사회의학 교수개발 차원에서 더 많은 교수진을 훈련시키는 것이라고 한다(Murray, 2003).

대표적인 인문사회의학 교수개발 프로그램으로는 학부 학생들에게 인문사회의학 교육을 실시할 뿐만 아니라 장기적인 차원에서 인문사회의학 교수자를 양성하기 위하여 운영된 New York 의과대학 New York University, School of Medicine의 '석사학위 프로그램 Master Scholars Program'이 있다. 또한 인문사회의학 교육을 임상상황과 연계하고, 학부 때 받은 인문사회의학 교육의 효과를 지속시킬 수 있는 Stony Brook 의과대학 Stony Brook University, School of Medicine의 전공연계 프로그램도 있다.

6. 인문사회의학 시상제도

인문사회의학 교육을 활성화하기 위한 제도로 인문사회의학 분야에서 탁월한 봉사, 연구 등의 업적을 수행한 학생들에게 시상하는 제도를 사용할 수 있다. 대표적인 사례로 Manitoba 대학 University of Manitoba에는 두 개의 시상제도가 있는데, 하나는 가장 인간주의적 논문 또는 타 학문적 업적에 대해 주어지는 장학금 시상 제도이고, 다른 하나는 인간주의적 의사로 체화된 졸업생에게 격려금을 수여하는 시상제도이다. 이와 같이 시상 규모가 크지 않더라도 이와 연관된 상을 제정하고 꾸준히 시상하는 것이 이 분야에 대한 관심을 높이고 발전해 나가는 데 효과적인 방법이 될 수 있다.

II. 인문사회의학교육 방법

인문사회의학 교육을 시행하는 방법은 교육자의 상상력과 창의력에 따라 매우 다양할 수 있으며, 무궁무진하다고까지 말할 수 있다. 그러나 여기서는 그 대표적인 방법 몇 가지를 소개한다.

1. 대형 강의

대형 강의는 다른 교수법에 비해 다수의 학생에게 비교적 짧은 시간 내에 많은 정보를 전달해야하는 상황에서 매우 효과적인 방법이다. 하지만 인문사회의학적 지식뿐만 아니라 의사소통기술이나 프로페셔널리즘과 같은 전문가적 태도 함양을 목적으로 하는 인문사회의학 교육에서 대형 강의라는 교육 방법은 그 효과가 크지 않다. 그보다는 다양한 주제에 대해 다른 사람들의 관점과 의견 교환을 통해 자기성찰을 할 수 있는 토론 및 세미나, 환자와의 접촉을 통해 환자의 입장을 간접적으로 경험할 수 있는 체험 및 봉사 프로그램, 특정주제에 대한 창의적인 프로젝트 과정에서 타인과 협력하고 팀을 이끌어나가는 리더십과 연구능력을 향상시킬 수 있는 연구 프로젝트 완성 및 발표, 의학과 관련된 폭넓은 주제에 대한 다양한 이벤트로서 독서모임, 저널클럽, 그랜드 라운드, 외부강연 그리고 글쓰기의 완성으로 자신의 글 또는 논문을 발표하는 출판 등과 같은 교육방법이 더 효과적일 것이다.

2. 소집단 토론 및 세미나

소집단 토론 및 세미나는 교수로부터 일방향적인 수업을 받는 것이 아니라 교수–학생 간, 학생들 간 쌍방향적 상호작용을 가능하게 하는 교육방식으로 전문가로서의 태도함양과 자기성찰을 목적으로 하는 인문사회의학 교육의 취지에 가장 부합된다고 볼 수 있다. 즉 학생들은 소집단 토론과 세미나를 통해 얼굴을 맞대고 어깨를 겨누면서 교수 또는 학생들과 상호작용하게 되고, 그 결과 교수와 학습이 동시에 이루어지는 자기주도적 교육이 이루어지게 된다.

Rochester 의과대학University of Rochester, School of Medicine and Dentistry의 전체 4년 교육과정에서 그동안 그 이름이 바뀌지 않고 그 시간수가 증가한 유일한 코스는 '의료인문학 세미나'인데, 학생들은 두 개의 필수 세미나를 1, 2학년에 각각 수강해야 하며, 총 4개의 세미나를 들을 수 있다. 이 세미나가 인기 있고 성공적이었던 가장 큰 이유는 소집단 세미나로 진행되었기 때문으로 볼 수 있는데(Spike, 2003), 이 대학의 다른 과목인 '의학에서 윤리와 법'이 처음에 인기가 있었음에도 불구하고 오래가지 못한 것은 일방적인 강의형식을 벗어나지 못했기 때문이다. 새로운 교육과정 덕분에 이들은 두 배 이상의 많은 세미나를 준비해야 했고, 새 교육과정시간으로 매년 30개의 다양한 세미나를 제공해야 했기 때문에 한 명의 교수가 1개 이상의 세미나를 진행해야 했다.

한편, 이 의과대학의 인문사회의학 소집단 토론 및 세미나는 이 대학의 교수진뿐만 아니라 의사가 아닌 타 전공 대학의 졸업생들도 참여하여 진행한다는 것이 특징이다. 먼저 교수진은 1명의 풀타임 교수, 2명의 파트타임 교수진, 10명의 겸임교수로 구성되어 있다. 의사로서 삶의 지적인 부분은 임상 영역과도 뚜렷하게 연결이 되어 있는데, 교수진 중에는 신생아학자는 신생아학의 역사에 관심이 있고, 중환자 의학자intensivist는 죽음과 뇌사의 다양한 정의에 관심이 있으며, 이 외에도 정신의학자는 정신의학적 자서전, 응급의학 의사는 사회 내 폭력, 그리고 암 전문의학자는 통증의 문화적 심리학적 분야에 관심이 있었다. 또한 이 대학은 인문사회의학 세미나를 진행할 교수자로서 의학과가 아닌 예술 및 과학대학 출신의 졸업생을 경쟁으로 선발하여 그들이 새로운 세미나를 진행할 수 있게 하였다. 최소한 1개 또는 2개의 세미나가 매년 졸업생들에 의해 제공되며, 이는 매우 혁신적인 주제들인 미국에서의 산아제한과 낙태의 역사, 1960년대 약물과 알코올에 대한 태도, 비만과 술 취함에 대한 태도에서의 문화적 다양성, 서구 정신과 의사와 아프리카 의사 비교 등을 유도하기도 하였다.

3. 환자 경험/봉사 프로그램

각 대학의 프로그램 소개에서 펜실베이니아 의과대학Pennsylvania State University, College of Medicine의 프로그램으로 소개한 환자 프로젝트The Patient Project는 1학년 학생들이 2명씩 환자 집에 매달 방문하여 특정 환자를 추적follow하도록 하는 1년짜리 장기 연습1 year-long exercise인 환자 경험에 대한 코스라고 말한 바 있다. 이 프로그램의 목적은 학생들이 환자로부터 질병과 치료에 대한 경험을 배우는 것인데, 학년 말에 학생들은 질병과 치료와 관련된 다양한 사회심리학적 이슈를 포함하는 '풍부한' 환자 히스토리를 쓴다. 처음에 인문학과에서 출발했지만, 이 환자 프로젝트 The Patient Project는 교육과정과 통합되어 1학년의 다른 강좌에서 실시되고 있다.

4. 다양한 이벤트

Rochester 의과대학 University of Rochester, School of Medicine and Dentistry에서는 긴 임상실습 동안 학생들이 의료인문학 프로그램을 참여하는 것을 확실하게 하기 위하여 다양한 이벤트를 운영하여 학생들에게 1년에 약 50개의 인문사회의학 관련 프로그램 중 8개에 참석하는 것을 의무화하였다. 여기에는 매달 열리는 윤리 그랜드 라운드 Ethics Grand Rounds, 윤리 저널클럽 Ethics Journal Clubs, 2달에 한번 있는 'History of medicine society', '문학과 의학과 관련된 독서집단 모임', '의학에서 여성 Women in Medicine'과 '보완대체의학'과 같은 폭넓은 주제에 대한 외부강연 등이 포함되어 있다. 학생들이 짧은 연구 또는 창의 프로젝트에 참여한 후 논문을 발표하게 하는 방법도 사용되었다.

5. 출판

학생들의 글쓰기가 출판을 통해 완성되는 인문사회의학 교육 프로그램도 있을 수 있다. 대표적인 의과대학으로 뉴욕의과대학을 들 수 있다. 이 의과대학에서 출판되는 저널과 잡지는 「The Bellevue Literary Review」,

「Dialogues」, 「Agora」로, 이들은 각각 다음과 같은 특징을 가지고 있다.

첫째, 「The Bellevue Literary Review」 – 2001년 건강과 치유, 질병과 질환, 몸과 마음 간 관계의 프리즘을 통한 인간의 조건을 검증하기 위한 포럼에서 시작되었다. 여기에는 학생부터 퓰리처 수상자까지 폭넓은 사람들이 소설, 논픽션(non-fiction), 시 등을 싣고 있는데, 그들은 주로 환자, 의사 또는 간호사였거나 아픈 가족을 돌보았던 보호자들로서 포럼의 주제에 대하여 깊은 체험과 생각을 가진 사람들이다.

둘째, 「Dialogues」 – 이 대학에서 운영되고 있는 'Master Scholars Program'은 2002년 '대화– 의학과 인간주의, 그리고 프로페셔널리즘Dialogues: Reflections on medicine, Humanism, and Professionalism을 출판하였다. 이 저널에는 교수진 및 동창회의 논평, 학생이 주도한 의사– 환자 경험에 대한 에세이, 시, 사진, 예술작품이 포함되어 있다.

셋째, 「Agora」 – 이것은 2001년 뉴욕대학교 의과대학생의 다양한 관심사와 재능을 강조하고 의과대학생의 삶의 완전한 부분으로서 해부학 또는 병리학의 예술적인 추구에 대해 조명하기 위해 시작되었다. 여기에는 문학과 예술에 대한 학생들의 사랑과 이해를 표현하는 단편소설, 시, 창의적 논픽션, 그림, 사진을 포함한다. 「Agora」의 많은 부분은 의과대학에서의 학생경험과 성찰에서 나오는데, 주로 이 글들은 의과대학생에게 죽음에의 직면, 삶과 죽음에 대한 이해와 정의 그리고 의미 추구에서 제기되는 문제들을 다룬다. 의과대학생들은 의학을 통해 삶을 연장하는 방법을 배우지만 그들이 왜 삶이 중요하고, 왜 그것이 연장될 만한 가치가 있는가와 왜 의사가 되는 것이 가치 있는 일인가를 예술을 통해 배우게 된다.

Ⅲ. 평가방법

최근 인문사회의학 교육의 중요성이 대두되면서 다양한 인문사회의학 교육
방법과 교수법개발에 대한 관심이 증가하였다. 그런데 여기서 현실적으로 가
장 문제가 되는 것 중 하나는 과연 그 평가를 누가, 어떻게 할 것인가의 문제
이다. 분명한 것은 인문사회의학 교육도 다른 기초 및 임상의학과 같이 교육
과정 내에서 공식적으로 평가되어야 하고, 그 평가는 의학교육과정과 통합되
어야 한다는 것이다(Goldie, 2000). 여기서는 인문사회의학 평가와 관련하
여 주요 이슈로서 평가내용, 평가도구, 평가주체에 대해 언급하고자 한다.

1. 평가내용: 무엇을 평가할 것인가?

궁극적으로 인문사회의학 교육과정에는 문화전달적 접근, 정서발달적 접근,
인지발달적 접근의 세 가지 상이한 이론이 있으며, 평가에 있어서도 상이한
접근에 따른 목표를 잘 달성했는지를 각각 평가할 수 있어야 한다(Self,
1993). 첫째, 문화전달적 접근cultural transmission approach은 전통적인 인문학
classical humanities적 접근 방식으로서 전문직의 지식체계, 술기, 사회적 도덕
적 규범을 앞 세대에서 다음 세대로 전달함으로써 원로 전문직의 지혜를 공유
하는 것을 말한다. 여기서는 프로페셔널리즘, 서약, 법 등이 포함되며 학생
중심적이기보다 문화 또는 전문직 중심적이며, 무엇보다도 지식 역량을 강조
한다. 둘째, 정서발달적 접근affective development approach은 휴머니즘 심리학
적 접근으로서 환자, 동료, 자신에 대한 연민, 민감성, 공감 발달을 강조하며,

자아개념, 자아 존중감, 통찰력, 자기성찰 등에 초점으로 둠으로 문화 또는 전문직 중심이기보다 학생 중심적이라고 볼 수 있다. 셋째, 인지발달적 접근 cognitive development approach은 의학교육에서 중심적이고 본질적인 원칙들에 기반한 논리적·비판적 사고의 발달을 강조한다. 즉 과학적 윤리적 사고와 추론에서의 성숙 발달을 통한 진전을 중요하게 다룬다. 이 접근 역시 문화 또는 전문직 중심이기 보다 학생 중심적이라고 볼 수 있다.

우리나라 인문사회의학 교육과정에서 중요하게 다루고 있는 주제 중 프로페셔널리즘, 의료법 등은 문화전달을 교육목표로 하고 있고, 의사소통기술, 의료인문학(음악, 미술 등)은 정서발달, 그리고 의료윤리 등의 주제는 인지발달을 교육목표로 한다고 볼 수 있다. 그렇다면 프로페셔널리즘 교육, 의사소통교육, 의료윤리교육에서는 각각 무엇을 평가해야 하는가?

다음은 한국의과대학장협의회 보고서(2007)에서 제시한 98가지 인문사회의학 학습목표 중 프로페셔널리즘 교육(21개), 의사소통교육(16개), 윤리교육(12개)과 관련 주제를 중심으로 선정하여, 각각의 학습목표가 지식, 태도, 기술 중 어떤 것과 관련되어 평가되어야 할지를 저자들이 표로 만들어 본 것이다.

〈표 10〉 프로페셔널리즘, 의사소통, 윤리 교육 관련 학습목표

구분		학 습 목 표	
프로페셔널리즘 교육	의사의 사회적 책무	21세기 새로운 의사상의 주요내용을 설명할 수 있다	지식
		전문직 종사자가 가져야 하는 직업윤리를 설명할 수 있다	지식
		의무기록을 정직하게 작성하고 개인적 목적을 위해 자료를 왜곡하지 않는다	태도
		개인안전의 위험이 있더라도 고통받는 환자(인종, 국가 및 소속에 관계없이)를 적극적으로 돌볼 수 있다	태도
		장애의 개념을 이해하고, 장애인에게 도움을 제공할 수 있다	태도
		동료의사의 무능, 비윤리적 행동을 감싸지 않고, 절차에 따라 처리할 수 있다	태도
		의사협회의 의사윤리 '선안', '강령', '지침'의 내용을 알고 실천할 수 있다	지식
		Geneva Convention 프로토콜을 준수한다	태도
	의사의 리더십	리더십의 개념을 이해하고, 의사 및 의학에게 리더십이 요구되는 이유를 설명할 수 있다	지식
		의사결정의 일반적이 이론을 이해하고, 합리적인 의사결정을 할 수 있다	지식/ 태도
		사회와 의료계간에 갈등 발생시 갈등원인을 분석하고 이를 전략적으로 관리할 수 있다	지식/ 태도
		팀을 효과적으로 구성하고, 회의개최, 진행 및 평가 등을 효과적으로 수행할 수 있다	태도/ 기술
		자신의 리더십을 객관적으로 평가할 수 있다	태도
		공공보건의 증진을 위해 다양한 분야의 지도자들과 파트너십을 가지고, 지역사회 공동체와 연합관계를 구축할 수 있다	태도
		공공보건에 악영향을 미치는 사회, 경제, 문화적 요소들을 최소화시킬 수 있다	지식
	지속적인 자기개발 및 관리	평생학습의 중요성을 이해하고 자기주도적 학습태도를 갖춘다	태도
		졸업 후 전공 및 진로선택을 위한 정보를 습득하고 자기기준과 계획을 수립할 수 있다	태도
		논리적이고 설득적인 글을 쓸 수 있다	기술
		자신의 시간을 효율적으로 관리할 수 있다	태도/기술
		자신의 스트레스를 효과적으로 다룰 수 있다	태도/ 기술
		새로운 지식과 교양을 제공하는 강연, 저널토론 및 세미나 등에 자발적으로 참여한다	태도
의사소통 교육	의사소통 기술	의사소통의 일반이론을 설명할 수 있다	지식
		효과적인 의사소통과 비효과적인 의사소통을 구분하고, 효과적으로 의사소통하기 위한 요소를 설명할 수 있다	기술
		다른 사람에게 효과적으로 조언하고, 가르칠 수 있는 기술을 사용할 수 있다	기술
		효과적인 그룹 커뮤니케이션 방법을 이해하고 사용할 수 있다	기술
		보건의료문제에 대해 관련 지역사회단체와 토론할 수 있다	기술

구분		학 습 목 표	
	환자와의 관계	환자면담시 사회, 경제, 환경 및 문화적 요소들을 고려하여 상담을 진행할 수 있다	기술
		환자와 의사의 관계를 이해하고, 환자의 권리와 의무에 기초하여 설명과 고지의 의무를 이해한다	지식
		환자가 자신의 임상정보(과거력, 검진결과 등)를 정확하게 이해하도록 설명할 수 있다	기술
		질병, 죽음 등에 대한 환자의 신념을 이해하고 환자의 문화적 배경, 환자의 심리 및 질병행동을 고려한 의사결정을 내릴 수 있다	태도/ 기술
		환자치료의 절차, 치료계획에서 환자의 이익 및 위험요소를 환자에게 설명하고, 치료계획을 공유할 수 있다	태도/ 기술
		건강증진을 위해 환자들이 생활방식을 변화시키도록 동기를 부여할 수 있다	태도
		환자에게 나쁜 소식(breaking bad news)을 효과적으로 전달할 수 있다	기술
		말기 환자의 품위있는 임종을 돕는 방법을 이해하고 이들에 대해 위로를 적절하게 표현할 수 있다	태도/ 기술
	동료와의 관계	의사를 포함한 보건의료에 종사하는 동료들에게 동기를 부여하고 격려하며 사려깊게 행동할 수 있다	태도
		전문적 도움과 충고를 요구하고 제공할 수 있으며 상호간에 전문적 관계를 유지할 수 있다	태도
		동료들의 다양한 역할을 이해하고 존중한다	태도
의료 윤리 교육	윤리에 대한 이해	윤리학의 주요개념을 이해하고 설명할 수 있다	지식
		삶과 죽음에 대한 철학적 명제들에 대해 토론할 수 있다	지식
		윤리적 지침 시대적 변천을 설명할 수 있다	지식
		윤리와 문화의 관계를 설명할 수 있다	지식
	의료 윤리에 대한 이해	의료윤리의 역사적 기초와 네 원칙을 설명할 수 있다	지식
		생명과학기술의 발달에 따른 생명윤리문제의 주요쟁점과 준거를 설명할 수 있다(안락사, 장기이식, 출생 및 배아복제, 낙태 등)	지식
		윤리적 지침에 따라 생명유지장치의 유지, 중단에 대한 의사결정을 할 수 있다	지식/ 태도
		의학연구와 관련된 연구윤리(헬싱키 선언, IRB)의 핵심내용을 설명할 수 있다	지식
		의료자원 공정한 분배에 대한 주요기준을 설명할 수 있다	지식
		의료광고와 소비자의 알권리에 관해 알아본다	지식
		환자의 이익과 병원이나 전문단체의 이익이 충돌할 때 이를 해결할 수 있는 능력을 갖춘다	태도/ 기술
		의료윤리와 관련된 단체 및 위원회의 현황과 역할을 설명할 수 있다	지식

주: 이 표는 한국의과대학장 보고서의 일부 내용을 발췌하여 재구성한 것임.

2. 평가도구: 어떻게 평가할 것인가?

인문사회의학 교육의 평가는 궁극적으로는 인문사회의학 교육을 받은 학생이 의사가 되어 교육받은 대로 의사의 삶을 살고 있는가를 가지고 평가할 수 있는 것이지, 제한된 시간 내에 학점을 주기 위하여 교육효과를 측정하고 평가하는 것은 많은 문제를 지닌다. 하지만 현실적으로는 인문사회의학 교육의 목표를 측정가능한 수준으로 조작적으로 정의하고, 이를 지표화하여 가능한 한 객관화된 근거자료를 통해 평가하는 작업이 요구된다.

예를 들면 인문사회의학 교육 중 의사소통교육의 목표인 의사–환자 간 효과적인 커뮤니케이션 능력 함양을 달성하기 위해서 의사소통 단계를 시작, 본론, 종료 단계로 나누어 각 단계에서의 핵심적인 항목 체크리스트를 작성하여 평가할 수 있다. 프로페셔널리즘의 경우에는 일정 기간 중 장래 전문직으로서 갖추어야 할 가치, 태도와 관련된 자료와 이에 대한 자기성찰 등이 포함된 포트폴리오를 작성하게 하여 이를 평가하게 할 수 있다.

또한 평가방법은 교육목표 및 교육방법과도 밀접한 관련이 있다. 즉 인문사회의학 교육의 목적이 단순히 관련지식을 습득하는 데 국한되는 것이 아니라 이와 관련된 술기와 태도 함양에 있으므로 교육방법도 강의방식을 벗어나서 소집단 토론 및 세미나, 환자체험 및 봉사활동, 다양한 교육이벤트 참여, 출판 등과 같은 다양한 방법이 효과적이라는 것이다.

인문사회의학적 지식을 묻는 지필시험만을 통해 성적을 부여하는 평가방식 grading 역시 교육방법과도 맞지 않다. 그 보다는 인문사회의학 교육을 통해 인문사회의학적 지식인 전문직 가치와 의사–환자 간 의사소통기술과 같은 술기, 그리고 한 인간으로서 전문직으로서 갖추어야 할 태도 등을 습득하고 이를 점진적으로 발전시키고 유지시키기 위한 노력을 해야 한다. 평가방법의 대표적인 예로서 포트폴리오 평가, CPX 평가 등을 들 수 있다.

미국의학협회(1999) 보고서에 의하면 미국의 의과대학의 의사소통교육에서 평가방법으로 가장 많은 것은 수업시간 중 교수의 피드백(92.4%)이 가장 많았고, 그 다음이 공식적인 교수진의 학생관찰(78.3%), 환자 또는 모의환자의 피드백(76.1%), 모의환자를 통한 평가(예: OSCE) 순으로 나타났다. 이것은 다음의 〈표 11〉에 잘 나타나 있다.

〈표 11〉 미국의 기본 의사소통교육의 평가방법

평 가 방 법	비율
수업시간 중 교수진의 피드백	92.4
공식적인 교수진의 학생관찰	78.3
환자 또는 모의 환자의 피드백	76.1
모의환자를 통한 평가	69.6
학생의 비디오를 통한 자기평가	38.0
동료평가	38.0
다지선다형 시험	34.8
간호사, 환자 등으로부터의 공식적 피드백	23.9
에세이/지필 시험	22.8
학생의 (비디오 없는) 자기 평가	20.9

출처: AAMC(1999). Contemporary issues in medicine: communication in medicine.
주: 미국의과대학의 92%가 응답한 결과임.

3. 평가주체: 누가 평가할 것인가?

성적평가는 교수진이 하는 것이 일반적이지만 인문사회의학교육에서는 필요한 경우 동료(학생)평가, 환자(또는 모의환자)평가, 자기평가와 병행하여 평가하는 것도 가능하다. 미국 의과대학의 경우, 환자(또는 모의 환자)의 피드백 및 모의환자를 통한 평가가 각각 76.1%, 69.6%이며, 자기평가 및 동료평가가 38%로 나타나고 있다.

이 중 환자(또는 모의환자)에 의한 평가는 비용이 많이 들고 학생평가를 위해 환자를 잘 훈련시켜야 한다는 부담감은 있지만 인문사회의학 교육의 원래의 취지에 부합된다는 점에서 효과적인 방법으로 많이 사용되고 있다. 동료(학생) 평가는 학생들이 평가의 대상이지 주체가 되는 평가방식으로서 최근 몇몇 의과대학에서 실시하고 있지만 의과대학의 경쟁적인 분위기 속에서 학생들 간 점수를 사전에 조절하는 등의 부작용이 있어서 공정한 평가가 곤란하다는 문제점을 갖고 있기도 하다.

4. 성적을 어떻게 부여할 것인가?

1) 성적등급제와 Pass/Fail제

우리나라 대부분의 인문사회의학교육에 대한 평가제도는 기초의학, 임상의학 평가제도와 같은 취지에서 A, B, C를 부여하는 성적등급제 grading를 이용하고 있지만 인문사회의학 교육에서는 Pass/Fail 제도 또는 이 제도를 변형한 Honor/Pass/Fail 등을 고려해 볼 만하다. 기존의 성적등급제 평가방식은 학생들 간 성취도를 구분하고 차별화함으로써 성적 활용시 편리성이 확보되지만, 교육적으로 학생들을 서열화함으로써 경쟁적인 학생문화를 부추기고 일부 학생들에게 학업과 관련된 스트레스와 학습동기를 떨어뜨릴 수 있는 단점을 가진다. 반면 Pass/Fail 제도 또는 이 제도의 변형형태인 Honor/Pass/Fail 등의 제도는 일정 수준 이상의 학생들을 통과시킴으로써 심화학습을 유도하고, 학생들 간 협동심을 발휘하게 하며, 학업 외 의사가 지녀야 할 다양한 관심 활동과 접촉할 수 있는 기회를 제공하는 장점을 가진다. 특히 Pass/Fail 제도를 기초 및 임상의학과는 성격이 다른 인문사회의학 교육에 적용시킬 경우, 높은 학점을 받기 위해 인문사회의학 활동에 참여하는 것이 아니라 좋은 의사가 되는데 요구되는 자질, 인성을 갖추기 위한 체험, 성찰, 느낌을 경험하게 하여 인문사회의학 교육의 효과를 높일 수 있게 할 수 있다.

2) 형성평가와 총괄평가

대부분의 의과대학에서는 기초 및 임상의학의 경우, 교수학습이 완료된 시점에서 교육목표의 달성여부를 종합적으로 평가하는 총괄평가summative evaluation를 하는 경향이 있다. 이 총괄평가는 교육목표의 달성여부를 통해 진급, 자격증 부여 등의 의사결정에 도움을 주는 점에서 유용성이 있지만 학습의 진행과정에서 문제점을 발견하고 이를 개선할 수 있는 기회가 없다는 단점이 있다. 특히 인문사회의학 교육은 기초 및 임상교육과 비교해볼 때 상대적으로 교육의 효과가 가시적으로 드러나지 않고, 교육목표의 달성 여부도 단기적으로 파악하기 어렵기 때문에 총괄평가보다는 형성평가에 더 주안점을 두는 것이 바람직하다고 볼 수 있다. 형성평가formative evaluation는 학습의 개별화를 통해 학습 중간 과정에 학생 각자에게 적절한 피드백을 줌으로써 학습동기를 높이고 문제점을 개선할 여지를 제공해준다는 장점이 있다. 따라서 인문사회의학 교육의 평가에서 형성평가는 적극적으로 고려해볼 만하다.

3) 외국 대학의 사례들

외국의 의과대학 중 Northwestern 의과대학에서는 Pass/Fail제와 튜터의 서술식 평가가 병행된다. 뉴욕 의과대학은 수업준비와 참여, 에세이 쓰기, 프로젝트와 발표, 퀴즈, OSCE, 출석 등을 평가기준으로 하여 자기평가, 동료평가 등을 병행하고 있다. 이 외에도 뉴욕의과대학에서 실시하고 있는 온라인 포트폴리오 평가방법이 있다 이 포트폴리오는 에세이, 표준화된 환자 상호작용 체크리스트, 자신, 동료, 교수평가와 같은 자료와 지역사회 봉사와 클럽활동 근거와 같은 개인적인 자료를 포함한다. 학생들은 그들의 활동에 대한 짧은 성찰적 진술을 온라인을 통해 작성하고 그들의 포트폴리오는 매년 교수진 또는 훈련된 동료와 함께 검토된다. 이 과정에서 이루어지는 피드백은 내년을 위한 학습계획에 도움을 줄 수 있다.

3부

인문사회의학교육
담당교수를 위한 제안

07

인문사회의학교육 운영 경험

7장에서는 외국 인문사회의학교육의 사례를 참조하여, 우리나라 의과대학에서 인문사회의학교육을 도입하고 운영하는 데 고려해야 할 점들을 정리해보겠다. 이 내용들은 주로 필자들이 연세의대에서 경험한 내용과 국내 타 대학에서 이뤄진 교육경험을 토대로 작성된 것이다. 이 내용은 전우택(2010)이 쓴 「인문사회의학 교육과정 개선을 위한 제언」(의학교육논단 12(1):29~37)에서 소개된바 있다.

Ⅰ. 인문사회의학교육 내용의 구성

의학 교육에서 인문사회의학교육을 이야기할 때, 당장 제기되는 질문은 '그것이 무엇이냐는 것이다. 생의학적 최신 지식을 가르치는 것만으로도 시간이 너무도 부족하다고 느끼고 있는 의대 교수들이 던지는 이 질문은 매우 중요하고 예민한 문제이다. 일반적으로 일반교양과목 같은 인상을 주는 교육들은 의대 교수들의 비난 대상이 되기 쉽다. 따라서 여기서는 인문사회의학교육을 어떤 내용으로 구성할 것인지를 그 도입이 비교적 쉬운 것부터 정리할 것인데, 여기서 순서를 정하는 것은 이러한 교육을 한꺼번에 모두 도입하기 어렵기 때문이다.

▶ 제 1군 (가장 쉽게 도입할 수 있는 교육) : 의료법, 의료윤리 교육

의대 교수님들이 생각하기에 의료법, 의료윤리는 임상 현장에서 때때로 만나는 현실적이고 구체적인 문제라는 점에서 가장 쉽게 받아들여지는 인문사회의학교육 내용이 된다. 더구나 의료법은 이미 의사국가고시에 출제되는 중요한 주제이기 때문에 그것을 교육한다는 것에 이의를 제기하는 교수님들은 없다. 그러나 매우 실제적이고 구체적인 인식 방법에 익숙한 의대 교수들에게, 의료윤리 교육은 좀 애매하다는 인상을 준다. 즉 의료윤리 교육이 '기존의 사고방식으로 정답이라 인정되는 것을 요약하여 암기하도록 가르치는 것'을 넘어서서 새로운 과학적 상황 속에서 '윤리적으로 생각하고 고민하는 방법'에 익숙해져야한다는 것을 이해하기는 어렵다. 따라서 인문사회의학교육 내용 중 가장 쉽게 받아들여질 수 있는 1군의 교육내용조차 의학교육 현장에서는 갈등을 만들 수 있다.

▶ 제 2군 (어느 정도 쉽게 도입할 수 있는 교육) : 의료 커뮤니케이션 교육

2010학년도 의사국가고시부터는 OSCE와 CPX 시험이 포함되기 시작하면서

의료 커뮤니케이션 교육은 이제 필수적인 교육내용으로 받아들여지게 되었다. 그러나 이렇게 되기까지는 의료 커뮤니케이션 교육이 필요하다는 인식은 막연하게 있었어도, 이것을 정규 교육 시간에 어떻게 가르칠 수 있는가라는 방법에 대해서는 많은 회의가 들기도 했다. 그리고 이런 의료 커뮤니케이션 교육은 환자들에게 더욱 알기 쉽고 친절하게 이야기해주고, 자세하게 설명해주는 것 이상의 것을 의미하지만, 정작 이 의미를 본질적으로 이해시키고 교육과정에 적용하여 도입하기는 쉽지 않은 측면이 있다.

▶ 제 3군 [어느 정도 어렵게 도입되는 교육] : 의학사, 프로페셔널리즘(professionalism) 교육

프로페셔널리즘professionalism에 대한 교육은 인문사회의학교육에 있어 가장 중요한 영역이다. 2000년을 전후로 하여 세계 주요 의학교육 관련 학회에서는 어디에서나 이 주제를 자주 다루어 왔고, 이제 이 교육은 일종의 '의사 정신교육'으로서 중요한 위치를 차지하게 되었다. 그러나 교육의 내용이 일종의 '좋은 사람, 좋은 의사가 되어라'는 식의 훈화 교육이라는 인상을 주면서, 과연 무엇을 어떻게 가르칠 것인가에 대한 의문을 만들어 내기도 하였다. 가령 '의학사'의 경우 의학에 대한 역사적 사실만을 나열하면 학생들도 지루해 하고, 교수님들이 볼 때도 과연 의미 있는 시간이 될 수 있는가라는 의구심이 들게 했다. 이것들은 1, 2군에 속한 교육보다 받아들여지기가 더 어려운 내용들이다.

▶ 제 4군 (도입하기가 어려운 교육) : 의철학, 의학과 음악, 의학과 문학, 의학과 종교와 같은 인문학과의 연계 교육

4군 교육과정은 일반적으로 의학 교육 시간이 줄어드는 상황에서 많은 교수들이 '왜 그런 것을 의대에서 가르치냐?'는 비난을 하는 가장 대표적인 영역이다. 일부 교수들은 철학, 음악, 문학, 종교 등은 개인적인 교양이나 소양, 취미로 간주되어야지 그것이 생의학적 수업 시간을 밀어내고 개설되는 것은 매우 잘못된 것이라고 생각한다. 그러나 인문학적 교육이 단순히 예과에서만 이루어져야 하는 것은 결코 아니다. 의학을 더 깊이 공부하고, 환자의 고통에 대하여 더 많은 것을 보고 느끼는 시점에서 더 깊이 공부하고 생각하여야 할 인문학적 주제가 너무도 많고 이 주제들은 연속적으로 다루어져야 하기 때문이다. 인문학적 내용을 그저 단순한 소양교육 정도로 생각하는 분위기가 강한 의대에서 이러한 본격적인 인문학적 교육이 이루어지는 것이 매우 어려울 수 있다. 그래서 이러한 교육은 필수과목으로 도입하는 것보다는 선택과목으로 도입해 관심 있는 학생들만을 대상으로 실시하는 것이 더 현실적일 수 있다.

Ⅱ. 단계별 인문사회의학 교육 도입

인문사회의학교육을 의학교육에 도입하기 위해서는 원칙적으로 다음과 같은 두 가지 전략을 세우는 것이 필요하다.

1. 단계별로 도입한다.

처음 시작하는 학교들은 제일 쉽게 도입할 수 있는 1군과 2군 교육부터 순차적으로 도입할 필요가 있다. 만일 처음부터 충분한 시간을 확보하는 필수과목으로 만들기 어려우면, 적게 배정된 필수 시간에 간단히 개요를 다루고, 선택과목이나 또는 수업 외 교육프로그램에서 좀 더 많은 내용을 다루는 프로그램을 도입하는 것이다. 이 때 학생들의 관심과 참여를 이끌어내어 그 결과를 전체 교수들에게 홍보하는 것이 중요하다. 그러면서 1, 2군의 교육 내용을 점차 교육과정에서 고정된 시간 과목으로 만들어 나가는 과정을 거치고 나서 3군 교육을 도입하고 마지막에 4군 교육을 도입한다. 처음에는 인문사회의학교육이라는 이름하에 시도되는 한 과목만이라도 있다는 사실이 가장 중요하다. 일단 인문사회의학 관련 교육과정이 한번 만들어지고 나면, 그 교육은 점차 확장시켜 나갈 수 있기 때문이다.

2. 필수과목과 선택과목으로 나누어 도입한다.

1, 2, 3군의 핵심적인 내용은 필수과목으로 만들어 가르치는 것이 필요하다. 그러나 그 내용을 풍부하고 깊게 가르치기에 의대 교육과정에서 인문사회의학교육을 위한 시간을 얻는 것이 매우 제한적일 수 있다. 따라서 인문사회의학교육과정은 철저하게 필수과목과 선택과목으로 분리해 운영하는 것이 필요하다. 모든 학생이 다 알아야 하는 교육 내용은 필수과목으로 만들어 가르치지만, 그 분야에 더 관심을 가는 학생들을 위한 심화 교육은 선택과목을 통하여 교육시키는 것이 좋다. 다만, 개설되는 인문사회의학교육 선택과목 중

몇 개는 반드시 선택하도록 하여, 어떤 내용이 되었든, 인문사회의학교육은 이루어지도록 하는 것이 필요하다.

3. 전체 학년에 걸쳐 인문사회의학교육이 이루어지도록 배치한다.

인문사회의학교육을 실시하는 데 있어 중요한 것은 이것이 특정 학년에만 국한된 교육이 되지 않도록 하는 것이다. 즉 프로페셔널리즘professionalism에 대한 교육이나 진로선택, 가치관, 인성교육이 1학년이나 4학년에만 국한되지 않고, 전체 학년에 적절히 나누어져 배치될 수 있도록 해야 한다. 학생들은 학년이 높아짐에 따라 점차 그들의 생각, 가치관이 변화될 수 있도록 학년에 맞는 인문사회의학교육이 나선형으로 심화, 확대되어야 한다. 연세의대의 경우, 처음에 주로 1, 3학년에만 도입되었던 인문사회의학교육들을 전 학년에 확대 시행하고 있다.

4. 도입되는 단계에 대한 전체적 조망을 한다.

인문사회의학교육을 의학 현장에 도입하는 데에는 여러 가지 논란과 어려움이 있을 수 있다. 의학교육 현장에서 인문사회의학교육이 도입되고 정착되는 데에는 다음과 같은 단계를 거친다는 것을 인식하고 너무 조급하게 생각하지 말고 꾸준하게 노력하는 것이 필요하다.

▶ 1단계 : 인문사회의학교육 전(前) 시기

의학교육에 있어 인문사회의학에 대한 개념 이해가 아직 없는 상태이다. 이 시기에 의대 교수들은 전체적으로 인문사회의학적 소양은 의사나 의대생 각 개인이 알아서 가지는 것으로 생각한다. 그리고 그런 소양이 있으면 좋고, 없어도 의사로 활동하는데 큰 문제는 아니라고 생각하다. 따라서 이 시기의 인문사회의학교육자들의 역할은 이러한 교육의 필요성을 공감하고 있는 교수 집단을 구성하고, 학교 내 여러 교수들과 주요 보직자들에게 공감과 이해를 넓히도록 하는 것이 필요하다.

▶ 2단계 : 기초 인문사회의학교육 발아기

이 단계는 의료윤리, 의료법, 의료 커뮤니케이션 등 제한된 주제들이 정규 의학교육에 부분적으로 도입되는 시기이다. 아직 인문사회의학의 목표와 정신을 다 이해하고 받아들이는 것은 아니지만 일부 제도가 도입되는 시기이다. 이 시기에 인문사회의학교육자들의 역할은 교육시간의 양과 질이 확보될 수 있도록 노력하는 것과 더 높은 인문사회의학교육 목표에 대한 공감대를 확산해나가는 것이다.

▶ 3단계 : 인문사회의학교육 발전기

의료윤리, 의료법, 의료 커뮤니케이션 등의 교육을 넘어서 좀 더 궁극적인 인문사회의학교육이 추구하는 목표를 이루기 위한 다양한 교육 프로그램들이 시도되는 시기이다. 환자가 가지고 있는 문화적 다양성, 의료경영, 환자교육, 다양한 인문과학과 사회과학과 의료의 연결 등이 시도된다. 하지만 이 단계는 아직 의학의 생의학적 영역의 교육과 통합되지 못하고 별도의 것으로 독립적으로 이루어져 가는 한계를 가지고 있다. 이 시기의 인문사회의학교육자들의 역할은 다양한 교육 프로그램들의 개발과 질 관리 그리고 지금의 상황에 안주하지 않고 더 높은 목표, 즉 생의학 교육 내용과의 실질적 통합을 위한 전체적 교육 프로그램의 재편을 위한 준비 작업을 해야 할 것이다.

▶ 4단계 : 인문사회의학교육 성숙기

이 단계는 의학의 생의학적 교육 프로그램과 인문사회의학교육 프로그램이 통합되어 이루어지는 시기이다. 예를 들어 해부학 시간에 사체 해부를 시작하면서 인간이란 존재에 대한 철학적, 종교적 이해, 삶과 죽음에 대한 이해 등을 함께 교육할 수 있는 프로그램을 도입하는 것이다. 암환자나 만성 질환자들에 대한 치료와 이들의 심리, 사회경제적 지원을 공부할 수 있도록 커리큘럼을 구성하는 것이다. 이러한 교육을 위해 중요한 것은 생의학적 교육과 인문사회의학적 교육을 동시에 시킬 수 있는 유능한 교수들이 있을 수 있도록 육성 지원하는 것, 또는 그것을 가르칠 수 있도록 각 영역의 교수들이 유능한 팀으로 활동하면서 교육을 시킬 수 있는 성숙성을 갖는 것이다. 이 시기의 인문사회의학교육자들의 역할은 이러한 교육을 실시할 수 있도록 지속적으로 좋은 통합 교육 프로그램을 개발하는 것과 그것을 가르칠 수 있는 교수 개발을 실시하는 것이다.

Ⅲ. 인문사회의학교육 방법

사실, 인문사회의학교육은 '무엇을 가르칠 것이냐'와 동시에 '어떻게 가르칠 것인가?'가 그 핵심을 이룬다. 아무리 훌륭하고 좋은 내용을 학생들에게 가르친다 할지라도 학생들이 그 내용에 대해 별 관심을 보이지 않고 그에 따라 교육에 의한 변화가 없다면 그 교육은 아무런 의미를 갖지 못하기 때문이다. 따라서 인문사회의학교육에 있어 가장 중요한 과제는 '어떻게 가르칠 것인가' 이다. 저자는 「의학교육의 미래와 인문사회의학(2003)」에서 인문사회의학 교육의 방법에 대해 네 가지 제안을 한 바 있다. 첫째, 학생의 직접적인 참여 와 활동 강화, 둘째, 작문 교육의 강화, 셋째, 가치관 교육의 강화, 넷째, 의학 교육의 범위 확대 및 진로지도였다. 여기서는 그 때 제안된 방법들을 실제로 시행하면서 갖게 된 경험을 정리하고 새로운 제안을 몇 가지 하고자 한다.

1. 학생의 직접적인 참여와 활동 강화

연세의대에서 인문사회의학교육을 시행하면서 갖게 된 확신은 학생의 참여 가 인문사회의학교육 효과에 결정적으로 중요하다는 것이다. 의과대학에서 이루어지는 다른 교육시간과 마찬가지로, 일방적으로 앉아서 강의를 듣는 식 으로만 해서는 학생들의 흥미를 유발할 수 없고, 그럴 경우 교육효과는 없게 된다. 따라서 인문사회의학교육의 가장 중요한 점은 학생 참여이다. 그러나 많은 경우, 인문사회의학교육이 대형 강의식으로 이루어지는 경우가 많아 학 생들의 참여와 관심을 끌어내는데 어려움이 많이 있었다. 이에 필자는 인문사회의학교육을 실시하면서 학생들의 참여를 높이기 위해 다음과 같은 시도를 시행하였다.

사례 1 ▶ 대형 강의에서의 학생참여

외부 강사를 초빙해 진행한 수업에서 도입한 방식이다. 외부 강사와 사전에 심의해 '강의' 형식이 아니라 과목 책임교수인 필자와 외부 강사의 '공개 좌담' 형식으로 진행했다. 마치 TV에서 대담 프로그램을 진행하듯이, 앞에 낮은 탁자를 두고 꽃병도 올려놓고, 비스듬히 두 개의 의자를 배치 한 후, 먼저 교수가 올라가 이제 단상으로 올라오실 분을 소개하고, 학생들의 박수를 받으며, 외부 연자가 올라와 교수와 함께 의자에 앉는 것이다. 그리고 교수가 사전에 준비한 질문에 따라 대화를 나누는 것이다. 이렇게 되면 학생들은 일반 수업을 하는 것보다 훨씬 더 높은 관심을 보인다. 그리고 수업의 중간 휴식 시간에는 모든 학생들이 자신의 이름을 적고, 질문을 한 가지씩 적어 제출하도록 한다. 교수는 그 중 의미 있거나 흥미 있는 질문을 바로 그 자리에서 선택해 어느 학생이 던진 질문이라고 소개하면서 초청 연자에게 질문을 하는 것이다. 이렇게 되면 학생들은 자신이 써 낸 질문이 선택되는지에 적극적인 관심을 갖게 되어 수업 참여도를 높일 수 있다. 그리고 그 때 질문한 내용들 중 우수한 질문은 추후 평가에서 가산점을 줄 수 있게 한다.

사례 2 ▶ 프로젝트를 통한 학생 참여

학생들로 하여금 자신들에게 부과된 프로젝트를 수행하고 그 결과를 발표하고 토론시킴으로써 학생들의 참여를 높일 수 있다. 첫 수업 시간에 학생들에게 프로젝트 과제를 준다. 즉 학생들 4~5명을 한 조로 하고, 각 조마다 비교적 규모가 작은 저개발 국가를 하나씩 선택하도록 했다. 그리고 가상 상황을 준다. 예를 들어 학생 팀은 이제부터 WHO에서 파견되는 저개발국가의 의료 지원팀이다. 팀에게는 1년의 시간과 100만 불의 예산이 주어진다. 이 조건을 가지고 현재 그 나라에 가장 중요하고 요긴한 보건의료 프로젝트를 시행할 수 있는 제안서를 작성하도록 한다. 8주 수업 중 첫 주에 각 나라를 조에 배분해 주고 마지막 7, 8 주 수업 시에 각 조별 발표를 하도록 하는 수업을 진행했다. 학생들의 참여를 요구했던 이 수업은 학생들의 적극적 참여를 만들어내어, 교육 효과가 높았던 경험이 있다.

그러나 이러한 학생 참여 수업은 많은 학습량과 시험 준비에 쫓기는 학생들에게 부담을 주는 측면도 있다. 따라서 프로젝트를 통해 학생 참여를 요구하는 수업 운영은 학생들에게 소요되는 시간과 노력을 충분히 고려해 구성해야한다. 인문사회의학 과목들의 학점은 다른 과목에 비해 단위가 작아서 무조건 학생 참여를 높인다고 많은 부담을 주면, 학생들 입장에서는 갈등이 생길 수 있다. 그럼에도 불구하고, 교육적으로 필요하다고 판단될 경우 학생들에게 흥미 있는 과제를 주고 조별 활동으로 그 과제를 하도록 하는 것은 학생 참여와 그에 따른 변화를 만들어 내는 데 있어 의미 있는 시도가 될 수 있다.

사례 3 ▶ 학생질문을 가지고 진행하는 수업

학생 참여를 증가시키는 방법 중 하나는 학생들의 질문을 가지고 수업을 진행하는 것이다. 교수가 일방적으로 수업의 내용을 나열하는 것보다 학생들의 질문에 답을 해나가는 것이 훨씬 더 좋은 수업 결과를 만들 수 있기 때문이다. 그러나 유감스럽게도 의대 학생들은 수업 시간에 적극적으로 질문하지 않는다. 그러므로 수업 시간 내에 학생들의 질문을 갖고 수업을 진행하는 것은 간단하지가 않다. 이에 대해 필자가 택한 방법은 다음과 같다. 수업을 진행하기 전 학생들에게 A4 용지 한 장으로 되어 있는 과제를 나누어 준다. 그 종이에는 두 개의 수업 진행 과정에서 학생들이 질문에 답할 내용을 제시한다. 그것은 수업 시간 중 학생들이 작성하는 것이다. 그리고 마지막 문제는 오늘의 수업을 진행하면서 본인이 가진 질문 두 가지를 적어서 제출하도록 한다. 학생들의 질문 수준은 평가의 대상도 되고, 학생들이 수업 시간에 가진 질문이 무엇인지를 아주 솔직하게 볼 수 있는 기회가 된다. 다음 시간에 학생들이 던진 질문 중 의미 있거나 많은 학생들이 공통적으로 질문한 내용을 소재로 답을 해 나가면서 수업을 진행하면 학생들의 수업 참여도를 높일 수 있다. 수업 시간에 질문을 제기한 학생의 이름을 거명하면 학생들은 훨씬 더 깊은 관심을 갖고 수업에 참여하게 된다.

2. 글쓰기 교육의 강화

인문사회의학교육에 있어 중요한 의미를 가지는 것 중 하나는 글쓰기를 시키는 것이다. 글쓰기 교육은 결국 더 많이 읽고 생각하고 생각을 정리하여 표현하는 능력을 높이는 효과적인 교육 수단이기 때문이다. 이러한 글쓰기 교육을 시키는 방법으로 다음과 같은 방법을 시도할 수 있다.

사례 1 ▶ 독후감을 통한 글쓰기

글쓰기 교육으로 학생들에게 읽을 자료를 제공한 후, 독후감을 쓰게 하는 방식을 도입할 수 있다. 구체적으로 학생들이 읽을 자료를 선정해주는 것이 필요한데, 선정방법은 사전에 확정된 책이나 논문으로 할 수도 있고, 때로는 주어진 자료 3~4개 중 학생들이 관심을 보이는 것을 읽게 하는 방법도 있다. 그런데 독후감을 받아 점수만 매긴다면 학생들은 수업에 적극적인 참여를 하지 못한다. 이에 필자는 다음과 같은 수업 방식을 지도한 적이 있다. 책을 4~5권 지정하고, 그 중 하나의 책을 선택해 읽고 그에 대한 독후감을 쓰도록 한다. 그리고 제출한 독후감을 미리 평가해 그 중 잘된 것, 논쟁 요소가 있는 것을 추린다. 그리고는 수업을 시작하면, 선택된 학생의 독후감에서 관심 있는 부분들을 읽어 준다. 그리고 그에 대한 교수의 의견을 얘기하고, 독후감을 쓴 학생도 그에 대한 발언을 하도록 한다. 그러면 학생들은 큰 관심을 가지고 그 내용을 듣는다. 이것은 글쓰기 교육의 효과도 가질 수 있고, 동시에 대형 강의에 학생 참여를 높일 수 있는 방법이 되기도 한다. 다만 이런 경우, 학생들이 너무 많은 양의 글을 쓰게 되면 평가에 어려움이 있을 수 있다. 또한 적절한 분량의 글쓰기를 하는 훈련이 필요할 수도 있어, 필자의 경우에는 학생들에게 A4 용지 한 장 분량으로 써서 인쇄해서 제출하되, 맨 마지막에는 이 자료를 읽고 본인이 가지게 된 질문 두 가지를 써 내도록 했다. 이 질문은 학생들의 글쓰기 평가를 하는 데 있어서 유용한 자료 중 하나가 된다.

사례 2 ▶ 시험을 통한 글쓰기

학생들에게 미리 읽을거리를 제공하거나 수업에서 다룬 내용 등을 토대로 간단한 글쓰기 시험을 칠 수 있다. 과목이 모두 끝날 때 그 과목에서 다루었던 다양한 내용들을 가지고 문제를 내어 그에 대한 간단한 글쓰기를 할 수 있도록 하는 것이다. 시험 형식으로 글을 쓸 때는 손으로 써야 하므로 그 분량은 길어질 수 없다. 그러나 짧은 문장을 얼마나 정확하고 잘 쓸 수 있는가를 평가하는 것 역시 중요한 의미를 가진다고 할 수 있다.

3. 가치관 교육의 강화

가치관 교육 또는 인성 교육을 실시하는 방법은 결국 '체험'이라고 할 수 있다. 강의만을 통해 가치관 교육을 시키는 것은 불완전하기 때문이다.

사례 1 ▶ 방문을 통한 교육

연세대학교는 기독교 선교사들에 의해 세워진 대학이다. 이에 교육 프로그램 중 한국 기독교 선교와 선교사들의 삶을 이해하기 위해 '양화진 외국인 묘지'를 방문하는 프로그램을 실시한 바 있다. 학생들은 자유로이 자신의 시간에 맞추어 그 곳을 방문하고, 많은 묘지들 중 가장 인상적인 묘지 앞에서 사진을 찍도록 했다. 그리고 그 사진과 함께 자신이 이 묘지를 택한 이유와 소감을 간단히 써서 제출하도록 하는 교육을 시행하였다. 이러한 체험은 학생들에게 강의를 하는 것보다 훨씬 더 강한 인상을 줄 수 있다.

사례 2 ▶ 본 1 회진 따라 돌기

본과 1학년 학생들의 교육 프로그램으로 내과, 외과, 소아과, 산부인과 교수들의 아침 회진을 따라 도는 프로그램을 시행해본 적이 있었다. 모든 학생들을 2명씩 조를 짜서 각 교수님들께 배정하고 그 교수님들의 아침 회진을 따라 돌게 한 것이다. 그리고 자신들이 그 회진에서 보고 듣고 느낀 것을 써서 제출하고 그 다음 시간에 그 내용을 갖고 토론하는 시간을 가졌다. 본과 1학년 학생들이라 회진을 따라 돌 때 입을 가운이 없는 것부터 시작해, 회진을 시작하는 정확한 위치를 제대로 찾지 못한 학생들이 있는 등 다양한 문제들이 발생했으나, 이러한 '병원에 대한 체험, 의사들에 대한 체험'은 이제 의학 공부를

막 시작하는 본과 1학년 학생들에게 새로운 의미와 충격을 주는 교육으로 의미가 있다.

사례 3 ▶ 봉사활동 체험

이 프로그램은 현재 준비 중에 있는 것이다. 특히 의예과의 경우, 예과 2년 기간 동안 꾸준히 봉사활동 체험을 하도록 지원하는 프로그램을 준비하고 있다. 예과 1학년 때 학생들이 관심을 가지고 좋은 봉사활동 체험을 할 수 있는 곳을 소개해 준다. 물론 꼭 그 기관에만 가야하는 것은 아니며, 개인적 연고가 있거나 새롭게 탐색해 알아본 곳이거나 상관없다. 단 1학년 1학기 말까지 알아보고 탐색한 곳을 보고하고, 과목 책임교수로부터 허락을 받도록 한다. 그리고 2학년 1학기까지 1년 동안 봉사활동을 하도록 하고, 봉사활동시간은 학생 수준에 맞추어 많이 배정하지 않는다. 매 학기마다 봉사활동 보고서를 제출하고, 2학년 2학기 때에는 학생 자신의 봉사활동 체험을 발표하게 함으로써 다른 학생들과 경험을 나누도록 한다.

4. 의학교육의 범위 확대 및 진로지도

이제 의학의 개념과 지평이 더 넓어지는 것을 의과대학 교육이 수용할 수 있어야 한다. 의학과 의료는 단지 환자를 진찰하고 투약하고 수술하고, 기초의학 연구를 하는 것만을 의미하지 않는다. 이제, 의학적 정보를 일반 대중들과 연결시켜주는 언론사들의 전문 의학기자들의 활동이나 새로운 컴퓨터 기술을 의학교육과 접목시켜 의학교육 소프트웨어를 개발해 내는 활동, 그리고 의료 분쟁에 대한 합리적인 법적 기준을 만들고 재판에서 변호하거나 판결을 내리는 의과대학 출신의 법조인의 활동도 분명히 의사들의 중요하고 핵심적인 활동들이다. 또한 의료인들이 갖고 있는 인간으로서의 고뇌를 좋은 소설과 영화로 만들어 일반인들에게 전달함으로써 일반 대중들의 의사에 대한 인상과 태도에 영향을 미치게 하는 행동, 한국 의료사회에 대한 사회학적, 인류학적 분석을 하고 논문을 써서 의료계의 내부 문제를 더 정확하게 인식하게 하는 것도 의사로서 의미있는 활동이다. 중요한 것은 미래에 이러한 활동을 해야 할 사람들이 의학교육 제도 안에서 전문적 훈련을 받을 수 있도록 의학 교육 시스템을 만드는 것이다. 의학교육이 졸업생 전원을 임상 의사나 기초의학자로만 키워 낸다는 고정관념에서 스스로 벗어날 수 있을 때에만, 21세기 보건의료 분야의 지도자들을 배출해 낼 수 있을 것이다.

다만 이러한 교육을 정규과목으로 넣어야 하는 것인지, 아니면 교과 외 프로그램으로 다루도록 해야 할지를 선택할 필요가 있다. 또한 정규과목이라도 필수과목으로 할지, 아니면 선택과목으로 할지를 판단해야 한다. 정규과목은 모든 학생들이 필수적으로 들어야 하는 과목이 되지만, 선택과목은 관심 있는 학생들만 들을 수 있어서 더 다양한 과목 편성이 가능해진다. 그러나 교육의 내용과 목적상, 반드시 정규 시간만을 이용할 필요는 없는데, 수업 시간 이외에 학생 대상 특강 프로그램을 실시할 수도 있고, 방학 프로그램으로 운영할 수도 있기 때문이다.

사례 1 ▶ 선배와의 만남 시간

학생들에게 의사로서 선택할 수 있는 다양한 길이 있다고 이야기해주는 것보다 더 중요하고 강력한 교육 방법은 그 길을 걷고 있는 선배들과 직접 만나게 해 주는 것이다. 필자가 일하고 있는 대학에서는 학생들에게 '선배와의 만남'이라는 이름으로 다양한 영역에서 활동하고 있는 의사 선배들을 초청해 그 분들과 개인적인 만남의 시간을 갖도록 하는 프로그램을 운영하고 있다. 이것은 정규 교육 과정 외의 프로그램이어서 사전에 학생들 신청을 받아 운영한다. 참석 신청을 받는 이유는 학생들로 하여금 더 적극적 참여를 할 수 있도록 유도하고, 신청자 숫자에 맞춰 다과 준비나 공간 등을 고려해서 장소를 정할수 있기 때문이다. 지금까지 주제에 따라 15~30명 정도의 학생들이 참여해왔다. 중요한 것은 시간에는 학생들이 적극적으로 개인적인 질문을 하고 응답을 받을 수 있도록 강사와 학생 모두를 격려하는 것이다.

사례 2 ▶ 다양한 선택과목의 개설

어떤 주제는 아예 독립된 교과목을 구성하여 진행하는 것이 더 적절한 경우도 있다. 예를 들어 의료전문기자의 꿈을 갖고 있는 학생들을 위해 의료전문기자가 운영하는 선택과목을 개설하거나, 의료선교사로 나갈 계획이 있는 학생들을 위해서 의료선교학 과목을 선택과목으로 개설하는 것이다. 이와 같이 진로 선택과 연관되는 다양한 선택과목들이 개설되면 교육적 효과뿐만 아니라 그 과목을 담당하시는 교수님 (내부 또는 외부)들과 개인적인 관계를 형성할 수 있어 학생들의 다양한 진로 개발에 도움이 될 수 있다.

사례 3 ▶ 외부 프로그램과의 연결

한 학생이 법학에 대한 관심을 강하게 보여서 의대 내의 의료법윤리학과 교수를 연결해 주고, 방학 때마다 로펌에 인턴으로 가서 활동하며 경험을 쌓게 한 경험이 있다. 그 학생은 졸업과 동시에 법학전문대학원으로 진학했다. 의과대학과 로펌에서의 인턴 경험이 앞으로 의료전문 법조인으로서 활동하는 데 기반이 된 것이다. 또 다른 학생은 경제학에 관심을 보였다. 이 학생은 그에 대한 정보 수집과 학습을 지속했고, 의대 졸업과 동시에 경제학과 대학원으로 진학해 공부했다. 대학원 졸업 후에는 미국 유명 대학의 경제학과 박사과정에 들어가 공부 중에 있다. 이와 같이 학생들이 의학을 공부하고 의학 이외의 다양한 전문 영역으로 진출할 수 있도록 지원하는 것이 인문사회의학교육의 역할 중 하나라고 할 수 있다.

08

인문사회의학교육의 어려움과 극복 방안

의과대학에서 인문사회의학교육을 실시하는 데 있어 장애물은 많다. 각 대학의 상황에 따라 다양한 문제들이 있을 수 있으나, 여기서는 그 중 대표적인 몇 가지를 정리하고 그에 대한 해결 방안을 제시하고자 한다.

1. 인문사회의학교육의 필요성에 대한 인식 부족을 어떻게 할 것인가?

폭발적으로 증가하는 의학 지식과 그와 연관된 의학술기를 가르쳐야 하는 의과대학과 교수들에게 시간은 언제나 부족하다. 그런 가운데 '의학의 본질'과는 거리가 있는 것처럼 보이는 인문사회의학 내용을 교육시키는 것에 대해 쉽게 납득하지 못하는 교수들이 있을 수 있다. 더구나 자신이 속한 교실과 자신에게 배분되는 교육 시간이 부족하다고 느끼는 경우, 인문사회의학교육에 배정되는 시간에 대한 불만은 매우 커질 수 있다. 그에 따라 인문사회의학교육에 배정된 시간을 줄이고 자신의 교실과 자신의 교육시간을 늘려 달라는 요청을 하는 경우가 있다.

이러한 문제를 해결하기 위해서는 첫째, 전체 교수님들이 인문사회의학에 대한 이해와 필요성을 공유해야 한다. 이것이 일반교양을 쌓는 것과는 무엇이 다르며, 인문사회의학 교육이 전 세계 의학교육에 있어 어떤 흐름을 가지고 시행되고 있는가 등에 대한 체계적 설명이 지속적으로 이루어져야 한다. 이것은 전체 교수 수양회와 같은 프로그램을 이용하거나 관련 책자나 글을 전체 교수님들께 배부하는 방식을 통해 진행할 수도 있다. 둘째, 교육 관련 교수님들의 인식과 이해가 깊어져야 한다. 전체 교수님들과 동시에, 특히 교육에 많은 관심을 갖고 참여하는 교수들이 이 인문사회의학교육에 대해 더 많이 이해하고 적극적으로 참여할 수 있도록 노력하는 것이 필요하다. 이를 위해 관련 프로그램들에서 인문사회의학교육에 대한 꾸준한 소개가 있고 회의체를 구성해 논의할 수 있는 기회와 장을 마련해야 할 것이다.

2. 누가 가르칠 것인가?

인문사회의학교육을 시키는 데 있어 가장 현실적인 어려움은 '무엇을 가르칠 것인가?' 보다도 '누가 가르칠 것인가?'에 있을지 모른다. 무엇을 가르치든지, 그것을 학생들에게 영향력 있게 가르칠 능력이 있는 교수가 가르치면 그 교육은 의미있는 교육이 되지만, 무엇을 가르치든, 역량이 없는 교수가 가르치면 그 교육은 의미를 잃게 되기 쉽다. 비교적 기계적 지식에 가까운 생의학적 지식을 가르치는 교육에서는 누가 가르치는가도 중요하지만 교육에서 무엇을 가르치는가가 더욱 중요한 의미를 가진다. 정 안되면 학생 혼자서 그 내용을 자습이라도 할 수 있기 때문이다. 그러나 인문사회의학교육에서 가르치는 내용들은 그렇지 않다. 인문사회의학교육은 자습으로 성취할 수 있는 학습 목표보다 훨씬 더 크고 깊은 목적을 가지고 있는데, 학생들의 사고와 행동 태도를 바꾸는 것을 목표로 하기 때문이다. 그러므로 인문사회의학교육에서는 적절한 교수를 확보하는 것이 과목 개설보다 더 앞서는 문제가 될 때도 많이 있다.

의대 교수님들은 일반적으로 이러한 주제에 대해 정규 교육 시간에 교육받은 경험이 없어서 그런 내용을 가르치는 일에도 익숙하지 않다. 그렇다고 다른 전공을 하신 외부 교수님들을 부르게 되면, 그들은 의대의 상황과 너무 동떨어진 이야기를 하기 때문에 의대생들의 흥미를 유발하지 못하는 문제를 가진다. 따라서 이에 대한 해결책을 만드는 것이 중요한 의미를 가진다.

필자의 경험에 비추어보면 이러한 문제에 대해서는 다음과 같은 방안이 도움이 될 수 있을 것이다.

첫째, 가장 바람직한 것은 의대 교수님 중에 이러한 내용을 잘 이해하고 잘 준비된 분을 찾아 교육을 할 수 있도록 하는 것이다. 그런 분들이 당장 없을 때에는, 그런 교수님이 될 가능성이 있는 교수님들을 지정해 준비기간을 갖도록 하고, 적절한 시점에서부터 과목을 운영하도록 하는 것이다.

둘째, 만일 그런 분을 찾기 어려울 때에는 외부에서 강사를 초빙할 수 있다. 이런 경우 이러한 교육을 의대생들을 대상으로 적절히 할 수 있는가를 사전에 점검하는 것이 필요하다. 일반적으로 그런 점검은 외부강사의 강의를 사전에 들어보는 것을 통해 가능하다. 일단 외부강사 초빙이 결정되면 의대 현실을 파악할 수 있도록 사전준비 작업을 충분히 갖는 것이 필요하다.

셋째, 현실적으로 가능한 방법 중 하나는 의대교수와 외부 강사가 한 팀이 되어 함께 수업에 들어가 일종의 공동 수업을 진행하는 것이다. 학생들은 의대 교수님이 들어옴에 따라 긴장감도 갖게 되고, 외부 전문가가 들어와서 수업의 전문성도 높일 수 있기 때문이다.

3. 교육 주체의 변화의 혼동을 어떻게 관리할 것인가?

의학 교육과정에 어떤 내용이 어떻게 들어가야 할지는 교수들마다 다른 생각을 갖고 있을 수 있다. 그러나 일반적으로 기초의학이나 임상의학의 교육시간과 내용은 각 시간이 이미 정해져 있고, 각 교실 단위로 나름대로 내려오는 전통이 있어서 새로운 의학교육 책임자, 학장단이 들어섰다고 쉽게 바뀌지는 않는다. 그러나 인문사회의학교육은 그렇지 않다. 인문사회의학교육은 기초 및 임상의학에 비해 상대적으로 아직 짧은 교육 전통을 갖고 있고, 가르치는 분들이 확고하게 인문사회의학을 가르치는 분으로서 학교 내에서 인정받지 못하는 경우가 많다. 그러다 보니, 학장이 바뀌거나 의학교육 책임자가 바뀌면 가장 먼저 손을 보고 바꿀 수 있는 영역이 되는 문제가 있다. 이런 일들이 생기게 되면 교육은 불안정해지고, 교육의 질도 떨어지게 된다. 만일, 인문사회의학교육에 대한 인식이 부족한 분이 학장이 될 경우 교육시간 자체가 없어지는 일도 발생할 수 있다. 이에 대한 해결방안으로 다음과 같은 점을 고려할 필요가 있다.

첫째, 처음에는 관심 있고 헌신적인 교수 몇 명에 의해 프로그램이 시작됐다 할지라도 한두 명에게만 지나치게 의존하지 않고, 적절한 시점에 빨리 담당 위원회를 구성하고 그 위원회에 의해 교육이 진행되도록 만들어야 한다. 그래서 더 많은 교수님들이 이 교육 프로그램 운영에 참여하고, 그 회의체를 통해 이 교육에 도움될 공통적인 생각을 정리하 고 집약하는 것이 필요하다. 그리고 교육 관련 보직자들이 바뀌어도 그 위원회의 구성 인원이 한꺼번에 바뀌지 않는 등 연속성을 갖게 하는 내규 등을 마련할 필요가 있다.

둘째, 인문사회의학교육이 매우 다양한 내용과 형식으로 구성될 수 있다는 것을 인정할 수 있어야 한다. 즉 최종 목표를 명확히 하고 난 다음에는 다양한 실험과 시도가 있을 수 있다는 것을 인정하는 유연성이 필요하다. 그러나 그것이 어느 한 명(예: 교육 담당 보직자)에 의해 지나치게 좌우되어서는 안 된다. 그리고 인문사회의학교육이 다양성을 확보하는 데는 시간이 필요하다는 것을 인정할 필요가 있다.

4. 학생들의 무관심을 어떻게 할 것인가?

최근 인문사회의학교육이 학생들에게 중요한 교육 내용이 되어야 한다는 데 대해 많은 교수들이 인식하고 있다. 특히 이 교육을 담당하는 교수들은 더 깊이 절감하고 있다. 그러나 이 과정에서 한 가지 간과하기 쉬운 것은 바로 교육이란 '상대적인 것'이라는 것이다. 교육을 하는 교수가 아무리 중요하다고 생각해서 가르친다고 해도, 정작 학생들이 이것을 받아들일 준비가 안 되어 있다면 교육하기가 힘들어질 수 있다.

일반적으로 의대생들에게 인문사회의학교육을 시키는 데 있어 어려움은 두 가지이다. 첫째, 의대생들이 인문사회의학교육에 흥미를 못 느낀다는 것이다. 일반적으로 의대생들은 매우 이과적인 관심과 특징을 갖고 있다. 따라서 무언가 불명확하고 추상적인 내용들을 가르치려 하면 쉽게 흥미를 갖지 못한다. 더구나 계속 밀려오는 학교 시험 스케줄 속에서 인문사회의학 같은 주제를 갖고 고민하는 것은 '배부른 소리'라고 생각할 가능성이 있다. 둘째, 인문사회의학교육에 너무 높은 기대치를 갖고 있다가 실망하는 것이다. 일반적으로 의대 교수들의 교육 능력에 대해 의대생들은 실망한다. 그래서 강의에 대한 기대수준을 낮춰 오히려 강의평가가 높게 나오기도 한다. 반면 인문사회의학교육에는 기대수준을 높게 잡기도 한다. 그런데 그것이 잘 만족되지 않는다면, 학생들은 인문사회의학교육에 대한 평가를 매우 엄격하게 한다. 그래서 인문사회의학교육의 경우 강의평가 점수가 낮게 나오는 경우가 많이 있다.

그러므로 이러한 문제를 해결하기 위해서는 첫째, 인문사회의학 관련 교육의 질을 더욱 높여야 한다. 학생들의 시각으로 볼 때, 이것이 정말 흥미 있고 잘 짜인 교육이었다는 인식을 가질 수 있도록 교육의 내용과 방법을 좋게 만들어야 한다. 즉 일종의 정공법이 필요한 것이다. 둘째, 학생들의 무관심이 역설적으로 인문사회의학교육이 존재해야 하는 이유임을 인식할 필요가 있다. 이런 주제에 대해 무감각하고 무능한 학생들이기에 더욱 열심히 인문사회의학교육을 실시할 필요가 있다. 그러므로 인문사회의학 교육에 대한 학생들의 무관심과 무반응을 인문사회의학교육의 포기로 연결하지 말고 인문사회의학을 교육해야 하는 이유로 간주하는 것이 더 바람직하다.

5. 평가를 어떻게 할 것인가?

모든 교육은 교육을 실시한 후 반드시 평가를 하게 되어 있다. 교육이란 그것을 시행하기 전과 후에 어떤 변화를 만드는 것으로 정의할 수 있기 때문이다. 그런데 인문사회의학교육은 일반적으로 그 교육을 실시한 후에 그 결과를 어떻게 평가할 수 있냐는 점에서 몇 가지 문제를 갖고 있다.

첫째, 교육 성과를 평가하는 시점의 문제이다. 인문사회의학교육은 그 교육 목표가 의학에 대한 학생들의 태도 변화이기 때문에 교육 효과를 당장이 아닌, 교육 후 10년, 20년, 30년의 세월이 지난 후에 나타날 수 있다. 둘째, 평가 방식에 대한 학생들의 불만이 있을 수 있다. 학생 참여나 경험 등을 강조한 교육을 실시했을 때, 열심히 참여하지 않고서도 지필 시험 등에서 글을 잘 써서 좋은 점수를 받는 경우가 있어서 학생들의 불만이 있을 수 있다. 셋째, 인문사회의학교육을 담당하셨던 교수님들이 학생들에게 '좋은 이야기를 해준 것'으로만 자신들의 교육을 다했다고 생각하고 평가 문제는 아예 처음부터 고려하지 않는 문제가 있을 수 있다.

이것은 사실 매우 어려운 주제이다. 그러나 이 문제를 적절히 해결하지 못하면 이 교육은 매우 많은 문제점을 가진다. 따라서 필자는 그동안 다음과 같은 방식으로 접근해왔다.

첫째, 가능하다면 평가를 다양한 방법으로 할 수 있도록 노력한다. 한 과목을 운영한 후에 단 한 번의 지필 시험으로 평가를 하지 않는 것이다. 소집단별로 프로젝트를 운영한 보고서, 소집단 토론 보고서, 개인 독후감, 수업 시간에 제출한 질문지, 개인 활동 보고서와 포트폴리오 등 많은 평가 자료를 갖고 평가할 수 있도록 하는 것이다. 물론 이렇게 되면 학생들 입장에서는 인문사회의학교육에 투입해야하는 에너지가 늘어나게 되고, 그것을 평가하는 교수들의 부담도 증가한다. 그러므로 평가 대상의 과제량을 가급적 적게 하여 학생들에게 부과하는 지혜가 필요하다.

둘째, 가급적 상대평가를 실시한다. 인문사회의학교육은 그 과목의 성격상 pass or fail 등의 절대평가를 택할 수도 있다. 특히 위에서 기술했던 다양한 과제와 방법에 의해 성적을 산출하지 않을 경우, 학생들에게 점수를 주는 것이 너무 막연해져서 절대평가가 이뤄지는 경우가 많다. 그런데 일반적으로 학생들은 절대평가를 하는 과목에 대해서는 관심을 가지지 않는다. 인문사회의학 자체에 관심을 갖게 하는 것도 힘든 상황에서 학생들이 평가마저 별 신경을 쓰지 않을 상황이 만들어지면 교육의 효과는 낮아질 수밖에 없다.

셋째, 인문사회의학교육을 담당하는 교수들의 평가에 대한 인식을 더 높여야 하고 평가 제도를 엄격하게 만들어야 한다. 인문사회의학교육의 평가는 이 교육을 하겠다고 결정하는 순간부터 학교와 담당 교수들의 가장 중요한 과제가 되고 교육을 실시하는 교수님들은 그에 대한 책임의식을 갖고 임해야 할 것이다.

09.

인문사회의학교육의 미래를 위한 제언

I. 인문사회의학교육과정의 성공적 운영을 위한 제안

각 대학에서 실시하고 있는 인문사회의학교육의 성공적 운영을 위해서 다음
과 같은 사항들을 제안하고자 한다.

1. 대학의 교육목표를 반영한 인문사회의학교육을 실시한다.

대학에서 인문사회의학교육에 관심을 갖는 경우는 보통 두 가지이다. 첫째,
의과대학 인정평가를 앞두고, 평가 내용 중 인문사회의학교육에 대한 항목을
만족시키려 할 때이다. 이것은 형식적으로 인문사회의학교육의 틀을 만들 수
있는 좋은 기회이기는 하지만, 그것만으로 교육의 여건과 질을 확보한다고 단
정 지을 수는 없다. 둘째, 그 의과대학이나 의학전문대학원이 추구하는 근본

적 교육 목표와 인문사회의학교육을 연계시키는 것이다. 그 대학이 존재하는 근본적 미션을 이루기 위한 정신, 태도 등을 실현하는 데 있어 인문사회의학교육이 의미있는 도구가 된다는 것을 교수들이 인식하게 하는 것이 효과적이라는 것이다. 예를 들어 기독교 미션 스쿨인 의과대학은 기독교 정신이나 의료선교 등을 인문사회의학교육 내용과 연계시키는 것인데, 이는 행정책임자들의 관심과 협조를 받아 인문사회의학교육을 발전시키는 데 좋은 기회가 될 수 있다. 또는 연구 중심 대학을 지향하는 곳에서는 인문사회의학교육과 연구 마인드를 키우는 교육 프로그램을 연계시키는 것이 그 대학이 추구하는 목표를 달성하게 하는 방법이 될 수 있다.

2. 인문사회의학교육과 관련된 학습자원 목록을 제공한다.

인문사회의학교육에 대한 전반적인 관심과 흥미를 이끌어내기 위해서는 교수와 학생들에게 적절한 자료를 제공할 필요가 있다. 핀란드 Oslo대학University of Oslo의 경우, 16페이지 분량의 편람을 만들어서 다양한 분야의 학습 자원 목록(예: 문학작품, 박물관, 그리고 웹사이트 등)을 제공하고 있는데, 이 편람은 인문사회의학(특히 예술)에 대한 관심을 추구하고자 하는 학생들을 돕고 안내하기 위한 것이다. 이러한 활동은 깊이 있게 파고드는 수업이 아니라 오히려 의학과 예술 간의 문제에 대한 개요를 제공하는 '전채 요리appetizer'로서의 특성을 가진다. 연세의대에서도 인문사회의학 관련 도서, 영화 목록을 최신자료로 업데이트해 이를 학생과 교수들에게 배부함으로써 인문사회의학에 대한 대내외적인 관심을 고조시키고 있다. 이 내용은 본 책의 부록에 소개되어 있다.

3. 강의보다는 학생 참여를 통해 관심과 흥미를 높이는 교수법을 활용한다.

인문사회의학교육을 활성화시키기 위해서는 강의위주의 일방향적 교육보다는 소집단 토론, 역할극, 발표, 체험과 같이 가능하면 학생을 참여시키는 교수법을 채용하는 것이 효과적이다. 만약 강의가 아닌 새로운 교수법이 익숙하지 않다면, 처음에는 강의로부터 시작해 토론 등의 교육방법을 병행하다가 차츰 그 비중을 늘리는 것이 현실적이다. 이와 같은 새로운 교수법으로 교육을 시작하는 것이 처음에는 쉽지는 않지만 일단 한번 시도해보면 교수자 스스로도 흥미롭고 교육 자체를 즐기게 되는 경험을 하게 될 것이다. 그리고 설사 새로운 시도를 했으나, 그 결과가 만족스럽지 않을지라도 그러한 경험의 축적 자체가 인문사회의학교육의 가장 큰 자산이 된다는 것을 기억할 필요가 있다.

4. 대학에서 실시하는 비공식 프로그램 참석을 평가에 반영하는 방법을 찾는다.

이제 대부분의 의과대학에서 인문사회의학교육이 공식적 교육과정 속에서 활발하게 이뤄지고 있지만, 주어진 공간 내에서 특정 교수자로부터 의학과 관련된 주제의 교육을 받는 것에는 한계가 있을 수밖에 없다. 인문사회의학교육은 꽉 짜인 공식적 교육과정에서 체계적으로 실시하는 것이 아니라 다양한 주제에 대해 다양한 연사가 진행하는 강연, 세미나, 심포지엄, 이벤트와 같은 비공식적 프로그램을 통해서도 이뤄질 수 있다. 이 비공식적 프로그램에 학생들의 참여율을 높이기 위해서 비공식적 프로그램 활동을 인문사회의학교육평가에 반영하는 방식을 생각해볼 수 있다. 하지만 평가를 앞세워 참여를 권장하는 방식이 아니라 의과대학의 분위기가 학생들 스스로의 필요에 의해 이러한 활동에 참여할 수 있는 풍토가 되어야 할 것이다.

5. 인문사회의학교육을 위한 교수개발 프로그램을 개설한다.

인문사회의학교육이 안정적이고 지속적으로 유지되기 위해서는 의과대학 내에 인문사회의학교육을 할 수 있는 교수진을 모으는 것이 필요하다. 인문사회의학교육에 관심 있는 교수들을 위한 교수개발프로그램으로는 인문사회의학적 주제에 관심 있는 교수 중심 또는 전공의와 연계된 모임을 만들어 매달 흥미로운 특정 주제에 대해 발표하고 이에 대해 토론하는 방법을 고려해볼 만하다. 교수개발 프로그램 참여를 독려하기 위한 방편으로 교육에 대한 인센티브를 주는 것도 권장할 만하지만, 무엇보다 교수개발을 통해 교수 스스로도 인격적 성장을 하고 만족감과 보람을 느끼는 것이 교육 참여의 가장 큰 동기가 될 것이다.

Ⅱ. 한국 인문사회의학교육의 미래를 위한 제안

이미 인문학적 토양이 잘 마련되어 있고 인문사회의학교육의 경험이 풍부한 선진 서구 국가에서 이뤄지는 인문사회의학교육과는 달리, 우리나라 인문사회의학교육은 많은 제한점을 갖고 있는 것이 사실이다. 그러한 제한점들을 극복하고 교육이 발전해 가는 데 있어, 다음과 같은 점들을 염두에 둘 필요가 있다.

1. 인문사회의학교육은 한국 교육 전체에 대한 어려운 도전이라는 인식을 분명히 가져야 한다.

인문사회의학교육은 문자 그대로 '인문과학, 사회과학'의 토대 위에 의학을 얹어 놓는 작업이다. 즉 '인문과학적 사고', '사회과학적 사고'의 훈련이 잘 돼 있어야 정상적인 '인문사회의학'과 '인문사회의학교육'이 있을 수 있는 것이다. 그런데 한국의 초, 중, 고등학교 및 대학교육에 있어 소위 '인문학적 사고', '사회과학적 사고'를 하는 훈련은 매우 제한되어 있다. 즉 '인문학적 지식의 암기, 사회과학적 지식의 암기'에는 매우 유능하나 스스로 체계적이고 논리적으로 사고하면서 가치에 대한 고민과 결단을 성숙하게 하는 일에는 준비가 안 되어 있는 것이다. 그러므로 교수들은 의학교육에서 인문사회의학교육의 필요성을 이해하기가 어려우며, 학생들은 그것을 공부하기가 어려운 것이다. 그런 의미에서 한국 사회에서의 인문사회의학교육은 한국 교육의 구조적인 한계 속에서 시작하는 새로운 도전이다. 이러한 인식 없이 그저 '좋은 것이니까 하자' 는 정도의 막연하고 단순한 생각만으로 시작하는 인문사회의학교육은 여러 가지 많은 난관들이 발생했을 때 실망하고 쉽게 포기하게 된다.

2. 인문사회의학교육의 내용과 방법 개발을 위한 치열한 노력이 필요하다.

앞에서 언급한 바와 같이 한국에서 인문사회의학교육은 '인문학적 사회과학적 훈련이 안된 학생'들을 대상으로 하는 교육이다. 이러한 상황에서 인문사회의학교육을 시도하는 교육자들은 '무엇을 가르칠 것인가'의 고민만큼 '어떻게 가르칠 것인가'의 고민을 해야 한다. 그동안의 교육 경험을 뒤돌아보면, 결국 교육효과 및 성과, 학생들의 관심 등은 그 교육 시간에 다루는 교육 주제와 내용보다도 교육방식에 의해 더 큰 영향을 받는다는 인상이 많이 있었다. 많은 경우 인문사회의학교육 내용은 필기시험으로 평가하기 어려운 측면을 가지며, 일종의 가치관과 태도의 변화를 추구하는 교육이기에 더욱 그러하다. 따라서 인문사회의학 관련 교육자들은 인문과학이나 사회과학에서 사용되고 있는 교육 방법을 벤치마킹하는 태도를 가질 필요가 있다. 그리고 각 학교에서 개발한 프로그램들이나 경험을 학교 간 교류, 학회 등을 통해 공유할 수 있는 시스템을 만들어 발전시켜 나가야 한다.

3. 인문사회의학 교육은 의학교육의 부록이 아닌, 통합의학교육의 구성요소가 되어야 한다.

인문사회의학교육은 단순히 "친절하고 교양 있는 의사"가 되라고 교육하는 것이 아니다.

과거에는 그런 인상들이 있었기에, 가르쳐도 되고 안 가르쳐도 별 문제없는 일이라 생각했다. 그리고 가르친다 할지라도 기초의학과 임상의학을 다 가르치고 난 후에 짜투리 시간을 이용하여 가르치면 된다고 생각하는 것이 있었다. 일종의 "의학교육 부록편"으로서의 인문사회의학교육에 대한 개념이 있었던 것이다. 그러나 그것은 틀린 생각이다. 이 책의 모든 내용은 그것의 반증하고 있다. 진정한 의학교육은 기초의학과 임상의학, 그리고 인문사회의학이 가장 높고 세련된 차원에서 통합되어 가르쳐져야만 한다는 것을 이 책은 보여주고 있는 것이다. 예를 들어 암에 대한 교육에 있어 암 세포의 특성은 기초의학의 조직학, 병리학 시간에 배우고, 암의 종류와 치료는 수없이 많이 갈라진 임상 과목들에서 다 따로 배우고, 암 환자 및 그 가족들의 심리는 행동과학과 정신과학 시간에, 암 환자의 급증하는 치료비 문제는 예방의학 시간에, 암 환자에게 암이라는 사실을 사전에 어떤 방식으로 알려 줄 것인가는 의료윤리와 의료법 시간에, 만성질환자나 암환자와의 대화는 의료커뮤니케이션 수업 시간에, 암이라는 질병이 역사 속에서 사회 및 문화와 맺어온 의미는 의사학 시간에, 임종 환자와 죽음에 대한 교육은 또 다른 시간에 각각 독립적이고 별도로 가르쳐서는 학생들이 암에 대한 진정한 이해와 그에 대한 효과적인 치료, 대처는 불가능하다는 것이다. 따라서 이 모든 내용이 하나로 잘 통합되어져서 가르칠 수 있는 효과적인 통합의학교육 시스템이 만들어 지도록 전체적인 의학교육 구조를 고민하는 것이 의학교육자들에게 주어진 가장 어렵고도 중요한 과제인 동시에, 사실은 인문사회의학 교육자들에게 주어진 가장 어려운 과제일 것이다.

4. 한국의 미래 사회가 갖게 될 큰 과제들을 인문사회의학교육에 도입할 필요가 있다.

현재 의대생들이 20년 뒤에 마주쳐서 해결해야 할 한국 사회의 가장 큰 과제를 든다면, 고령화, 저출산과 인구 감소, 그리고 남북통일 등이 있을 것이다. 인문사회의학교육을 담당하는 교수님들은 이러한 주제를 교육 과정 안에 포함시키는 노력을 기울일 필요가 있다. 이 중 고령화나 인구 감소는 의사로서 비교적 익숙한 주제일 수 있으므로 여기서는 남북통일에 대하여 예를 들어 논의해 보겠다. 20년 뒤면 어떤 형태로든 한반도는 '통일과정' 속에 들어가 있으면서 그에 따른 급격한 사회 변동을 겪게 될 것이다. 따라서 의사들도 이 사회적 대변동에 맞춘 의식을 갖고 활동을 해야 할 것이고, 지금의 인문사회의학 교육은 그런 미래의 과제에 맞게 준비되어야 한다. 여기에는 남한 사람들과는 다른 의식과 문화적 배경을 갖고 있는 북한 출신 환자들을 이해하고 치료할 수 있는 능력, 개개인에 대한 치료뿐만 아니라 지역 단위의 공공위생 지원활동, 좀 더 거시적인 시각에서 보건의료영역에서의 사회적 자원과 재정의 합리적 배분, 북한출신 의료인들과의 협력 및 팀으로 일하는 방법 등이 포함될 것이다. 현재 의대생들은 한반도 역사상 가장 인문사회의학적 소양을 많이 필요로 하는 시대의 의사들로서 미래에서 활동할 것이다. 그래서 인문사회의학교육은 한국 의학교육에 매우 중요하고 절박한 주제인 것이다.

Ⅲ. 마치는 말 : 인문사회의학교육에 대한 생각의 정리

이제 이 책의 마지막에 도착했으나, 이 시점에서도 여전히 근본적인 질문이 존재한다. 그것은 바로 '인문사회의학교육은 정말 왜 필요한가?' 라는 질문이다. 앞에서 여러 가지 많은 이야기들과 정보가 나왔으나, 이런 근본적인 질문이 다시 나올 수밖에 없는 것이 현실이다. 의학교육을 위한 시간은 제한되어 있고, 대부분의 의대 교수님들은 이 주제에 대해 공감도 하지만 동시에 여전히 회의적이기 때문이다. 따라서 책을 마무리 짓는 이 시점에서 인문사회의학교육을 담당하시는 교수들의 생각을 정리하는 데 도움을 주고자 다른 각도에서 인문사회의학교육의 필요성을 다시 한번 강조하고자 한다.

1. 의사는 자기 자신을 도구로 사용해서 인간을 직접 다루는 직업이기 때문이다.

의사는 인간을 '직접' 대하고, 직접 도와야 하는 매우 특수한 직업을 가진 사람이다. 즉 의사는 자신의 지식과 기술, 얼굴 표정과 언어 구사 등을 통해 직접 환자에게 조치를 취하고 영향을 미치는 사람들인 것이다. 따라서 의사자신은 자신이 일을 하는데 가장 큰 도구이다. 이러한 의사들에게 가장 중요하게 요구되는 것은 자기 스스로 '늘 예리하고 정확한 도구'가 되도록 자기 개발과 자기 관리를 할 수 있는 능력이다. 이와 같은 자기 관리 및 개발 능력을 갖지 못한 의사는 좋은 의사가 될 수 없다.

2. 의사는 인간의 '총체적 고통' 앞에 서는 사람이기 때문이다.

의사가 대하는 인간들은 모두가 '신체적 고통'을 갖고 있는 동시에 그로 인한 사회적 좌절, 불안, 절망을 갖고 있는 사람들이다. 그리고 그들은 모두 다양한 연령, 계층, 문화 및 사회적 배경을 갖고 있는 사람들이다. 따라서 의사는 질병의 생물학적 원인과 치료 방법에 대해서만 아니라, 인간, 인간의 고통, 문화와 사회에 대해 '민감'하며 '인간에 대한 깊은 통찰력'을 갖고 있어야만 '인간의 병'이 아닌, '인간의 고통'을 치유할 수 있는 의사로서의 본질적인 역할을 제대로 수행할 수 있다. 즉 의사는 인간의 '총체적 고통'에 대한 이해와 해결 능력이 필요로 하는 것이다.

3. 의사는 팀으로 일하는 직업이기 때문이다.

현대 의학에 있어 의사는 홀로 일하는 존재가 아니라 의사는 간호사, 다양한 영역의 의료기사, 행정직원, 다른 동료 의사 그리고 무엇보다도 환자 보호자 및 환자와 협력하여 하나의 팀이 되어 일해야 하는 존재들이다. 그러므로 의사가 '팀'으로 일할 수 있는 능력을 갖고 있지 못하다면, 의사의 역할을 수행하는 데 한계에 직면할 수밖에 없다. 즉 의사는 팀으로 일하는 정신과 방법 그리고 리더십을 갖추어야 하는 존재인 것이다.

4. 의사는 가치에 대한 의사결정을 하는 직업이기 때문이다.

많은 직업이 그러하지만, 특히 의사는 매 순간 매우 복잡한 상황 속에서 무엇이 더 옳고 더 좋은 것인가에 대해 어려운 결정을 내려야 하는 사람들이다. 그 선택은 때로 매우 단순해 보이지만, 동시에 매우 어렵고 복잡한 일이다. 비싸지만 부작용이 더 줄어든 약물을 선택할지, 아니면 그에 따른 경제적 부담을 고려하여 부작용은 좀 더 있으나 값이 싼 약을 선택할지의 문제부터 회생 가능성이 없는 환자에게 언제까지 연명치료를 해야 할 것인지의 문제에 이르기까지 끊임없이 다양한 선택의 문제들과 직면하여 해결해야 하기 때문이다. 더구나 의료 기술의 새로운 발전은 새로운 가치선택의 문제들을 만들어 내고 있다. 단순히 의사 한 사람뿐 아니라 끊임없이 변화하는 사회, 다양한 사회문화적 맥락에 있는 환자, 보호자 등까지 있다는 것을 고려한다면, 이런 의사결정에 참여하게 되는 것은 의료가 만나고 있는 가장 어려운 측면 중 하나가 되는 것이다, 따라서 가치에 대한 의사결정 문제에 대한 교육과 훈련 없이 '의료기술자'만을 양성하는 것은 실제 의료 현장에서 아무런 의미를 갖지 못한다.

5. 의사는 사회가 제공하는 자원 분배 시스템 속에서 일하는 존재이기 때문이다.

의사의 의료 행위는 사회와 동떨어진 진료실 및 수술실에서 독립적으로 이뤄지는 것이 아니다. 국가와 사회는 그 국가나 사회가 갖고 있는 전체 자원 중 일부분을 보건의료 영역에 배당하며, 의사는 그 배당된 자원을 가지고 의료 행위를 하게 된다. 따라서 그 배당되는 자원이 풍부하고 합리적으로 배분된다면, 의사는 더 적극적이고 활발한 의료 활동을 할 수 있다. 그러나 만일 국가나 사회의 자원 배분이 여러 가지 이유로 왜곡되고 비합리적으로 이뤄진다면, 의사는 아무리 훌륭한 의술과 열정을 갖고 있다 하더라도 매우 제한된 진료 활동만을 하게 되는 것이다. 따라서 의사의 관심과 역할은 당연히 진료실과 수술실 너머까지 미쳐야 한다. 국가와 사회가 더 합리적이고 적절한 제도와 의식 하에서 의료에 공급되는 자원을 제공해서, 어린아이들, 임산부, 노인, 말기 암환자 등 다양한 의학적 도움을 필요로 하는 사람들이 적절한 도움을 받을 수 있도록 적극적인 사회적 노력이 필요할 것이다.

6. 의사는 내적 성찰을 해야 하는 존재이기 때문이다.

수술실 밖에서 초조하게 기다리던 가족들에게 수술복을 입은 의사가 수술실 문을 열고 나와서 이야기한다. "수술은 아주 잘 됐습니다" 그러면 가족들은 일제히 이야기한다. "감사합니다, 감사합니다" 그러나 실제로 그 수술실 안에서 어떤 수술이 어떻게 이루어졌는지는 오직 의사 자신만이 안다. 그가 정말 그 전 날, 개인적이거나 응급실의 급한 환자 사정 등으로 인하여 잠을 거의 못 자서 집중력이 떨어진 상태로 수술실에 들어 간 것이라면, 정말 최상의 신체

조건에서, 최상의 판단 하에, 최상의 노력을 다했는지, 그래서 그 중간 단계에서 눈에 보이지 않는 실수가 없었는지, 모든 수술 내용이 얼마나 적절하고, 정확하고, 세심하게 이뤄졌는지 등에 대해서는 수술 받은 환자도, 가족도, 다른 의사들도 모르고 오직 의사 한 사람만 알고 있는 것이다. 그만큼 의사가 환자에게 시행하는 모든 의료 행위는 철저히 일 대 일로 비밀스럽게 이뤄진다. 그래서 의사는 자신의 의료 행위를 진정으로 평가할 수 있는 유일한 존재이다. 즉 의사는 자기 스스로를 돌아보는 내적 성찰의 책임을 스스로 갖고 있는 존재라는 것이다. 내적 성찰과 자기관리의 능력을 의사 스스로 갖고 있지 못하다면, 모든 환자와 보호자들 그리고 사회는 의료를 더 이상 신뢰할 수 없는 어려움에 직면할 수밖에 없을 것이다.

지금도 우리나라의 가장 우수한 젊은이들이 의과대학과 의전원에 지원을 하고 있다. 인간의 생명을 다루는 이 엄숙한 영역에 우수한 학생들이 들어오는 것은 정말 좋은 일이다. 그러나 그들의 관심사가 경제적 안정, 사회적 존경, 연장된 노후 기간에 까지 전문인으로서 살아갈 수 있는 것 정도의 수준에 머무른다면, 의사로서의 그들의 삶은 그다지 만족스럽지도, 행복하지도 않을 가능성이 크다. 오히려 타 직종에 비하여 경제적 불이익이 있을 수 있고, 사회적으로 뜻밖에 3D 업종의 일을 하는 사람처럼 될 수도 있으나, 이것이 인간을 만나고, 인간의 고통을 정면으로 다루는 의미 있고 아름다운 일이기에 이것을 선택하였다는 의식이 확고할 때만 의사라는 직업의 선택이 만족스럽고 행복할 것이다. 그런 의식을 만들어 가는 과정, 그것이 인문사회의학교육이라면, 인문사회의학은 의사와 환자, 보호자의 행복을 위하여 존재하는 것이라 결론지어도 좋을 것이다.

참고문헌

김상현 (2007). 의과대학생들의 진로지도와 진로선택. 연세의학교육, 9(2), 29~40.

김상현 (2007). 의학교육과 프로페셔널리즘. 연세의학교육, 9(2), 85~86.

김석호 · 김승호 · 박선아 · 서덕준 · 신좌섭 · 안덕선 · 양은배 · 조영주 · 채규태 (2007). 인문사회의학교육과정 개발 연구. 한국의과대학장 협의회.

노용균 (2009). '의료커뮤니케이션 교육 현황: 의과대학/의학전문대학원 중심으로', 대한의료커뮤니케이션학회 2009년 봄철학술대회 자료집.

맹광호 (1998). 의과대학에서의 윤리교육 – 왜, 그리고 무엇을 어떻게– . 의료윤리교육, 1, 1~10.

맹광호 (2007). 우리나라 의과대학에서의 인문사회의학교육: 과제와 전망. 한국의학교육, 19(1), 5~11.

성태제 · 강이철 · 곽덕주 · 김계현 · 김천기 · 김혜숙 · 봉미미 · 유재봉 · 이윤미 · 이윤식 · 임 웅 · 한숭희 · 홍후조 (2007). 최신 교육학 개론. 학지사.

안정희 · 권복규 · 이순남 · 한재진 · 정재은 (2008). 우리나라 의과대학/의학전문대학원의 인문사회의학 교과목. 한국의학교육, 20(2), 133~144.

양은배 (2008). 의사– 환자간 의사소통기술 교육 프로그램 개발 및 효과연구. 연구보고서

이영미 · 안덕선 (2007). '좋은 의사'의 특성규명을 위한 기초연구. 한국의학교육, 19(4), 313~323.

전우택(2010). 인문사회의학 교육과정 개선을 위한 제언. 의학교육논단 12(1):29~37

전우택 · 양은배 (2003). 인문사회의학과 의학교육의 미래. 연세대학교 출판부.

한국의과대학장협의회 (2000). 21세기 한국의학교육 계획: 21세기 한국 의사상.

한국의학교육평가원 (2007). 한국의과대학자체평가연구지침.

ABIM, ACP-ASIM, EFIM (2002) (Members of the medical professionalism project; ABIM Foundation, ACP-ASIM Foundation, European Federation of Internal Medicine). Medical professionalism in the new millennium: A physician charter. Ann Int Med, 136, 243~246.

Accreditation Council for Graduate Medical Education(1999). ACGME Outcome Project.

Acuna, L.E.(2003). Teaching Humanities at the National University of La Plata, Argentina. Academic Medicine, 78, 1024~1027.

Ahlzen, R., & Stolt, C.M.(2003). The Humanistic Medicine Program at the Karolinska Institute, Stockholm, Sweden. Academic Medicine, 78, 1036 ~1038.

Ahlzen, R., & Stolt, C.M.(2003). The Humanistic Medicine Program at the Karolinska Institute, Stockholm, Sweden. Academic Medicine, 78, 1039 ~1042.

Anderson M.B., Cohen J.J., Hallock J.E., Kassebaum D.G., Turnbull J., Whitcomb M.(1999). Learning objectives for medical student education-guidelines for medical schools. Report I of the Medical Schools objectives project. Acad med, 74, 13~18.

Association of American Medical Colleges.(1984). Physicians for the twenty first century. Washington D.C.: The GPEP report.

Association of American Medical Colleges.(2003). A Flag in the Wind: Education for professionalism in Medicine.

Balint, M.(1957). The Doctor, His Patient, and the Illness. New York: International University Press.

Ben-Sira, Z.(1976). The function of the professional's affective behavior in client satisfaction: a revised approach to social interaction theory. J health Soc Behav, 17(1), 3~11.

Ben-Sira, Z.(1980). Affective and instrumental components in the physician-patient relationship: an additional dimension of interaction theory. J health Soc Behav, 21(2), 170-80.

Bonebakker, V.(2003). Literature &Medicine: Humanities at the Heart of Health Care: A Hospital-Based Reading and Discussion Program Developed by the Maine Humanities Council. Academic Medicine, 78, 963~967.

British Medical Council(1998). Good medical practice: protecting patient, guiding doctors. London, British Medical Council.

Canadian Medical Association.(2001). Series of Health Care Discussion Papers. Professionalism in Medicine.

Coulehan, J., Belling, C., Williams, P.C., Van McCrary, S., Vetrano, M.(2003). Human Contexts: Medicine in Society at Stony Brook University School of Medicine. Academic Medicine, 78, 987~992.

Coulehan, J.(2005). Today's professionalism: engaging the mind but not the heart. Acad med, 80(10), 892~898.

Fatovic-Ferencic, S.(2003). The History of Medicine Teaching Program in Croatia. Academic Medicine, 78, 1028~1030.

Freidson, E.(1970). Professional dominance. Chicago: Aldine.

Frich, J.C., & Fugelli, P.(2003). Medicine and the Arts in the Undergraduate Medical Curriculum at the University of Oslo Faculty of Medicine, Oslo, Norway. Academic Medicine, 78, 1036~1038.

Fried, C., Madar, S., Donley, C.(2003). The Biomedical Humanities Program: Merging Humanities and Science in a Premedical Curriculum at Hiram College. Academic Medicine, 78, 993~996.

General Medical Council.(2006). Good Medical Practice. GMC

General Medical Council.(2009) The New Doctor. GMC.

General Medical Council.(2009) Tomorrow's Doctors. GMC.

Goldie. (2000). Review of ethics curricula in undergraduate medical education. Med Educ, 34, 108~119.

Harden, R.M., Sowden, S., Dunn, W.R.(1984). Educational strategies in curriculum development: the SPICES model. Med Educ, 18, 284~297.

Haug, M.R., & Lavin, B.(1981). Practitioner or Patient-Who's in Charge. J health Soc Behav, 22, 212~229.

Hawkins, A.H., Ballard, J.O., Hufford, D.J.(2003). Humanities Education at Pennsylvania State University College of Medicine, Hershey, Pennsylvania. Academic Medicine, 78, 1001~1005.

Hudson, J.A., & Carson, R.A.(2003). Medical Humanities at the University of Texas Medical Branch at Galveston. Academic Medicine, 78, 1006~1009.

Jones, T., & Verghese, A.(2003). On Becoming a Humanities Curriculum: The Center for Medical Humanities and Ethics at the University of Texas Health Science Center at San Antonio. Academic Medicine, 78, 1010~1014.

Judith, A., Howard, B., Leonard, F., Clayton, L.T., Tomlinson, T.(2003). Ethics, Professionalism, and Humanities at Michigan State University College of Human Medicine. Academic Medicine, 78, 968~972.

Kiessling, C., Muller, T., Becker-Witt, C., Begenau, J., Prinz, V., Schleiermacher, S.(2003). A Medical Humanities Special Study Module on Principles of Medical Theory and Practice at the Charite, Humboldt University, Berlin, Germany. Academic Medicine, 78, 1031~1035.

Kirklin, D.(2003). The Centre for Medical Humanities, Royal Free and University College Medical School, London. Academic Medicine, 78, 1048~1053.

Krackov, S.K., Levin, R.I., Catanese, V., Rey, M., Aull, F., Blagev, D., Dreyer, B., Grieco, A.J., Hebert, C., Kalet, A., Lipkin, M.(2003). Lowenstein J, Ofri D, Stevens D. Medical Humanities at New York University School of Medicine: An Array of Rich Programs in Diverse Settings. Academic Medicine, 78, 977~982.

Louis-Courvoisier, M.(2003). Medical Humanities: A New Undergraduate Teaching Program at the University of Geneva School of Medicine, Switzerland. Academic Medicine, 78, 1043~1047.

Magwood, B., Casiro, O., Hennen, B.(2003). The Medical Humanities Program at the University of Manitoba, Winnipeg, Manitoba, Canada. Academic Medicine, 78, 1015~1019.

McKinlay.(1975). Who is really ignorant-physician or patient?. J health Soc Behav, 16(1), 3~11.

Montgomery, K., Chambers, T., Reifler, D.R.(2003). Humanities Education at Northwestern University's Feinberg School of Medicine. Academic Medicine, 78, 958~962.

Murray, J.(2003). Development of a Medical Humanities Program at Dalhousie University Faculty of Medicine, Nova Scotia, Canada, 1992~2003. Academic Medicine, 78, 1020~1023.

National Board of Medical Examiners and the Association of American Medical Colleges(2002). Embedding professionalism in medical education: Assessment as a tool for implementation, Baltimore, May 15~17.

Ong, L.M.L., De Haes, J.C.J.M., Hoos, A.M., Lammes, F.B.(1995). Doctor-Patient Communication: A Review of the Levirature Social Science and Medicine. 40(7), 903~918.

Parsons, T.(1975). The sick role and of physician reconsidered. Milbank Memorial Fund Quarterly, 53, 257~278.

Royal College of Physicians and Surgeons of Canada.(1996). Skills for the new millennium: report of the societal needs working group CanMEDS 2000 Project. Canadian medical education directions for specialists 2000 project. Ann RSPSC, 29, 206~261.

Royal College of Physicians.(2005). Doctors in Society Medical professionalism in Changing World.

Sapiro, J., & Rucker, L.(2003). Can Poetry Make Better Doctors? Teaching the Humanities and Arts to Medical Students and Residents at the University of California, Irvine, College of Medicine. Academic Medicine, 78, 192~198.

Segall, A., & Burnett, M.(1980). Patient evaluation of physician role performance. Soc Sci Med Med Psychol Med Social, 14A(4), 269~278.

Sirridge, M., & Welch, K.(2003). The Program in Medical Humanities at the University of Missouri-Kansas City School of Medicine. Academic Medicine, 78, 973~976.

Spike, J.P.(2003). Developing a Medical Humanities Concentration in the Medical Curriculum at the University of Rochester School of Medicine and Dentistry. Academic Medicine, 78, 983~986.

Swick H. M.(2000). Toward a normative definition of medical professionalism. Acd Med, 75, 612~616.

Szasz, T., & Hollander, M.H.(1956). A Contribution to the philosophy of medicine: The basic models of the doctor-patient relationship. Journal of the American Medical Association, 97, 585~588.

Tyler, R.W.(1949). Basic Principles of Curriculum. San Diego: HBJ.

Van De Camp, K., Vernooij-Dassen, M.J.F.J., Grol, R.P.T.M., Bottema, B.J.A.M.(2004). How to conceptualize professionalism: a qualitative study. Medical Teacher, 26, 696~702.

Wear, D.(2003). The Medical Humanities at the Northeastern Ohio Universities College of Medicine: Historical, Theoretical, and Curricular Perspectives. Academic Medicine, 78, 997~1000.

Wensing, M., Jung, H.P., Olesen, F., Grol, R.(1998). A systematic review of the literature on patient priorities for the research domain. Soc Sci Med, 47, 1573~1588.

World Health Organization.(1996). Doctors for health: a WHO global strategy for changing medical education and medical practice for health for all.

부록

부록 01.
인문사회의학 관련 문헌 목록

1. 국내 문헌

강신익 (2004). 한국의 문화전통과 의료전문직 윤리. 한국의료윤리교육학회
지, 7(2): 151~166.

강신익 외 (2004). 의료의 문화사회학. 진영문화사

강신익 (2007). 몸의 역사. 살림.

강신익 · 신동원 · 여인석 · 황상익 (2007). 의학 오딧세이: 인간의 몸, 과학
을 만나다. 역사비평사.

강은희 (2006). 연구윤리교육에 대한 생명과학 연구자들의 의견 및 요구. 한
국의료윤리학회지, 9(2): 187~202.

고광욱 · 김정민 · 김윤지 · 이용환 · 유병철 · 전만중 (2007). 성인학습원리
기반 웍샵에 의한 사회의학 교육평가의 시도. 고신대학교 의과대학
학술지, 22(2): 24~28.

고트프리트 벤 외 (2008). 김용민 외 옮김. 의학은 나의 아내, 문학은 나의 애
인. 알음.

교육인적자원부 (2001). 전문직 인적자원개발 중장기 계획 정책연구.

교육인적자원부 (2006, 2007) 미래의 직업세계 : 직업편.

구영모 엮음 (2004). 생명의료윤리. 동녘.

구영모·이정훈·권복규·김상득 (2000). 인터넷 가상강좌 〈생명의료윤리〉 운영의 경험과 교훈. 한국의학교육, 12(1): 81~90.

권복규 (2006). 우리나라 의료윤리교육에 대한 비판적 고찰. 한국의료윤리학회지, 9(1): 60~72.

권복규·구영모 (2002). 인터넷을 활용한 인턴 대상 의료윤리교육경험. 한국의료윤리학회지, 5(2): 2~4.

권복규·장두이 (2002). 의료윤리교육에 있어서 역할극의 활용. 한국의료윤리학회지, 5(1): 4~10.

권상옥 (2005). 의료 인문학의 개념과 의학 교육에서의 역할. 한국의학교육, 17(3): 217~223.

그루프먼, 제롬 (2007). 이문희 역. 닥터스 씽킹. 해냄 출판사.

김기홍 (2009). 광우병 논쟁. 해나무.

김대군 (2006). 현대인의 전문직업윤리. 철학과 현실사.

김동구 (1999). 미래의학(기초의학)의 전망. 연세대학교 의과대학 학생지도위원회 세미나 발표자료.

김민철 (2003). 의료, 세계관이 결정한다. 한국누가회 출판부. (CMP)

김상현 (2007). 의과대학생들의 진로지도와 진로선택. 연세의학교육, 9(2): 29~40.

김상현 (2007). 의학교육과 프로페셔널리즘. 연세의학교육, 9(2): 85~86.

김용일 (2000). 사례로 배우는 의학교육. 서울대출판부.

김석호 · 김승호 · 박선아 · 서덕준 · 신좌섭 · 안덕선 · 양은배 · 조영주 · 채규태 (2007). 인문사회의학교육과정 개발 연구. 한국의과대학장협의회.

김석화 (2007). 인문사회의학교육과정 개발연구. 한국의과대학장협의회.

김 선 (2001). 외국의 사회의학 교육과정. 연세의학교육, 3(2): 23~34.

김 선 · 이수정 · 최창진 · 허예라 (2006). 의예과 학생들의 의사소통 교육효과. 한국의학교육, 18(2): 171~182.

김선현 · 김소연 · 이윤정 · 손명세 (2004). 의사의 법적 의무에 대한 지식도 및 의료법 교육 필요성에 대한 태도. 관동의대 학술지, 8(1): 35~45.

김성수 · 박병규 · 장철훈 · 김해규 · 강신영 · 백승완 (2008). 의료윤리교육의 효과 평가. 한국의학교육, 20(1): 73~83.

김수연 · 최윤선 · 김대균 · 김선미 · 김수현 · 안덕선 · 이영미. 의예과 학생을 대상으로 시행한 봉사학습의 교육적 효과. 가정의학회지, 29(11): 167~171.

김승열 (2003). 침묵하는 의사 절규하는 환자. IPI 커뮤니케이션즈.

김양희 · 양정희 · 안성연 · 송서영 · 노혜린 (2009). 진료실습전 훈련 방법과 기간에 따른 의학과 학생의 의사소통능력의 향상. 한국의학교육, 21(1): 3~16.

김영인 (2006). 직업과 윤리. 한국방송대학교출판부

김옥주 (2002). 미국 의과대학의 의료윤리교육 현황. 한국의학교육, 14(2): 195~202.

김옥주 (2003). 의과대학 윤리 교육의 현황과 개선점. 통합연구, 16(1): 103~133.

김옥주 · 구영모 · 황상익 (1999). 하버드 의과대학의 의료윤리교육. 한국의료윤리학회지, 2(1): 1~25.

김옥주·류인균·장기현 (2004). 서울대학교 의과대학의 의료윤리 교육 경험. 생명윤리, 5(2): 17~26.

김옥주·소연희·이영미·안덕선 (2002). 사례중심학습법을 도입한 의료윤리교육 경험. 한국의학교육, 14(2): 175~184.

김용일 (1996). 의학교육산책. 서울대 출판부

김은주 (2007). 보건의료 커뮤니케이션. 보문각.

김익중·성낙진·정기훈·배근량·박건욱·김종필·김도균·홍성훈 (2005). DIT검사로 평가한 의료윤리 교육의 효과-D대학 의과대학생을 중심으로. 한국의료윤리학회지, 8(2): 95~104.

김일순·손명세·김상득 (1999). 의료윤리의 네 원칙. 계축문화사.

김정선 (2002). 의과대학생들의 전문직업성 및 사회에 대한 인식: 의학교육 개선 방안을 위한 연구. 보건과 사회과학, 11: 85~114.

김정화·이경원 (2000). 우리의 의학교육은 왜 변화하지 않는가. 한국사회학, 34(1), 109~134.

김종은 (1974). 사회의학. 한국가톨릭의사협회지, 4(1): 13~18.

김지영·최승현·한상환·전 교·김대성·김미연·이 언·고창순 (2000). 딜레마 토론을 활용한 의과대학 윤리교육 프로그램의 개발 및 적용. 한국의학교육, 12(1): 53~63.

김진경 (2007). 의료윤리교육 방법론으로서 의사소통 행위이론의 가능성 모색:J. Habermas를 중심으로. 한국의료윤리학회지, 10(1): 33~48.

김하원·고희선·이무송·남주현·김원동·이재담 (2003). 우리나라 의학교육에서의 인문사회의학. 한국의료윤리학회지, 6(1): 97~110.

깡귀엠, 조르주 (2010). 여인석 옮김. 생명과학의 역사에 나타난 이데올로기와 합리성. 아카넷.

노용균 (2009). '의료커뮤니케이션 교육 현황: 의과대학/의학전문대학원 중심으로' 대한의료커뮤니케이션학회 2009년 봄철학술대회 자료집.

노혜린·김자경·황종윤·박승배·이상욱 (2009). 의료윤리 능력 평가로서의 객관구조화 구술시험 개발 경험. 한국의학교육, 21(1): 23~33.

겐이치, 오마에 (2008). 프로페셔널의 4가지 조건. 랜덤하우스 코리아.

대통령자문새교육공동체위원회 (1999). (의학교육제도 개선을 위한)학사후 의학교육 제도 모형 개발 및 실행 방안 : 공청회 자료.

데이비드 우튼 (2007). 윤미경 역. 의학의 진실. 마티.

도미니크 르쿠르 (2005). 권순만 역. 인간복제논쟁. 지식의 풍경.

래난 길론 (2005). 의료윤리(Philosophical Medical Ethics). 박상혁 옮김. 아카넷.

래터, R.(1990). 보건과 사회연구회 옮김. 인간과 의학. 나라사랑

레프 톨스토이 (2005). 고일 옮김. 이반 일리치의 죽음. 작가정신.

로버트 커슨 (2008). 김희진 옮김. 기꺼이 길을 잃어라. 열음사.

로이 포터 (2010). 여인석 옮김. 의학: 놀라운 치유의 역사: 고대의학에서 현대의학까지 동양의학에서 서양의학까지. 네모북스.

로널드 드워킨 (2008). 박경신·김지미 역. 생명의 지배영역. 이화여자대학교 생명의료법 연구구소.

루스토노, 소보 (2002). 김정선 옮김. 건강질병의료의 문화분석(The Cultural Context of Health, Illness, and Medicine). 한울아카데미.

건더맨, R. (2009). 기창원·김경지 옮김. 의학교육의 새로운 방향. 성균관대출판부.

로렌스 A, 사벳 (2002). 차가운 의학, 따뜻한 의사(The Human Side of Medicine), 박재영 역. 청년의사

린 페이어 (2004). 이미애 옮김. 의학, 과학인가 문화인가(Medicine Culture-Varieties of Treatment in the United States, England, West Germany, and France). 몸과 마음.

마이클 S. 가자니가 (2009). 김효은 옮기. 윤리적 뇌. 바다출판사.

마종기 (2004). 의학과 문학. 문학과 지성사

맹광호 (1998). 의과대학에서의 윤리교육 – 왜, 그리고 무엇을 어떻게– . 의료윤리교육, 1, 1~10.

맹광호 (1999). 가톨릭과 생명의료윤리 교육. 한국의료윤리학회지, 2(1), 107~122.

맹광호 (2003). 한국의과대학에서의 의료윤리 교육현황 분석. 한국의료윤리학회지, 6(1), 1~14.

맹광호 (2007). 우리나라 의과대학에서의 인문사회의학교육: 과제와 전망. 한국의학교육, 19(1), 5~11.

맹광호 (2008). 한국에서의 '의학전문직업성' 교육: 과제와 전망. 한국의학교육, 20(1), 3~10.

메리 로취 (2004). 권루시안 옮김. 스티프– 죽음 이후의 새로운 삶. 파라북스.

문국진 (1993). 의료 인간학. 청림출판.

문창진 (1997). 보건의료사회학. 신광출판사.

민성길 (2001). 21세기 의학교육의 도전: 인문교육과 태도학습을 중심으로. 의학행동과학, 1(1), 67~84.

박상형 · 고윤석 (2007). 한 대학병원에 근무하는 전공의들의 의료윤리 교육에 관한 경험 및 인식도 조사. 한국의료윤리학회지, 10(2), 109~116.

박용익 (2006). 의료커뮤니케이션 능력 향상을 위한 개론서의 필요성과 내용 및 연구방법론. 의료커뮤니케이션, 1(1), 7~17.

박은경 · 안규리 · 신좌섭 · 권복규 · 성명훈 (2002). 토론회를 활용한 의료윤리 교육: 서울의대의 경험. 한국의료윤리학회지, 5(2), 5~10.

박장호 외 (2003). 직업윤리와 자기개발. 서울과학사.

박재영 (2002). 문학 속의 의학. 청년의사.

박재영 (2002). 한국의료, 모든 변화는 진보다. 청년의사

박재영 (2006). 차라리 밥공장을 지어라. 청년의사

박재형 외 (2003). 북한의 의학교육. 서울대출판부

박정한 (1989). 한국의 의학교육. 한국의학교육, 1(2), 62~69.

박정한 (1999). 의과대학생의 의학교육 및 의료에 대한 의식 조사 보고서.

박주현 (2008). 미국 교육제도와 한국적 수용: 미국의 의학교육. 미국학, 31(2), 89~116.

반덕진 (2006). 히포크라테스 선서. 사이언스 북스.

뱅상, 장 디디에 (2002). 이자경 옮김. 생물학적 인간, 철학적 인간. 푸른 숲.

보건복지부 (1999). 의학교육성과의 평가시스템 개발에 관한 연구. 제 1차년도 최종보고서(development of computer-based examination system for medical students).

브라이언 버드 (2007). 이무석 옮김. 환자와의 대화. 도서출판 이유.

사라 네틀턴 (1997). 조효제 옮김. 건강과 질병의 사회학(The Sociology of Health and Illness). 한울 아카데미.

서울대학교 (2005). 임상윤리학 : 의료윤리 교육을 위한 접근. 서울대출판부

세계보건기구 (1999). 의학교육의 새로운 방향. 서울대 의료관리학 교실 옮김. 한울

손택, 수전 (2002). 이재원 옮김. 은유로서의 질병. 이후.

손명세 (2003). 별, 아직 끝나지 않은 기쁨: 의사의 프로페셔널리즘과 정책. 제 14차 의학교육합동 학술대회 자료집.

손현준·손미연·이윤미·류화신·정세근 (2008). 이타적 치료자로서의 의료전문성 교육. 충북의대 학술지, 18(2), 510~520.

송서영·노혜린(2008). 윤리적 딜레마 상황에서의 임상수행평가 시행 경험. 한국의학교육, 20(2), 155~162.

스티브 H. 마일스 (2006). 배반당한 히포크라테스 선서 (Betrayed Oath). 이화영 역. 백산서당

시몬느 드 보부아르 (2001). 함유선 역. 편안한 죽음. 아침나라

신규환 (2006). 질병의 사회사. 살림.

신선경 (2006). 의과대학생을 위한 글쓰기 교육의 필요성과 방향. 작문연구, 2, 61~84.

실, 클라이브 (2009). 유동주 역. 미디어와 건강 – 미디어에 비친 건강과 질병을 진단하다. 한울.

아더 카플란 (2007). 김원중 옮김. 똑똑한 쥐, 멍청한 인간. 늘봄.

아툴 가완디 (2007). 곽미경 옮김. 닥터, 좋은 의사를 말하다. 동녘 사이언스.

안정희·권복규·이순남·한재진·정재은 (2008). 우리나라 의과대학/의학전문대학원의 인문사회의학 교과목. 한국의학교육, 20(2), 133~144.

알랜 래들리 (2004). 조병희·전신현 역. 질병의 사회심리학. 나남출판.

양은배 (2008). 환자– 의사간 의사소통 기술 교육에 대한 고찰. 한국의학교육, 20(2), 99~107.

여인석 (2007). 의학사상사. 살림.

에드워드 골럽 (2000). 의학의 과학적 한계(The Limits of Medicine). 몸과마음.

워터 슬랙 (2000). 김주한·김현의 옮김. 사이버 닥터. 학지사.

월프, 헨릭 외 (2007). 이종찬 역. 의철학의 개념과 이해. 아르케.

유선미 (1999). 의학교육에서 의료정보학의 응용. 가정의학회지, 20(1), 23 ~33.

유승흠 (2006). 의료대화기법 교육. 한국의학원.

유승흠 (2007). (우리나라) 의학의 선구자. 제 1집.

유호종 (2002). 의료문제에 대한 윤리와 법의 통합적 접근 : 의료법윤리학 서설. 동림사

윤혜상 (2006). (의료환경에서의) 의사소통 및 인간관계. 청구문화사

루쉰 외 (2008). 의학은 나의 아내, 문학은 나의 애인, 의학과 문학이 빚어낸 풍경들. 알음.

에드워드 쇼터(2009). 최보문 역. 정신의학의 역사. 바다출판사.

예병일 (1999). 의학사의 숨은 이야기. 한울.

이명희 (2002). 의학면담에서 환자 이해와 의사소통 기술. 부산의사회지, 38(6), 15~25.

이무상 (2001). 의과대학장과 리더십. 연세대학교출판부

이무상 (2008). 미래사회와 의학교육. 효일

이반 일리히 (1993). 박홍규 역. 병원이 병을 만든다(Medical Nemesis; The Exproritian of Health). 형성사.

이병국 (2000). 임상수행평가의 세계적 추세에 따른 표준화환자 프로그램의 토착화 방안 연구. 한국의학교육, 12(2), 377~392.

이병훈 (2003). 문학과 논리와 생명윤리. 연세의학교육, 5(1), 35~36.

이병훈 (2003). 의과대학의 문학교육을 보는 몇 가지 시각. 한국의학교육, 15(3), 187~194.

이부영 (1994). 의학개론 I, II, III. 서울대학교출판부

이상돈 (2004). 의료체계와 법 – 의료보험, 의약분업, 의료분쟁해결의 법철학적 성찰. 고려대 출판부.

이상돈 (2004). 치료중단과 형사책임 : 의료와 법의 합리적 소통과 책임 귀속. 법문사.

이성락 (2000). 인문학 교육이 왜 의학교육에 필요한가. 인문연구, 38, 27~32.

이영미 (2003). 문학과 의학교육. 연세의학교육, 5(1), 29~33.

이영미 (2003). 문학은 의학교육에서 어떤 역할을 할 수 있는가?. 한국의학교육, 2, 83~90.

이영미 · 김형규 (2000). 고려대학교 의과대학 교과과정 변천에 관한 고찰. 한국의학교육, 12(2), 181~189.

이영미 · 안덕선 (2007). '좋은 의사'의 특성 규명을 위한 기초연구. 한국의학교육, 19(4), 313~323.

이영미 · 오연재 · 안덕선 · 윤석민 (2007). 의학과 학생을 위한 커뮤니케이션 교육과정 시행 경험. 한국의학교육, 19(2), 171~175.

이영미 · 이영희 (2003). 문학은 의학교육에서 어떤 역할을 할 수 있는가. 한국의학교육, 15(2), 83~90.

이영훈 (2006). 의료커뮤니케이션 교육을 위한 수사학적 기본 지식. 의료커뮤니케이션, 1(1), 46~51.

이영희 · 이영미 · 김병수 (2008). 의예과 학생의 성격특성과 의사소통 능력 및 수업태도의 관계. 한국의학교육, 20(3), 177~187.

이은설 · 송미숙 · 임기영 · 이호영 (1995). 의료윤리 교육을 위한 새로운 접근. 한국의학교육, 7(1), 59~65.

이재담 (2000). 의학의 역사. 광연제.

이재열·전은석·박훈기·이정권 (2000). 의과대학생의 환자면담에서 관찰된 면담 기술. 가정의학회지, 21(4), 471~478.

이정구·박근환 (2005). 의예과 의학영어시간을 활용한 의료윤리교육의 효용성. 한국의료윤리학회지, 8(1), 73~83.

이정구·정유석·장용주·정필섭·정필상·박일환 (1999). 의료윤리를 의학영어 시간에. 한국의학교육, 11(1), 99~106.

이정권 (1999). 의과대학생의 첫 환자 면담 경험: 의학면담 교육에 미치는 영향. 가정의학회지, 20(12), 1721~1731.

이정권·이수영·함상근 (1994). 의과대학 학생과 전공의의 의료 윤리에 대한 이해도. 가정의학회지, 15(11), 1016~1016.

이정권·이수영·함상근 (1994). 의과대학 학생과 전공의의 의료 윤리에 대한 이해도. 한국의학교육, 6(2), 78~83.

이종찬 (1995). 서양의학과 보건의 역사. 명경.

이종찬 (2000). 한국에서 의를 논한다. 소나무.

이종찬 (2002). 의학과 한의학 분야에서의 인문학의 역할 증진을 위한 정책 방안.

이종찬 (2003). 의료정책의 콘텐츠로서의 醫文化 연구의 역할과 방향.

이주열 (1998). 보건분야에서의 윤리교육. 한국보건교육학회지, 15(1), 67~78.

인제대학교 인문의학연구소 (2008). 인문의학 : 고통! 사람과 세상을 만나다. 휴머니스트

인제대학교 인문의학연구소 (2009). 인문의학 : 인문의 창으로 본 건강. 휴머니스트

인제대학교 인문의학연구소 (2009). 인문의학 : 21세기 한국사회와 몸의 생태학. 휴머니스트

일본 도쿄여자의대 휴먼릴레이션 위원회 (2006). 성공하는 의사의 휴먼릴레이션.

일본의사회 편집 (1971). 일본의사회 의학강좌(日本醫師會 醫學講座).

일본의학교육학회(소). 의학교육 원리.

임효덕 (2001). 사회의학 교육과정의 적용사례. 연세의학교육, 3(2), 15~22.

자크 르 고프, 장 샤를 수르니아 편 (2000). 장석훈 옮김. 고통받는 몸의 역사 (Les Maladies ont une histoire). 지호.

장동민 (2009). 사상의학 바로 알기. 살림.

장성훈 · 이건세 · 이원진 · 김청식 (1998). 우리나라 의과대학의 교육목적 및 교육목표 추이. 한국의학교육, 10(1), 11~20.

전기홍 · 송미숙 (1997). 의료윤리 교과목에 대한 평가와 개선을 위한 의견조사. 한국의학교육, 9(2), 129~137.

전세일 · 전홍준 · 오홍근 엮음 (2000). 새로운 의학, 새로운 삶. 창작과 비평사.

전우택 (1999). 사회의학 연구방법론 : 연구설계와 질적 연구를 중심으로. 연세대출판부.

전우택 (2001). 사회의학. 연세의학교육, 3(2), 1~13.

전우택 (2003). 의과대학(UME)에서의 프로페셔널리즘 교육. 제 14차 의학교육합동 학술대회 자료집.

전우택 · 김 선 · 양은배 (2001). 사회의학 교육과정 개발 연구. 한국의학교육, 13(2), 201~212.

전우택 · 성명훈 · 천병철 엮음 (2002). 의료의 문화사회학. 몸과 마음.

전우택 · 양은배 (2003). 인문사회의학과 의학교육의 미래. 연세대학교 출판부.

전우택 · 양은배 · 김은경 (2006). 예비의사를 위한 전공선택 가이드 북. 군자출판사.

전우택 · 이재담 · 이자경 · 허정아 · 나군호 · 이일학 · 김재진 · 안덕선 · 임정택 (2009). 의학적 상상력, 의학의 미래를 열다. 연세대학교 미디어아트연구소 인문한국사업단.

전우택 외 (2010). 의학적 상상력의 힘. 21세기북스

정경균 · 강희숙 · 김광기 · 김대희 · 김상현 · 김정희 · 문재우 · 문창진 · 장세진 · 조병희 · 최병목 · 최찬호 (2004). 보건사회학 강좌. 신광출판사.

정경균 · 김영기 · 문창진 · 조병희 · 김정선 (1998). 보건사회학. 서울대 출판부.

정명현 · 신좌섭 · 김은경 · 이승희 (2008). 의사국시 필기시험에 인문사회의학 관련 문항 추가의 타당도에 대한 인식도 조사. (재)한국의학교육평가원.

정유석 (2003). 의사의 프로페셔널리즘과 진료자율권. 제 14차 의학교육합동 학술대회 자료집.

정유석 (2007). 북미 의료윤리교육의 현황 및 반성. 한국의료윤리학회지, 10(1), 9~22.

정유석 (2007). 한국 가정의학과 윤리 교육 수련목표의 개발. 가정의학회지, 28(3), 167~172.

정유석 · 권복규 · 장기현 · 김옥주 · 고윤석 · 임기영 · 이일학 · 박재현 · 손명세 (2008). 전공의를 위한 의료윤리 교육목표의 개발. 한국의료윤리학회지, 11(2), 183~190.

정유석 · 박석건 (2000). 새롭게 시작하는 의료윤리 교육: 윤리교육 교육경험과 교육 전후의 가치관의 변화. 한국의학교육, 12(1), 97~105.

정철운 (2004). 우리나라 의과대학의 의학직업전문성 교육현황. 한국의학교육 16(3): 259~267.

제이콥 브로노프스키 (2007). 김용준 옮김. 인간을 묻는다. 개마고원.

조르쥬 깡길렘 (1996). 여인석 옮김. 정상적인 것과 병리적인 것. 인간사랑.

조병희 (1994). 한국의사의 위기와 생존전략. 명경.

조병희 (2000). 의료문제의 사회학 : 한국의료체계의 모순과 개혁. 도서출판 태일사.

조병희 (2006). 질병과 의료의 사회학. 집문당.

최경석 (2004). 의료윤리 교육과 비판적 사고. 한국의료윤리학회지, 7(2), 232~246.

최경석 (2007). 의료윤리와 전문직 교육: 교육현황과 철학의 역할. 인간연구, 12, 1~16.

최규진 · 최은경 · 김옥주 · 김수연 · 박재형 · 홍정화 · 이기헌 (2008). 의료 윤리교육을 위한 동료 의료인 간 갈등에 대한 연구. 생명윤리, 9(2), 17~34.

최보문(2003). 의료인류학. (삭제)

최은경 · 장기현 · 김수연 · 권복규 · 김옥주 (2006). 우리나라 의료윤리교육 의 현황과 발전방향: 누가 무엇을 가르치고 평가할 것인가. 한국의 료윤리학회지, 9(1), 44~59.

최창진 · 김정민 · 박용규 (2004). 임상실습을 마친 의대생의 환자 중심적 의 사소통 기술과 태도. 한국의학교육, 16(2), 169~177.

카셀 (2003). 강신익 옮김. 고통 받는 환자와 인간에게서 멀어진 의사를 위해 – 고통의 본질과 의학의 목적. 코기토.

코커햄, 윌리엄 (2005). 박호진 · 김경수 · 안용항 · 이윤수 옮김. 의료사회학 (Medical Sociology). 아카넷.

토버, 알프레드 (2003). 김숙진 역. 어느 의사의 고백. 지호.

팍스, 르네이 C (1993). 조혜인 역. 의료의 사회학. 나남.

피쇼, 앙드레 (2009). 이정희 옮김. 우생학: 유전학의 숨겨진 역사. 아침이슬.

폴 스타 (1994). 이종찬 · 윤성원 공역. 의사, 국가 그리고 기업 – 미국 의료의 사회사(The Social transformation of American Medicine). 명경.

폴 스타 (1996). 이종찬 역. 의사, 권력 그리고 병원 – 미국 의료의 사회사 (The Social transformation of American Medicine). 명경.

폴 파머 (2009). 김주연 · 리병도 옮김. 권력의 병리학. 후마니타스.

푸꼬 (1996). 홍성민 옮김. 임상의학의 탄생. 인간사랑.

프란츠 부케티츠 (2004). 김영철 옮김. 사회생물학 논쟁 – 유전자인가, 문화 인가. 사이언스 북스.

하퍼라흐, 토르스텐 (2007). 백미숙 옮김. 일방통행하는 의사, 쌍방통행을 원 하는 환자. 굿인포메이션.

한국의과대학인정평가위원회 (2002). 의료교육 시장개방과 의학교육의 질관리.

한국의과대학장협의회 (1989). 의학교육 : 제 20회 의학교육 세미나 : 문제위 주의 의대교육방안.

한국의과대학장협의회 (2000). 21세기 한국의학교육 계획 : 21세기 한국 의 사상.

한국의과대학장협의회 (2000). 의사와 사회. 제 8차 의학교육합동학술대회 자료집.

한국의과대학장협의회 (2000). 21세기 한국의학교육협의회.

한국의과대학장협의회 (2002). 졸업 후 의학교육(GME)에서 대학의 역할.

한국의학교육평가원 (2007). '2007년 의과대학 인정평가 자체평가연구지침'.

한국의학교육평가원 (2007). 한국의과대학자체평가연구지침.

한국의학교육협회 (1972). 의학교육 : 지역사회 의학교육.

한국의학교육협회 (1975). 의학교육 : 의사의 졸업 후 의학교육.

한국의학교육협회 (1976). 의학교육 : 의과대학교육에 있어서의 교육과정 개발.

한국의학원 (2003). 의학자 114인이 내다보는 의학의 미래. 한국의학원

한국의학원 (2006). 의료대화기법 교육.

한금선 (2008). 의사소통과 인간관계론.

한성국 · 안성희 · 구인회 · 이미송 (2007). 생명과학 연구자의 연구윤리 교육과정 개발을 위한 기초연구 - 연구윤리 경험, 교육현황 및 요구. 한국의료윤리학회지, 10(1), 83~98.

한홍희 · 김 선 (2009). 의과대학생의 의사소통기술 교육 현황. 한국의학교육, 21(1), 35~42.

헬만, 세실 G (2009). 문화, 건강과 질병. 최보문 역. 전파과학사.

홍명호 외 (1996). 창조적인 의학교육. 고려의학.

홍석영 (2007). 생명과학 연구윤리 교육과정 개발을 위한 일 연구 - 학부교양 과정을 중심으로. 한국의료윤리학회지, 10(1), 99~108.

홍성훈 (2000). 딜레마토론 프로그램이 의과대학생의 도덕성 발달에 미치는 영향. 도덕교육연구, 12(2), 227~253.

홍창기 (2003). 의사의 프로페셔널리즘과 의학교육. 제 14차 의학교육합동 학술대회 자료집.

황상익 (1995). 역사와 사회 속의 의학. 명경.

황상익 (2001). 의사의 윤리교육에 대한 단상. 대한의사협회지, 44(1), 33~38.

황영희 (2006). 영미문학의 창으로 보는 의학. 동아대출판부.

2. 국외 문헌

Association of American Medical Colleges.(1984). Physicians for the twenty first century: The GPEP report. Washington D.C.: Author.

Baker, R.(1999). The American medical ethics revolution : how the AMA's code of ethics has transformed physicians' relationships to patients, professionals, and society.

Baldor, R.A., Field, T.S., Gurwitz, J.H.(2001). Using the "Question of Scruples" game to teach managed care ethics to students. Acad Med, 76(5), 510~511.

Balint, M.(1957). The Doctor, His Patient, and the Illness. NY: International University Press.

Barrows, H.(2005). (하워드 배로우스의)문제중심 학습법 : 의학교육을 중심으로. 서정돈, 안병헌 역. 성균관대학교 출판부.

Bayne, R.(1998). Counselling and communication skills for medical and health practitioners.

Black, D., Hardoff, D., Nelki, J.(1989). Educating medical students about death and dying. Arch Dis Child, 64(5), 750~753.

Blondis, M.N.(1982). Nonverbal communication with patients : back to the human touch.

Bonebakker. V.(2003). Literature &Medicine: Humanities at the Heart of Health Care: A Hospital-Based Reading and Discussion Program Developed by the Maine Humanities Council. Academic Medicine, 78, 963~967.

Brajtman, S., Hall, P., Barnes, P.(2009). Enhancing interprofessional education in end-of-life care: an interdisciplinary exploration of death and dying in literature. Palliat Care, 25(2), 125~131.

Brody, H.(2006). (의학과 문학의 만남, 그리고) 의료윤리와 힘. 김성수, 백승완 역. 보문각

Burge, S.M.(2003). Undergraduate medical curricula: are students being trained to meet furure service needs?. Clinical Medicine, 3(3), 243~246.

Buss, M.K., Marx, E.S., Sulmasy, D.P.(1998). The preparedness of students to discuss end-of-life issues with patients. Acad Med, 73(4), 418~422.

Caldwell, J.M.(2004). Literature & medicine in nineteenth century Britain : from Mary Shelley to Goarge Eliot.

Canadian Medical Association.(2001). Series of Health Care Discussion Papers. Professionalism in Medicine.

Carney, P.A., Oqrinc, G., Harwood, B.G., Schiffman, J.S., Cochran, N.(2005). The influence of teaching setting on medical students' clinical skills development: is the academic medical center the "gold standard"?. Acad Med, 80(12), 1153~1158.

Ceccio, J.(1978). Medicine in literature.

Central, J.A.(1978). Type of faculty development programmes. J Higher Educ, 49, 151~162.

CMA.(2001). CMA Series of Health Care Discussion Papers - Professionalism in Medicine. Canadian Medical Association.

Cobanoglu, N., & Kayhan, Z.(2006). An assessment of medical ethics education. Nurs Ethics, 13(5), 558~561.

Cockersham, W.C.(1995). Medical sociology.

Cordasco, F.(1980). Medical education in the United States : a guide to information source.

Coulehan, J.L.(1999). 이정권 외 옮김. 의학면담 : 환자를 잘 돌보는 의사의 대화 기술 = The medical Interview. 한국의학.

Cruess, R.L.(2009). Teaching medical professionalism.

Dent, J.A.(2008). 김선 외 옮김. 의학교육 : 이론에서 실제까지. 아카데미프레스

Deppermann, A.(2007). 의사와 상담자의 의사소통능력 향상을 위한 대화 분석의 활용. 의료커뮤니케이션, 2(2), 105~115.

Duff, F. D., Gordon, G.H., Whelan, G., Cole-Kelly, K.(2004). Assessing competence in communication and interpersonal skills: the Kalamazoo 2 report. Acad Med, 79(6), 495~507.

Dwamena, F.C., Mavis, B., Holmes-Rovner, M., Walsh, K.B., Loyson, A.C.(2009). Teaching medical interviewing to patients: the other side of the encounter. Patient Educ Couns.

Faunce, T.A.(2008). Who own your health? : medical professionalism and the market state.

Flexner, A.(2005). 김선 옮김. 플렉스너 보고서 : 미국과 캐나다의 의학교육 (Medical education in the United States and Canada). 한길사

Fraser, H.C., Kutner, J.S., Pfeifer, M.P.(2001). Senior medical students' perceptions of the adequacy of education on end-of-life issues. Palliat Med, 4(3), 337~343.

Freidson, E.(2007). 박호진 옮김. 프로페셔널리즘 : 전문직에 대한 사회학적 분석과 전망. 아카넷.

Gazda, G.M.(1992). 이형득외 옮김. 의사소통술의 실제. 중앙적성출판사.

Geisler, L.(2008). 의사와 환자의 대화. 성균관대출판부

Goldstein, A.O., Colleson, D., Bearman, R., Steiner, B.D., Frasier, P.Y., Slatt, L.(2009). Teaching Advanced Leadership Skills in Community(ALSCS) to medical students. Acad Med, 84(6), 754~764.

Gordon, J.(2005). Medical humanities: to cure sometimes, to relieve often, to comfort always. 182, 5~8.

Gregory, J.(1998). John Gregory's writings on medical ethics and philosophy of medicine.

Hag, C., Steele, D.J., Marchand, L., Seibert, C., Brody, D.(2004). Integrating the art science of medical practice: innovation in teaching medical communication skills. Fam Med, 36, 43~50.

Hammel, J.F., Sullivan, A.M., Block, S.D., Twycross, R.(2007). End-of-life and palliative care eduacation for final-tear medical students: a comparison of Britain and the United States. Palliat Med, 10(6), 1356~1366.

Harden, R.M., Sowden, S., Dunn, W.R.(1984). Educational strategies in curriculum development: the SPICES model. Med Educ, 18, 284~297.

Hargie, O., Dickson, D., Boohan, M., Hughes, K.(1998). A survey of communication skills training in UK Schools of Medicine: present practices and prospective proposals. Medical education, 32, 25~34.

Hart, N.(1991). 보건과 의료의 사회학.

Hartley, S.(2008). 의학교육 : 교수학습 방법론. 양은배, 이승희, 황은영 역. 군자출판사

Haug, M.R. & Lavin, B.(1981). Practitioner or Patient-Who's in Charge. J health Soc Behav, 22, 212~229.

Hawkins, A.H(2005). 신주철 옮김. 문학과 의학교육(Teaching literature and medicine). 동인.

Hawkins, A.H., Ballard, J.O., Hufford, D.J.(2003). Humanities Education at Pennsylvania State University College of Medicine, Hershey, Pennsylvania. Academic Medicine, 78, 1001~1005.

Hegedus, K., Zana, A., Szabo, G.(2008). Effect of end of life education on medical students' and health care workers' death attitude. Palliat Med, 22(3), 264~269.

Helm, J.(2008). Teaching medical history in the German medical curriculum: prospects and risks. Medizinhist J, 43(2), 202~215.

Heritage, J.(2006). Communication in medical care : interaction between primary care physicians and patients.

Jarcho, S.(2000). (The)concept of contagion in medicine, literature, and religion.

Jolly, B.(2000). 최영희 옮김. 21세기의 의학교육 : 커리큘럼의 설계. 단국대 출판부

Kalet, A.L., Sanger, J., Chase, J., Keller, A., Schwartz, M.D., Fishman, M.L., Garfall, A.L., Kitay, A.(2007). Promoting professionalism through an online professional development portfolio: successes, joys, and frustrations. Acad Med, 82(11), 1065~1072.

Kantor, J.E.(1989). Medical ethics for physicians-in-training.

Kaye, J.M.(1991). Will a course on death and dying lower students' death and dying anxiety?. Cancer Education, 6(1), 21~24.

Kaye, J.M., Gracely, E., Loscalzo, G.(1994). Changes in students; attitudes following a course on death and dying: a controlled comparison. Cancer Education, 9(2), 77~81.

Korsch, B.M.(1997). The intelligent patient's guide to the doctor-patient relationship of the physician to men and institutions.

Kummerow, J.M.(2000). New directions in career planning and the workplace : practical strategies for career management professionals.

Kurtz, S.M., Laidlaw, T., Makoul, G., Schnabl, G.(1999). Medical education initiatives in communication skills. Cancer Prev Control, 3(1), 37~45.

Lazarus, C.J., Chauvin, S.W., Rodenhauser, P., Whitlock, R.(2000). The program for professional values and ethics in medical education. Teach Learn Med, 12(4), 208~211.

Lloyd, M.(2008). 김선, 박주현, 허예라 옮김. 의료커뮤니케이션. 아카데미 프레스.

Luberkin, E.I., Krackov, S.K., Storey-Johnson, C.(1999). The use of questionnaires to assess achievement of course goals in medical students' longitudinal community-based clinical experiences. Acad Med, 74(12), 1316~1319.

Makoul, G., & Schofield, T.(1999). Communication teaching and assessment in medical education: an international consensus statement. Netherlands Institute of Primary Health Care. Patient Educ Couns, 37(2), 191~195.

Martimanakis, M.A., Maniate, J.M., Hodges, B.D.(2009). Sociological interpretations of professionalism. Med Education.

McKinlay, J.B.(1975). Who is really ignorant-physician or patient?. J health Soc Behav, 16(1), 3~11.

Mohanna, K. et al.(2008). 의학교육, 쉽게 가르치기. 시그마프레스.

Morton, L.T.(1977). Use of medical literature.

Myerscough, P.R.(1996). Talking with patients : keys to good communication.

O'Connell, M.T., & Pascoe, J.M.(2004). Undergraduate medical education for the 21st century; leadership and teamwork. Fam Med, 36, 51~56.

O'Rourke, K.D.(1999). Medical ethics : sources of Catholic teaching.

O'Toole, T.P., Kathiria, N., Mishra, M., Schukart, D.(2005). Teaching professionalism within a community context: perspectives from a national demonstration project. Acad Med, 80(4), 339~343.

Parker, M.(2001). The Cambridge medical ethics workbook : case studies commentaries and activities.

Parsons, T.(1975). The sick role and of physician reconsidered. Milbank Memorial Fund Quarterly, 53, 257~278.

Pena, D.E., Munoz, C., Grumbach, K.(2003). Cross-cultural education in U.S. medical schools: development of an assessment tool. Acad Med, 78(6), 615~622.

Platt, F. et al. (2007). 김세규, 조우현 옮김. 설명 잘하는 의사되기. 아카데미아.

Preez, R.R., Pickworth, G.E., Van Rooyen, M.(2007). Teaching professionalism: a South African perpective. Med Teach, 29(9), 284~291.

Richards, P.(1990). Living medicine : planning a career : choosing a specialty.

Robin, A.E.(1989). Medicine, literature & eponyms : an encyclopedia of medical eponyms derived from literary characters.

Rodin, A.E.(1989). Medicine and humanistic understanding : the significance of literature in medical practics(video recording).

Roter, D.(1992). Doctor talking with patients / patients talking with doctor : improving communication in medical visits.

Roth, C.S., Watson, K.V., Harris, I.B.(2002). A communication assessment and skill-building exercise(CASE) for first-year residents. Acad Med, 77(7), 746~747.

Royal College of Physician.(2005). Doctors in society-Medical professionalism in a changing world.

Royal College of Physicians and Surgeons of Canada.(1996). Skills for the new millennium: report of the societal needs working group CanMEDS 2000 Project. Canadian medical education directions for specialists 2000 project. Ann RSPSC, 29, 206~261.

Rucker, T.D.(1986). Planning your medical career : choosing a specialty.

Rucker, T.D.(1990). Planning your medical career : traditional and alternative opportunities : by T. Donald Rucker, Martin D. Keller, and collaborators.

Rudy, D.W., Elam, C.L., Griffith, C.H.(2001). Developing a stage-appropricate professionalism curriculum. Acad Med, 76(5), 503.

Rungapadiachy, D.M.(1999). Interpersonal communication and psychology for health care professionals : theory and practice.

Salinsky, J.(2004). Medicine and literature : the doctor's companion to the classics :the doctor's companion to the classics.

Savett, L.A.(2008). 박재영 옮김. 차가운 의학, 따뜻한 의사. 청년의사.

Segall, A., Burnett, M.(1980). Patient evaluation of physician role performance. Soc Sci Med Med Psychol Med Social, 14A(4), 269~278.

Silverman, D.(1987). Communication and medical practice : social relations in the clinic.

Skochelak, S., Barley, G., Fogarty, J.(2001). What did we learn about leadership in medical education? Effecting institutional change through the Interdisciplinary Generalist Curriculum Project. Acad Med, 76(4), 86~90.

Smith, D.H.(1985). Teaching Doctor-Patient Interviewing in physical Diagnosis(microform).

Stern, D.T.(2006). Measuring medical professionalism.

Sullivan, A.M., Warren, A.G., Lakoma, M.D., Liaw, K.R., Hwang, D., Block, S.D.(2004). End- of-life care in the curriculum: a national study of medical educatio deans. Acad Med, 79(8), 760~768.

Szasz, T., & Hollander, M.H.(1956). A Contribution to the philosophy of medicine: The basic models of the doctor-patient relationship. Journal of the American Medical Association, 97, 585~588.

Towle, A., & Hoffman, J.(2002). An advanced communication skills course for forth-year, post-clerkship students. Acad Med, 77(11), 1165~1166.

Tyler, R.W.(1949). Basic Principles of Curriculum. San Diego: HBJ.

U.S. National Institutes of Health.(1978). The doctor-Patient relationship in the relationship in the changing health science.

Ury, W.A., Merkman, C.S., Weber, C.M., Pignotti, M.G., Leipzig, R.M.(2003). Assessing medical students' training in end-of-life communication: a survey of interns at one urban teaching hospital. Acad Med, 78(5), 530~537.

Wagner, P.J., Lentz, L., Heslop, S.D.(2002). Teaching communication skills: a skills-based approach. Acad Med, 77(11), 1164.

Warner, F.(1963). Techniques in medical communication.

Wear, D.(2000). Educating for professionalism : creating a culture of humanism in medical education.

Wear, D.(2002). "Face-to-face with it": medical students' narratives about their end-of-life education. Acad Med, 77(4), 272~274.

Wensing, M., Jung, H.P., Olesen, F., Grol, R.(1998). A systematic review of the literature on patient priorities for the research domain. Soc Sci Med, 47, 1573~1588.

Wiess, G.L., & Lonnquist, L.E.(2000). The Sociology of Health, Healing, and Illness. Englewood Cliffs, NJ: Prentice-Hall.

White, K.(2001). (The) Early sociology of health and illness.

World Health Organization. (1996). Doctors for health: a WHO global strategy for changing medical education and medical practice for health for all.

Yedidia, M.J., Gillespie, C.C., Kacher, E., Schwartz, M.D., Ockene, J., Chepaitis, A.E., Snyder, C.W., Lazare, A., Lipkin, M. Jr.(2003). Effect of communication training in medical student performance. JAMA, 290(9), 1157~1165.

Zussman, R.(1992). Intensive care : medical ethics and the medical profession.

3. 외국 인문사회의학 관련 추천 저서 안내

1) Skills For Communicating With Patients (2003)

저자: Jonathan Silverman, Suzanne M. Kurtz, and Juliet Draper

이 책은 효과적인 의료 의사소통교육을 위한 가장 기본적인 교과서로서 학문적이면서도 이해하기 쉬워서 환자– 의사간 의사소통을 시작부터 종료까지 단계별로 나누어서 환자를 대할 때 요구되는 가이드라인을 제공해주는 유용한 책이다. 의사소통교육을 담당하는 교육자들 뿐만 아니라 의과대학생, 전공의, 임상의사들에게 실질적인 도움을 준다.

2) Medical Ethics and Humanities (2009). Jones and Barlett Publishers.

저자: Frederick Adolf Paola, Robert Walker, and Lois LaCivita

이 책은 학생과 의료진과 관련된 윤리적 법적 이슈를 기술한 것으로 사례를 통한 윤리적 분석을 시도하고 있다. 이 책에서는 장별 학습목표, 개요, 사례연구, 논평 등을 포함하고 있으며, 도덕적 규칙, 기밀성, 어린이 윤리, 의료과오 등의 주제를 다루고 있다. 의료윤리에 대한 사고 능력을 체계적으로 늘려줄 수 있는 장점이 있다.

3) Doctors Talking with Patients/Patients Talking with Doctors (1993). Auburn House

저자: Judith A. Hall and Debra Roter

이 책은 의사- 환자 간 커뮤니케이션에 대해 의사나 환자가 비교적 쉽게 읽을 수 있는 의료사회학적 함의를 담고 있는 책으로서 환자- 의사 간 커뮤니케이션에서 '비언어적 단서'인 'talk'라는 개념에 초점을 맞추고 있다. 구체적으로 의사- 환자 간 관계에서 의사와 환자가 행동하는 사회 인구학적이고 맥락적인 측면, 환자가 의사를 방문할 때 일어나는 사건, 의사- 환자 간 커뮤니케이션을 향상시킬 수 있는 가치 등을 다루고 있다.

4) Communicating with Today's Patient: Essentials to Save Time, Decrease Risk, and Increase Patient Compliance (2000). Jossey-bass inc., A Wiley Company

저자: Joanne Desmond

이 책에서는 의사가 환자를 대할 때 의사가 시간을 절약하고 위험을 줄이며, 환자의 순응을 이끌어 낼 수 있는 실질적이고도 유용한 지침을 알려주고 있다. 구체적으로 새로운 환자와 관계를 유지하는 방법, 환자의 성격이 진료에 미치는 영향, 비언어적 의사소통의 중요성, 더욱 빠르고 정확하게 진단하는 기술, 환자가 이해하고 기억할 수 있도록 설명하는 방법, 투약에 대해 의사소통하기, 환자가족과 효과적으로 의사소통하기, 언어장벽을 가진 사람들과 의사소통하기 등의 주제를 다루고 있다.

5) Clinical Ethics: A Practical Approach to Ethical Decisions in Clinical Medicine (2006). McGraw-Hill Companies

저자: Albert Jonsen, Mark Siegler, and William Winslade

이 책은 임상사례를 어떻게 체계적으로 분석할 수 있는지를 보여주는 방법론과 관련된 것으로 의학적 적응증 medical indications, 환자의 선호 patient preferences, 삶의 질 quality of life, 맥락적 특징 contextual features에 대한 구체적인 각각의 물음을 통해 임상윤리적 분석을 하고 있다. 여기서는 풍부한 임상윤리적 사례들을 제시하고 있는데 의사조력자살, 유전 검사와 감별하기, 줄기세포 이식 등 현대윤리에서 현안이 되는 문제뿐만 아니라 연구윤리, 통증완화치료 등 최근 의료영역에서 윤리적 측면이 고려되는 문제들을 함께 다루고 있다.

6) Principles of Biomedical Ethics (2001). Oxford University Press

저자: Tom L. Beauchamp and James F. Childress

이 책은 생명윤리에 대한 기본적인 이론서로서 생명윤리를 도덕적 기초, 도덕적 원칙, 이론과 방법으로 나누어 설명하고 있다. 약간은 이론적이고 딱딱하지만 생명윤리에 대한 이론적 지식을 습득하고자 하는 학생, 의료진에게 생명윤리에 대한 전체적인 틀을 이해하는 데 도움이 되는 심도 깊은 책이다.

7) Teaching Medical Professionalism (2008). Cambridge University Press

저자: Richard L. Cruess, Sylvia R. Cruess, and Yvonne Steinert

최근 프로페셔널리즘에 대한 논의가 활발한 데 비해 정작 학생 또는 전공의에게 프로페셔널리즘이 무엇이고, 어떻게 가르칠 것인가에 대한 지침서를 찾아보기 힘들다. 이 책은 프로페셔널리즘과 관련해 가르쳐야 할 것what is to be taught, 이론theory, 원칙principles, 실천practice 등을 다루고 있다. 구체적으로 이론영역에는 프로페셔널리즘 교수학습을 위한 교육학적 이론과 전략, 의대생의 프로페셔널리즘과 사회화를 포함하고 있고, 원칙영역에서는 의대생(전공의)을 위한 프로페셔널리즘에서의 프로그램 설계, 평가와 해결, 교수개발, 자격인증 등이 포함되어 있다. 그리고 실천영역에는 프로페셔널리즘을 연속선상에서 가르치는 사례 연구가 있다. 즉 프로페셔널리즘에 대한 이론, 실천, 사례를 다루는 책으로서 프로페셔널리즘 교육을 시도하고자 하는 의학교육자에게 추천할 수 있는 책이다.

8) Measuring Medical Professionalism (2006). Oxford University Press

저자: David Thomas Stern

이 책은 의학교육 및 진료현장에서 프로페셔널리즘을 어떻게 측정할 것인가에 대해 구체적인 분석틀을 제시해주고 있다. 구체적으로 의료커뮤니케이션을 평가하기 위한 표준화된 임상적 만남, 프로페셔널리즘의 구체적 요소(공감, 팀워크, 평생학습) 측정하기, 프로페셔널리즘 평가를 위한 구체적인 방법으로서 비판적 사건보고서와 장기적 관찰, 포트폴리오 방법을 제시하고 있다.

이 외에도 학생 선발시 프로페셔널리즘을 구현할 수 있는 잠재력 있는 응시자 선발하기, 인증을 위한 프로페셔널리즘 평가 등을 다루고 있다.

9) The Sociology of Health, Healing, and Illness (2008). Prentice-Hall Inc.

저자: Gregory L. Weiss & Lynne E. Lonnquist

이 책은 미국의 의료사회학 책 중 비교적 진보적 관점에서 쓰인 책으로 크게 건강, 치유, 그리고 질병의 사회학에 대한 관점, 건강과 질병에 대한 사회적 환경의 영향, 건강과 질병행동, 보건의료인과 환자의 관계, 보건의료체계 등 의 내용으로 구성되어 있다.

세브란스 의학교육 추천 도서 및 영화 목록

1부 : 세브란스 의학교육 추천도서 100선 (2010년 판)

Ⅰ. 인간과 고통의 이해

A. 인간의 이해

1.「푸른 요정을 찾아서」. 신상규. 프로네시스

9년째 식물인간으로 누워있는 아들을 대신해서 한 가정에 입양되는 아이로 봇 데이비드는 인간을 사랑할 수 있게 프로그래밍 되어 있다. 진짜 아이처럼 천진난만한 미소를 짓고 엄마에게 응석도 부린다. 그러나 친아들이 기적처럼 깨어나서 집으로 돌아오자 데이비드를 버린다. 데이비드는 인간이 되면 엄마에게서 사랑을 받을 수 있다는 생각을 하고 피노키오처럼 푸른 요정을 찾아 여행을 떠난다. 데이빗은 푸른 요정을 찾았을까? 인간의 조건은 무엇일까? 이 책은 감정과 사랑을 느낄 수 있는 최첨단 로봇과 인간의 차이가 무엇인지 생각해볼 수 있는 기회를 준다. 생물과 무생물의 경계를 의학이 아닌 철학에서 풀어내는 방법을 알게 되면 의학적 상상력에 많은 도움을 주리라고 생각한다.

B. 고통의 이해

2. 「나이트」. 엘리 위젤. 예담

저자는 루마니아 출신 유태인이다. 그가 소년이었던 2차 대전 당시, 다른 유태인들처럼 그를 포함한 그의 가족들 모두가 다 유태인 강제수용소로 끌려갔었다. 그리고 자신과 누이만이 남고 모든 가족들이 다 죽는 경험을 했다. 그는 이를 주제로 작품 활동과 사회 활동을 해 노벨평화상을 받았다. 소개자는 그 엘리 위젤의 특강을 직접 들은 적이 있었다. 98년 겨울, 하버드 의과대학에서였다. 그리고 그의 작품 중 가장 널리 읽히는 책 중 하나인 이 책을 보게되었다. 짧은 책이지만 소년의 눈에 비친 유태인 게토의 절망과 강제수용소의 고통 그리고 그 안에서 가지는 신에 대한 의문, 인간에 대한 회의, 가족의 사랑에 대한 희구 등을 아주 정직하게 기록했다. 그래서 짧지만 아주 큰 책이되었다. 인간의 고통 문제를 다루는 의사들과 의학도들에게 이것은 의미 있는 책이다.

3. 「밤으로의 긴 여로」. 유진 오닐. 민음사

인간은 자기 자신에 대해 생각하는 대로 타인을 이해한다. 자기가 어떤 사람이며 어떤 소망, 약점, 속마음이 있느냐에 따라 다른 사람도 자신과 비슷할 것이라고 해석할 수밖에 없다. 특히 가족을 통해 우리는 내가 누구인지 알고 타인이 어떤 존재인지 알고 또 그런 이해 위에 서로를 미워하기도 사랑하기도 하며 살아간다. 유진 오닐이 이 작품을 살아있는 동안 공개하지 않길 원한 이유를 알 만하다. 이 희곡은 오닐의 인간에 대한 이해, 자신에 대한 생각, 그것을 만든 자기 가족에 대한 생각이 고스란히 다 들어 있다. 그는 이것을 자신이 죽은 후에는 알리고 싶었다. 중독에 취약한 인간, 그 자신도 알코올 중독으로 인한 소뇌 질환의 희생자였다. 투사projection의 정신구조, '내가 이 꼴이 된 것은 모두 가족 때문이야. 그들 때문에 중독되었고 병들었으며 죽어가고 있고 실패한 인생이 되고 말았다'라는 고백과 표면적 화해, 상대에 대한 미움과 애정을 느끼나 번번이 자신의 필요- 외로움, 한 사람을 공동의 적으로 몰아 투사의 대상임을 합리화하는 공동전선을 위한 합작- 을 위한 일시적 받아들임 이외에 아무것도 아닌 깨어진 부모자식, 부부, 형제의 관계. 수전노 부모와 부부간의, 부자간의 원망, 중독 그리고 멸시의 인간관계는 너무나 일상적인 것이어서 작품을 가치 있게 한다. 막장 드라마 한편과 같은 리얼 스토리 가정 파탄극은 그래서 여전히 공감을 일으킨다.

4. 「생의 한가운데」. 루이제 린저. 문예출판사

생의 치열함으로 인해 가슴이 뛰었던 경험이 있는가? 생을 충만하게, 정말 살아있는 것처럼 살고 싶은 열망을 느껴본 적이 있는가? 만약 없다면, 또는 오래 전에 잊었다면 그 가슴 뛰는 순간으로 초대하고 싶다. 사랑, 결혼, 임신과 곧 이은 이혼의 파국, 그러나 그러한 삶의 질곡에도 불구하고 한 여자로서 살아가는 과정 속에서 단 한 번도 외부와 타협하지 않았던 니나 부슈만. 생의 한 순간까지도 완벽하게 사랑한 여자, 자유에의 강렬한 의지로 자기만의 길을 걸어간 여자, 기만과 타협을 결코 용납하지 않는 그녀를 보면 불꽃처럼 살다가

31세에 요절한 이 소설의 번역자 전혜린이 또한 떠오른다. 고집스럽기까지 한 생에의 의지를 조금이나마 느낄 수 있다면 우리는 우리의 삶을 훨씬 더 긍정할 수 있을 것이다.

5. 「죽음의 수용소에서」. 빅터 프랭클. 청아출판사

빅터 플랭클은 아우슈비츠로 끌려간 첫날, 고참죄수에게 그가 품에 갖고 온 정신치료 논문을 소각하지 않도록 부탁한다. 이 원고는 그에게 가장 소중한, 인생의 의미와도 같은 것이었다. 그러나 그는 그의 논문과 인간적 대우 모두를 그 순간부터 빼앗기고 벌거벗긴 채 아무것도 아닌 존재로 살아남기 위한 3년을 보낸다. 하지만 놀랍게도 그가 깨달은 것은 인간의 모든 것이 박탈된 순간 찾아온 '참다운 인간됨'이었다. 살아야 하는 이유, 상대를 존재로 사랑하는 것, 우정, 예술, 웃음, 이 모든 것이 어느 순간 삶의 끈을 놓으면 죽어야 하는 그곳에서 생생하게 살아난 것이다. 재산, 명예, 학문적·예술적 성취, 자손……. 사람들은 이런 것이 의미가 있을 것이라 믿고 살다가 이것을 잃으면 인생의 의미를 잃어버린다. 아니면 죽을 때 잘못 살았다고 깨닫기도 한다. 프랭클은 진정 이런 것들이 다 사라진 후에 그 너머에 진정한 인간성의 모습이 존재함을 수용소의 뼈만 남은 모습으로 깨닫게 된 것이다. 죽음 앞을 스쳐가는 경험을 한 적이 있다. 그때 본 것은 인생의 진실한 모습이다. 죽으면 끝이구나, 언제든 죽을 수 있구나, 이렇게 사는 게 아니었는데……. 죽음이 알려주는 가르침은 너무나 사실적이어서 이론적 논변보다 더 심오하다. 참된 심오함은 인생 자체에서 나온다. 죽음을 느끼는 것은 인생이 의미 없다는 주장이 얼마나 이론적인 것에 불과한 것인지를 보여주는 것이다. 프랭클은 죽음 앞에서 인간을 찾았고, 정신 병리의 해결이 있는 그대로의 인간의 모습, 즉 신을 가지고 있으며 의미를 찾고 그 의미를 향해 대답하는 데 있으며 여기에 또한 인생의 목적이 있음을 보여준다.

Ⅱ. 윤리와 의료윤리의 이해

A. 윤리와 철학의 이해

6. 「이반 일리치의 죽음」. 톨스토이. 작가정신

이반 일리치는 어쩌면 대부분의 사람이 바라는 인생의 모델인지 모르겠다. 유복한 가정, 사회적 성공, 정직과 공평, 거기에 능력까지. 그리고 가정적이어서 어려운 아내와의 관계에도 불구하고 가정을 소중하게 생각한 사람이었다. 그런 그에게 성공의 정상에서 죽음의 그림자가 찾아왔다. 아마도 암 같은 것이었으리라. 몰라보게 수척해진 그의 모습은 더 이상 죽음을 부인할 수 없게 한다. 죽음 앞에 선 인간의 발가벗겨진 모습, 실존에 대한 적나라한 고통의 고백들……. 인간실존의 가장 큰 문제인 죽음에 대한 사실적 묘사와 고뇌 그리고 인간의 허위에 대한 분노. 가볍고 유쾌하고 고상하게 사는 것이 모토였던 그는 이제 죽음의 무거운 진실 속에서 자신을 보았고, 그가 여태까지 의지하고 살았던 모든 것의 허망함을 보았다. 그것은 분명히 잘못된 목표들이었다. 그것은 삶과 죽음을 모두 덮어 가려 버리는 무서운 기만이었다. 사랑했어야 했다, 진심으로. 죽음은 받아들여지는 것이지만 인생은 물러지지 않는 것이다.

B. 의료윤리의 이해

7.「잊지 말자 황우석」. 이형기. 청년의사

소위 '황우석 사태'를 다룬 여러 책들 중에서도 이 책은 특별하다. 단순히 어떤 사건들이 있었는지를 다룬 것이 아니라 일련의 사건들 속에 숨어 있는 함의를 분석한 책이기 때문이다. 철저히 '과학' 또는 '연구윤리'의 측면에서 황우석 사태의 본질적 문제를 제기하고 있다. 아직도 황우석 사태에 대해 피상적인 개념만 갖고 있는 사람이라면 그리고 그가 '과학'을 하는 사람이라면 반드시 읽어야 할 책이다.

Ⅲ. 자신에 대한 이해

A. 자신에 대한 성찰

8.「공부도둑」. 장회익. 생각의나무

'온생명 사상'을 말하는 장회익 교수가 앎의 여정을 자전적으로 기술한 책이다. 저자는 책 제목인 '공부도둑'을 자신만이 아닌 세상을 위한 공부도둑이라 이야기한다. 자신의 자아실현을 비롯해 세상의 문제점과 맞서는 학문의 길을 이야기하는 것이다. 그의 '공부도둑길'은 도덕의 외적 당위에서가 아니라 공부의 기쁨, 깨달음의 즐거움이라는 스스로의 내적 필연에 기초하고 있다. 대가가 이야기하는 학문의 길이 많은 도전을 준다. '공부는 왜 하는가? 그 공부는 어떤 공부여야 하는가?' 등의 문제의식을 갖게 해준다.

9. 「아직도 가야 할 길」. 스캇 펙. 열음사

이 책은 내가 매우 고통스럽게 나 자신에 대해서 알아가고 있는 시기에 만난 책이다. 무기력하고 게으르며, 성장하기는커녕 점점 발밑으로 빨려 들어가는 듯한 두려움이 가득했던 그 때에 이 책은 나에게 정신적인 성장과 성숙의 여정을 시작할 수 있도록 용기를 주었다. 건강한 몸을 위해 먹는 것을 조절하고, 규칙적인 운동을 해야 하듯이 건강한 마음과 정신을 위해서도 버려야 할 것들 그리고 훈련되어야 할 부분들이 있다는 것을 진심으로 느끼게 된다. 그것은 불편한 것이지만, 그러나 유익한 것이기에 시도할 만한 가치가 있는 것이다. 저자는 이것을 가능하게 하는 궁극적인 힘이 '사랑'이라고 하는데 그가 정의하는 '사랑'의 정의를 의미 있게 되새겨 볼 필요가 있다고 생각한다. 무엇보다도 이 책을 쓸 당시 저자는 기독교인이 아니었다고 하며 그래서 나는 그가 탐구해나가는 영적 성장의 길에 마음이 더 쉽게 열렸다. 아직도 가야 할, 남은 길을 용기 있게 떠나보는 것은 어떨까?

10. 「인간치유」. 폴 투르니에. 생명의 말씀사

1967년 쓰인 폴 투르니에의 이 책과 1978년 쓰인 스캇 펙의 「아직도 가야 할 길」은 쌍둥이와도 같은 책이다. 두 책 모두 정신질환이나, 정신적 원인으로 인한 육체적 질병의 원인을 '도피'로 본다. 받아들이고 훈련되어야 할 부분을 회피하고 우회하며 억압하는 과정에서 일은 점점 꼬이게 된다는 것이다. 이 두 책을 같이 읽어보는 것은 재미있는 경험이 된다. 투르니에는 직면과 고백

후에 시종일관 그 해결책으로 우리를 사랑하고 삶의 목적을 가지신 하나님 안에서 해결책을 찾으라고 한다. 스캇 펙이 직면과 훈련을 이야기하는 곳에서 그는 기도와 하나님과의 인격적 만남을 이야기한다. 스캇 펙은 그의 책 내내 정신치료를 넘어서는 종교적 무언가를 암시하지만 이야기하지는 않는다. 직면하지 않는 이유는 사실이 두렵기 때문이다. 더 큰 어려움이 도사리고 있기 때문이다. 「인격의 치유」는 우리의 꼬여진 정신의 실타래 밖에 존재한다. 갈등과 분노, 미움과 원망은 손대면 댈수록 점점 꼬인다. 차라리 조용히 문을 닫고 무릎을 꿇는 것만이 해결책인 경우가 더 많았다. 사실 나를 뛰어넘어 상대를 보는 유일한 해결책이기도 하다.

B. 자기 개발 및 관리

11. 「나는 이런 책을 읽어왔다」. 다치바나 다카시. 청어람 미디어

무엇이든지 그것을 잘하는 방법을 가르쳐 주는 책이 있다. 그래서 책을 잘 읽는 방식을 이야기 하는 책도 나온다. 엄청난 양의 지적 작업을 해 온 저자가 자신은 책을 이런 식으로 읽는다고 소개한 책이다. 젊은 시절, 이 세상의 모든 것을 다 알고 싶다는 엄청난 지식욕, 인식욕을 가지고 있는 그 시점에서, 이런 책을 읽으면 좋을 것 같다. 그래야 나이가 들어 중년이 되고 노년이 되어서도 균형 잡힌 지적 활동을 쉬지 않고 할 수 있을 것이기 때문이다. (사족 - 이 책을 읽은 후 이 책의 저자처럼 아주 조그만 개인용 독서 및 작업 건물을 만들어 보고자 터를 찾는다고 서울의 뒷골목들을 돌아다녔었다. 결국 돈이 부족해 잠시 미루기로 했지만.)

12.「다산선생 지식경영법」. 정민. 김영사

18년 유배생활 중 500권에 이르는 방대한 양의 저서를 완성한 한국 지식사의 불가사의라고 하는 다산 정약용. 사상 유례없이 폭넓은 분야에서 기적 같은 학문적 성취를 일궈낸 전방위적 지식경영인 정약용은 어떻게 지식의 기초를 닦고 정보를 조직했을까? 어떻게 핵심을 장악하고 생각을 단련하고 효율성을 강화했을까? 그가 탁월한 사고와 과학적인 논리로 현대에도 유용한 지식경영의 핵심과 로드맵을 제시하고 있다.

13.「몰입의 즐거움」. 미하이 칙센트미하이. 해냄출판사

이 책은 지금 하고 있는 일에 몰입하는 순간 삶이 변화된다고 강조하는 교육학·심리학의 세계적인 권위자 칙센트미하이 박사의 명저이다. '몰입 flow'은 삶이 고조되는 순간에 물 흐르듯 행동이 자연스럽게 이뤄지는 느낌을 일컫는다. 감미로운 교시나 공허한 구호가 아닌, 일상을 과학적이고 구체적으로 분석한 자료들을 토대로 우리의 인생에서 일과 놀이가 어떤 영향을 미치는지를 분석한 다음, 자기만족을 즐기기 위해서는 집중력, 즉 몰입이 필요하다고 강조하는 저자는 몰입은 세상을 바꾸는 계기가 된다고 주장한다.

14.「블링크」. 말콤 글래드웰. 21세기북스

말콤 글래드웰은 현재 전 세계에서 가장 주목 받는 저술가 중의 한 사람이다. 대단한 경력이 있는 것도 아니고 아주 많은 책을 쓴 것도 아니지만, 그는 이미 대단히 유명한 사람이다. 〈타임〉이 선정한 〈가장 영향력 있는 100인〉에도 뽑힌 바 있다. 그가 쓴 책 〈티핑 포인트〉, 〈블링크〉, 〈아웃라이어〉 등은 모두 세계적 베스트셀러가 됐다. 모두 국내에도 번역돼 있다. 세 권 모두 남들이 미처 생각하지 못한 방법으로 세상이 움직이는 방식을 규명해 내는데, 탁월한 저널리스트적 감각과 놀라운 통찰력을 보여준다. 말콤 글래드웰의 책들 중에서 입문서로 가장 좋은 것이 이 책 〈블링크〉다. 이 책은 심리학 책인지 경제학 책인지 경영학 책인지 불분명하지만, 아무튼 재미있다.

15. 「생각을 넓혀주는 독서법」. 모티머 J. 애들러. 멘토

평생 책을 얼마나 읽고 살까? 아마 열 살 무렵 책이라는 걸 읽기 시작했다고 치면 일생 통틀어 오래 살면 한 60여 년 읽을 수 있으려나 보다. 이미 절반은 까먹었으니 이제 절반의 독서 인생이 남아있는 셈이다. 이 책은 나에게 남은 절반의 삶을 위한 새로운 독서의 세계를 보여주었다. 이 책은 공격적 독서를 말한다. 아는 얘기, 편한 얘기, 쉽게 읽히는 얘기로 독서의 시간과 노력을 낭비하지 말라는 거다. 또 내가 아는 데 까지만 읽는 독서로는 마냥 그 생각에, 그 인생이 되고 말거라는 거다. 영어로는 laboring이다. 우리말로는 노고이고 또 애 낳는 산고를 뜻하기도 하는 말이다. 고통스런 노력과 집중, 몇 번 그만두려다 다시 고쳐 앉아 그 뜻을 헤아려보는 독서를 권하는 것이다. 그렇다고 책을 읽는 것 자체가 뭐 그리 대단한 일을 이뤄주는 건 아니다. 책이 나를 변하게 하는 건 그것이 살아 숨 쉬던, 꼭 말해줄 것이 있던 어떤 사람의 성실한 이야기일 때야 가능하다. 마냥 만나는 사람들과 같은 수다, 그 소리에 그 소리, 누가 했던 이야기인지도 잘 안 떠오르는 그런 글을 읽느라 얼마 안 남은 삶의 시간을 태워버리는 건 너무 아깝다. 성실한 사람의 이야기는 남의 얘기를 각색해서 하는 이야기가 아니다. 그들은 천재성 때문이든 삶의 고통 때문이든 또 다른 훌륭한 스승의 영향 때문이든 간에 새로운 이야기, 고통 속에 뽑어져 나오는 이야기를 한다. 하지만 이런 성실한 이야기는 잘 들리지 않는다. 왠지 이 책들은 '읽어보긴 해야 하는데 이리저리 굴리기만' 한다. 몇 줄 읽다 보면 목에 걸려 안 내려가는 음식처럼 머리로 들어오지 않고 맴돌기만 한다. 이 책은 인생의 이 스승을 듣는 법을 알려준다. 그들에게 접근하는 방법, 즉 듣는 기술을 가르쳐준다. 희곡이라는 낯선 이야기 방법, 서사시라는 따분한 노래, 철학이라는 주어가 어디 있는지 찾기 어려운 악명 높은 책들. 그들을 듣는 법을 이 책은 말한다. 그들이 분명 우리 인생을 빛낼 보석을 가지고 있다는 소문이 있다. 거의 확실한 소문임에도 얻었다는 이는 적다는 것도 정설이다. 그 지도를 이 책은 보여준다.

16. 「지식의 단련법」. 다치바나 다카시. 청어람미디어

신문에서, 잡지에서, 책에서, 기업 및 기관 혹은 개인에서 흘러나오는 정보는 방대하다. 그런데 이 많은 정보들을 어떻게 수집하고 정리, 활용할 수 있을까? 저널리즘의 최전선에서 활약해 온 다치바나 다카시는 자신의 체험을 통해 몇 가지 방법과 조언을 공개한다. 지知의 거인이라고 불리는 다치바나 다카시의 이 책은 일본에서는 20년 전에 출판되었지만 여전히 현재성을 잃지 않은 지식생산의 방법론 책이다. 인터넷이 널리 보급되었지만 여전히 정보와 지식을 수집하고 정리하고 활용하는 과정은 본질적으로 동일하기 때문이다. 경험에서 비롯된 충고들이 유익하다.

17. 「책 어떻게 읽을 것인가?」. 고은 등 엮음. 민음사

책을 잘 읽을 수 있는 방법은 책을 잘 읽는 방법을 쓴 책을 읽는 것이다. 그리

고 이 책이 그런 책이다. 우리나라의 많은 문인들, 지식인들을 필진으로 불러 그들이 읽은 책에 대해 이야기하도록 했다. 좋은 기획이라고 생각하였었다. 언젠가, 의학도들이 읽은 책에 대한 소개와 소감을 쓴 글들을 묶어 책을 내도 되겠다는 생각이 든다.

18. 「프로페셔널의 조건」. 피터 드러커. 청림출판

움직이는 사람에게는 의지와 더불어 지적 원동력이 필요하다. 콜럼버스가 대서양을 건널 때 소지한 책 중에 피에르 다이의 「세계의 형상」이 있었다고 한다. 인도로 가기 위해서는 동쪽으로 도는 것보다는 서쪽으로 가는 것이 빠르다는 생각, 그 책은 빽빽이 콜럼버스가 직접 쓴 메모로 가득 차 있다고 한다. 그는 그 책을 읽고 또 읽으며 이사벨라 여왕을 설득하고 선원의 쿠데타를 참고 설득해 가며 '서인도'에 도달한 것이다. 나 또한 빽빽한 메모를 남길 수밖에 없는 많은 insight들이 이 책 안에 있었다. 이 책에서는 일상의 실용서적들에서 느끼는 얄팍함이 아닌, 경험과 지혜 그리고 이 시대를 철저히 파악하고자 하는 사람의 힘이 느껴진다. 상사에 대해 다르게 보는 눈, 의사결정의 경계조건에 대한 강조, 혁신의 본질인 기회분석과 주도권 등은 이런 바탕이 아니면 파악되기 어려운 값진 것임에 틀림없다. 분명 귀중한 지혜를 준 책이다. 이제 내겐 그 빽빽이 써 놓은 메모를 실천하는 일이 남았다.

Ⅳ. 의료와 사회의 관계 이해

A. 의학과 의료제도, 보건의료의 이해

19. 「나는 고백한다, 현대의학을」. 아툴 가완디. 동녘사이언스

의학의 불완전함과 한계를 매우 솔직하게 그려내면서도 현대의학의 효용을
부정하지 않는, 따뜻한 시선을 가진 어느 의사의 고백이다. 의사들과 일반인
들 모두에게 좋은 책이고, 뛰어난 문장력 때문에 읽는 재미 자체가 쏠쏠하다.
이 분야 책으로는 드물게 미국과 한국에서 베스트셀러가 됐다.

20. 「멋진 신세계」. 올더스 헉슬리. 문예출판사

존에게, 그의 어머니에게서 말로만 듣던 세계는 정말 아름답고 놀라운 것이었
다. 하지만 구세대적 인간인 그에게 이 새로운 멋진 세계는 무엇을 희생해야
만 얻어지는 것인지를 여실히 보여준다. 인간다움과 자유를 대가로 얻어지는
안정과 쾌락, 소마soma휴일과 감각적 만족의 삶은 부모와 예술, 종교와 지성
에 대한 추구, 결국 모든 인간다움을 담보로 한다. '저는 안락을 원치 않습니
다. 저는 신을 원합니다. 시와 진정한 위험과 자유와 선을 원합니다. 저는 죄
를 원합니다. 불행해질 권리를 원합니다. 늙어 추해질 권리, 굶을 권리, 질병
에 걸릴 권리, 내일 일로 불안에 떨 권리, 온갖 고민에 시달릴 권리 그 모든 것
을 원합니다.' 헉슬리가 보여주는 안정을 목표로 하는 세계의 구도는 생물학
적 방법론의 가능성과 공리적 행복의 추구라는 20세기의 두 빛의 천사가 만
나 만들게 될 지옥 같은 세계를 보여준다. 개인으로서의 인간은 사라지고 기

능으로서의 인간단위만이 의미를 가지게 된 것은 자본주의든 사회주의든 민족주의든, 집단적 인간이해라는 공통분모를 가진 시대정신이 몰고 갈 종착역이다. 2032년 안에 우리를 몰고 가리라던 이 세계는 벌써 그 냄새를 풍긴다. 소비를 위한 선전과 대중의 세뇌, 노동자계층을 만족시켜 편입시키는 세계구조. 인간됨과 신, 죽음의 의미에 대한 생각들과 추구에 대한 조소 혹은 무플. 멋진 이 세계는 훨씬 강력한 프로스페로의 마법으로 우리를 옴짝달싹 못할 길로 몰아가고 있다. 사회 안정은 우리의 모든 권리의 박탈을 합리화하고 있다. 그 안정과 번영이라는 비대한 짐승 앞에 우리는 우리의 권리를 내려놓고 주입된 유치한 구호를 되뇌는 백치로 살아가든지, 죽고 싶어 할 만큼 지독한 고통의 인간됨을 선택하든지를 강요받는 계시록적 전경을 본다.

21. 「사회적 지위가 건강과 수명을 결정한다」. 마이클 마멋. 에코리브르

소위 '지위신드롬 status syndrome'에 대한 책이다. 사회 경제적 지위에 따라 심각한 수준의 건강 불평등이 나타나고 있다는 사실을 다양한 근거를 활용해 잘 보여준다. 이런 불평등은 선진국과 후진국 사이에서도 나타나고, 선진국 내에서도 마찬가지로 나타난다. 진료실에 앉은 채, 찾아오는 환자만 진료하는 것이 의사의 임무가 아님을 알게 된다.

22. 「없는 병도 만든다」. 외르크 블레흐. 생각의나무

소위 '의료화 medicalization' 현상을 다룬 책이다. 의료화란 과거에는 의료의 영역이 아니었던 부분이 의료의 영역으로 들어오는 현상으로, 다르게 표현하면 과거에는 환자가 아니었던 사람이 환자로 탈바꿈하는 경우가 점차 늘고 있다는 뜻이다. 이런 현상이 얼마나 광범위하고 다양하게 나타나고 있는지, 왜 이런 현상이 나타나는지, 문제는 무엇이고 해결책은 무엇인지 등에 대해 서술한 책이다.

23. 「은유로서의 질병」. 수전 손택. 이후

의료사회학 분야 고전 중의 고전이다. 질병에 대해 사회와 대중이 만든 은유나 상상적 관념이 얼마나 우리를 공포로 몰아넣는지, 그것이 얼마나 소수와 약자에 대한 폭력이 되는지 고찰한다. 환자는 다만 고통 받는 사람이며, 질병은 다만 고쳐야 할 병일 뿐 다른 아무런 의미도 없다고 말하는 수전 손택. 이 책은 원래 따로 출판된 두 권의 책 「은유로서의 질병」과 「에이즈와 그 은유」를 함께 묶은 것이다.

24. 「의학이야기」. 히포크라테스. 서해문집

히포크라테스, 의학의 아버지라고 불리는 그리스의 의사. 그가 왜 의학의 아버지일까? 그는 당시 사람들이 질병은 신으로부터 기원한다고 믿으면서 신전예식이나 주술에 의존하는 것이 질병을 치료하는 것과 무관함을 밝혔다. 즉 질병은 질병 자체의 원인과 경과에 대한 이해에 기초해서, '사람'이 고치는 것이라는 걸 주장한 것이다. 또한 그냥도 낫고, 의사가 봐도 안 낫는 게 질병이라고 의술의 무용함을 이야기하는 궤변가들에게 의술이 질병의 경과와 예후에 결정적 영향을 줌을 경험적으로 밝힌다. 분명 유익을 주는데도 이를 비웃는 말쟁이들을 그는 힐난한다. 결국 그는 우매한 고대의 사고방식 속에 의술의 적합한 자리를 잡아주고 이를 변호한 것이다. 그는 정말 의학을 '낳았다'.

그의 오래된 선서는 아직도 유효할까? 의술을 관찰과 경험 및 가설 하에 신중과 진지함으로 접근하려 했던 그에게 '의술은 커다란 권력'임이 드러났다. 사람들을 전문적 지식이라는 굴레로 우롱하거나 속일 수 있다는 말이다. 진정 환자를 위한다면 이를 반드시 경계하고 바로잡아야 함을 그는 알았다. 직업윤리라고 해야 하나, 자정적 규범이라고 해야 하나, 아무도 그 영역의 진위를 알지 못하므로 스스로 환자를 위해 견제해야만 한다는 사실을 깨닫고 이를 서약한 자에게 의술을 가르쳤다. 의업은 자기이익을 따르게 둘 수 없는 힘이 있고 이것은 여전히 '스스로 돌아봄'으로만 견제된다. 최근 문제가 되고 있는 정부의 의사에 대한 통제가 과연 제도적 장치나 수가체계로 가능할까? 히포크라테스의 경험에 비추어보면, 실패하는 뻥뻥이 게임이라는 생각이 든다. 정부가 이리 죄면 저리 도망치고, 이렇게 비난하면 전문성을 내세워 변호하는, 끝없는 쫓고 쫓기기. 이 게임은 어쩌면 의사들로 하여금 자신들을 자정自淨하고 자기 위엄 dignity 위에 스스로를 세우려는 노력조차도 내부에서 힘을 얻지 못하게 하는 건 아닌지 모르겠다. 빈손에 쇠꼬챙이 몇 개, 풀 이파리, 환자많이 본 경험 밖에는 없던 이 고대인이 알던 것을 다시 되새겨볼 만하다.

25. 「제약회사들은 어떻게 우리 주머니를 털었나」. 마르시아 안젤. 청년의사

다국적 제약회사들의 어두운 측면을 고발한 책이다. 신약 개발, 약가 책정, 임상시험, 리베이트 등 현대 제약 산업의 여러 측면을 다룬다. 제약회사와 의사들 사이의 암묵적 협력에 대해서도 비판적인 시각을 견지하는 이 책의 저자는 의사 출신 저널리스트다. 마르시아 안젤은 세계 최고의 의학 학술지 중 하나인 NEJM의 편집장을 지냈으며, 미국의 시사 주간지 〈타임〉이 선정한 '미국에서 가장 영향력 있는 인물 25인'에 포함되기도 했다.

26. 「호열자, 조선을 습격하다」. 신동원. 역사비평사

한국의 의료 문화의 연원을 갖가지 사례를 통해 이해할 수 있는 책이다. 이 책은 주로 조선시대와 근대화시기를 배경으로 위생, 질병, 의학, 장애 등의 이슈에 대해 당시의 사람들이 어떻게 생각하고 어떻게 반응했는지를 설명한다. 의학사史 관련 국내 저술은 그리 많지 않은 편인데, '한국 의학의 근대사'라는 분야에서는 독보적인 책이다. 딱딱한 역사책 형식이 아니라서 읽기도 쉽다.

27. 「FDA vs. 식약청」. 이형기. 청년의사

너무도 익숙한 이름 FDA. 하지만 실제로 그들이 어떻게 움직이는지는 국내에 알려진 바가 거의 없다. 이 책은 한국인 의사가 한국의 식약청과 미국의 FDA를 모두 경험한 후, FDA의 파워는 어디에서 오는지, 우리 식약청은 어떤 방향으로 가야 하는지, 소위 '규제과학'과 관련해 의사들의 할 일은 무엇인지 등에 대해 상세히 기술했다. 신약 개발이나 의약품 안전 관리 등의 분야에 종사하는 사람 혹은 그 분야에 관심이 있는 사람에게는 필독서다.

B. 사회와 세계의 이해

28. 「가격 결정의 기술」. 라피 모하메드. 지식노마드

물건이나 서비스의 가격은 어떻게 결정되는 것일까? 원가 계산을 통해? 경쟁 제품의 가격을 고려해? 단순한 직감으로? 가격은 소비자의 구매를 가장 강력하게 자극하는 요소로 알려져 있지만, 놀랍게도 가격 결정 pricing에 관한 관심은 별로 없었다. 이 책은 '가격 결정'이라는 좁은 분야를 다룬 거의 유일한 책이다.

29.「나쁜 사마리아인들」. 장하준. 부키

영국 케임브리지 대학 경제학과 교수인 장하준 박사는 늘 논란을 일으켜 왔다. 좌파들은 그를 우파라 부르고, 우파들은 그를 좌파로 생각한다. 하지만 그는 그러한 일차원적 이분법을 초월하는 뛰어난 경제학자다. 일반인을 위한 교양 경제서, 특히 '지금 이 순간'을 살고 있는 현대인을 위한 교양 경제서 중에는 최고 수준이다. 자유 무역이 진정 개발도상국에게도 도움이 되는지, 경제를 개방하면 외국인 투자가 정말 늘어나는지, 공기업 문제가 과연 민영화로 해결 가능한지, 지적재산권이 실제 기술 혁신을 촉진하는지, 민주주의와 경제 발전은 어떤 특별한 상관관계가 있는지, 경제 발전에 적합한 문화나 민족성이 있는지 등 우리 시대의 현안들에 대해 유쾌하면서도 신랄하게 답해주고 있다.

30.「대한민국사(전 4권)」. 한홍구. 한겨레출판사

역사를 보는 올바른 관점과 기준을 강조하며, 편향을 거부하는 폭넓은 시각으로 역사의 주요 문제를 다룬다. 이를 통해 오늘날 우리 사회가 지닌 여러 문제들의 역사적 뿌리를 근현대사에서 찾고 그 해결책을 모색한다.「대한민국史」는 일제의 강점, 분단, 전쟁 그리고 독재의 고통으로 가득 차 있는 것처럼 보이지만, '절망의 역사가 아닌 희망의 역사'라고 저자는 말한다. 국방부의 금서 목록에 올라 더 유명해진 책이다.

31.「미래를 말하다」. 폴 크루그먼. 현대경제연구원

세계적인 경제학자이자 2008 노벨 경제학상 수상자인 폴 크루그먼의 대표작이다. 그는 학자로서도 유명하지만 원래부터 유명한 칼럼니스트였다. 내용은 복잡하지만 글을 정말 잘 쓰는 저자라서, 그리 어렵지 않다. 이 책은 중산층 몰락, 소득 양극화, 의료보험체계의 모순 등 미국 사회가 안고 있는 문제점을 분석하고 새로운 해법을 제시하고 있는데, 대부분의 내용이 우리 사회에도 시사하는 바가 크다. 경제학 이론을 떠나 미국의 역사, 정치, 경제, 사회문화를 이해하는 데도 도움이 크다. 다 읽을 시간이 없으면 최소한 의료보험 문제를 다룬 부분만이라도 읽어볼 만하다.

32. 「어려운 시절」. 찰스 디킨스. 푸른산

디킨즈의 「어려운 시절」을 번역본으로 읽을 수 있는 것은 고마운 일이다. 이 책은 디킨즈 문학의 한 부분인 반공리주의적 경향을 명확히 보여주는 작품이며 「올리버 트위스트」나 「위대한 유산」에 가려진 그의 문학의 일면을 보여주는 중요한 작품이기 때문이다. 헌사에 밝히듯, 이 책은 토마스 칼라일에게 바쳐진 책이다. 칼라일은 19세기 가장 대표적인 벤담 철학의 비평가였고, 인간의 영적 가치를 강조했던 인물이다. 디킨즈 또한 이 책에서 분명 산업문명의 피해와 비인간화 그리고 여러 부작용의 원인을 산업문명 자체의 몰가치뿐 아니라 이를 조장하는 잘못된 인생관, 즉 공리주의적 사고에서 찾는다. 21세기의 삶 역시 공리주의의 영향 아래에 놓여있다. 그것이 존 스튜어트 밀에 의해 완화된 것이든, 혹 강화된 것이든, 새로운 사실에 대해 인간은 저항하지 못하고 끌려 다닐 수밖에 없다. 새롭게 밝혀진 복제기술, 인간이 만들어낸 가공할 정밀 살생 무기들. 인간의 문명은 더 이상 그것들을 거부할 아무런 근거를 갖지 못한다. 누가 기술발달을 거부하고 멈출 수 있을까. 최대다수의 최대행복인데……. 때로 피를 토하도록 절규하며 거부를 해 볼 수도 있겠지. 그러나 무슨 소용인가. 리골레토는 만토바 공작을 절대 이기지 못한다. 「어려운 시절」

이라는 책이 묻혀가고 「~하는 몇 가지 방법」이 베스트셀러인 시대도 바뀌지 않듯이 우리는 공리주의를 벗을 수 없다.

33. 「오래된 미래」. 헬레나 노르베리 호지. 중앙북스

「오래된 미래」는 1992년 발간 이후 세계 50여 개 언어로 번역되어 지금까지 전 세계 독자들에게 사랑을 받아온 책으로 '라다크'라는 마을의 평화롭고 지혜로운 문화가 서구문화와 가치관들에 의해 파괴되어가는 모습, 또 이를 다시 회복해나가는 구체적인 활동과 상황을 그리고 있다. 서구식의 소모를 전제로 하는 개발의 폐해에 대해 많은 사람들이 공감하고, 그들 토양에 맞는 새로운 가치의 정립과 발전을 이뤄나가도록 설득하고 있으며 우리가 사는 사회의 한 단면을 다시 한 번 돌아보게 만드는 책이다.

34. 「왜 세계의 절반은 굶주리는가」. 장 지글러. 갈라파고스

유엔 인권위원회 식량특별조사관인 장 지글러가 기아의 실태와 그 배후의 원인들을 아들과 나눈 대화 형식으로 설명한다. 전쟁과 정치적 무질서로 구호조치가 아무런 소용이 없어지는 현실, 사람은 굶는 반면 소들은 배불리 먹는 모순된 현실 등을 쉽고 자세하게 설명한다. 또한 사막화와 삼림파괴, 도시화와 식민지 정책, 불평등을 야기하는 금융과두지배 등 기아를 발생시키는 정치·사회·경제적인 문제들을 살펴본다. 그리고 구호조직의 활동과 딜레마 속에 사각시대에 놓여 있는 기아들, 부자들의 쓰레기로 연명하는 사람들의 모습을 들려주며 사람이 가져야 할 인정과 지구촌 식구로서 당연히 해야 할 도리를 촉구한다. 오늘 내가 먹은 한 끼의 식사는 너무 과하지 않았던가?

35. 「육식의 종말」. 제레미 리프킨. 시공사

제레미 리프킨은 자연과학과 인문과학을 넘나들며 자본주의 체제 및 인간의 생활방식, 현대과학기술의 폐해 등을 날카롭게 비판해 온 세계적인 행동주의 철학자이자 경제학자이다. 그런 그가, 이 책에서는 '소고기'라는 키워드로 현대 문명의 위기를 설명하고 그 해결 방안을 제시한다. 저자는 지구상에 존재하는 12억 8천 마리의 소들이 전세계 토지의 24%를 차지하고 있으며, 미국의 경우 곡물의 70%를 소를 비롯한 가축이 먹어 치운다는 사실을 알려 준다. 이는 굶주리고 있는 인간 수억 명을 먹여 살릴 수 있는 양이다. 제레미 리프킨의 여러 저작들 중에서 가장 재미있게 읽히는 책이기도 하다.

36. 「이반 데니소비치, 수용소에서의 하루」. 솔제니친. 민음사

일반적으로 러시아 소설들은 길다. 등장인물들의 이름도 길고, 사변도 길고, 묘사도 길고, 뭐든지 다 길다. 그래서 큰 감동을 만들어 낸다. 그러나 꼭 길어야 큰 감동을 만들어 내는 것은 아니다. 그 가장 좋은 예가 바로 이 소설이다. 짧은데, 너무도 큰 이야기를 하고 있다. 그리고 인간에 대한 많은 생각을 하게 만든다. 사회와 제도 그리고 이 소설처럼 인간의 잘못된 통치에 대해 예민한 생각을 하도록 만드는 소설은 많지 않다. 만일 이반 데니소비치의 직업이 의사였다면 어떠하였을까?

37. 「잡식동물의 딜레마」. 마이클 폴란. 다른세상

「육식의 종말」이 소고기에 집중한 책이라면, 이 책은 모든 현대인의 식생활을 살펴보면서 현대 문명의 한 단면을 조망하는 책이다. 저자는 마치 직업탐

정처럼 음식사슬의 연결고리들을 확인한다. 그가 드러내는 내용들은 대체로 조금은 불편한 것들이지만, 우리가 알아야 할 진실들이다. '뭘 먹을까'라고 고민하는 시간을 조금만 줄여서 한번쯤 읽어볼 만한 책이다.

38. 「조영래 평전」. 안경환. 강

조영래는 널리 알려진 이름이 아니다. 하지만 그는 「전태일평전」의 숨은 저자다. '숨은'이라는 말이 붙는 것은 오랫동안(그가 43세에 폐암으로 세상을 뜨기 전까지) 실명이 알려지지 않았기 때문이다. 이 책은 인권변호사 조영래의 삶에 대한 기록인 동시에, 온통 금기와 불합리로 가득 차 있었던 70~80년대 한국 사회에 대한 기록이기도 하다. 이 책을 읽으면 불과 한 세대 전까지만 해도 이 나라가 얼마나 터무니없는 나라였는지 알게 되고, 그런 나라가 어떻게 해서 현재의 놀라운 발전을 이루었는지 짐작하게 된다. 저자는 서울법대학장과 국가인권위원장을 지낸 안경환 교수다. 그는 조영래 변호사의 1년 후배다.

39. 「퀴즈쇼」. 김영하. 문학동네

대한민국에서 1980년 무렵에 태어나서 줄곧 이 나라에서 살아온 사람이라면 누구나 공감할 수 있는 최고의 성장소설. 이제 40대 초반인 작가는 이미 우리 작가들 중 가장 많은 나라에서 그의 작품이 번역 출간되고 있는 작가다. 컴퓨터 네트워크 시대의 성장담이자 연애담이지만, 이 책에는 한국의 '오늘'이 너무도 생생하게 그려져 있다.

40. 「한국의 평등주의, 그 마음의 습관」. 송호근. 삼성경제연구소

한국인들은 유난히 평등주의가 강하다고 한다. 사실이다. 평등주의는 때로는 발전의 원동력이고, 때로는 발전을 가로막는 장애물이다. 한국인들의 마음속 깊은 곳에 존재하는 상당히 강한 평등주의에 대해 서술한 책이다. 평등주의의 장점을 잘 활용하고 단점은 보완해야 한국 사회가 한 단계 더 발전할 수 있다. 아주 얇은 책이라서, 앉은 자리에서 다 읽을 수 있다는 점도 큰 장점이다.

41. 「회색인」. 최인훈. 문학과 지성사.

최인훈의 소설, 하면 언제나 「광장」이 등장한다. 그러나 그 소설 말고도 최인훈의 소설 중 꼭 읽어야 할 소설이 하나 더 있다. 바로 「회색인」이다. 이 소설은 매우 생경하다. 작가는 자신이 하고 싶은 말들을 '소설화' 하지 못하고 그냥 작품 속 인물 한 사람의 입을 빌리는 형식으로 매우 생으로 (즉 직선적으로) 그냥 표현하기 때문이다. 그러나 어찌되었든, 해방 시기 후의 북한의 분위기 그리고 전쟁이 난 후 남한으로 피난 온 사람들의 삶과 그들의 의식을 이 책은 아주 정확하게 그려 내고 있다. 그래서 그 시대와 그 시대의 사람들을 더 깊이 이해할 수 있다. 그게 왜 필요하냐고? 그들과 비슷한 상황에서 그냥 북한에 남은 사람들이 지금의 북한 사람들이기 때문이다. 그것을 잊지 않아야 지금의 북한을 이해하고, 분단된 조국을 이해하고, 통일을 이야기 할 수 있기 때문이다.

42. 「Guns, Germs, Steel」. Jahred Diamond. W.W.Norton

이 책은 지구상에 왜 부자나라와 가난한 나라가 있게 되었는지에 대해 질문을

던지며 시작한다. 아프리카 등의 개발도상국의 국민들이 유럽이나 북아메리카 선진국의 국민들에 비해 결코 지능이 떨어지거나 기후가 달라서가 아니다. 무기, 전염병 등을 통해 이것을 갖고 있지 않은 국가들을 몰살시키는 것을 통해 부를 독점하게 된 과정을 흥미롭고 알기 쉽게 보여준다. 아프리카에 사는 사람들은 모두 우리의 조상이기 때문에 이들을 결코 미개한 민족으로 업신여겨서는 안 되며, 그들의 삶을 관찰하면서 오늘날 우리 삶을 발전시킬 수 있는 의미를 찾아야 함을 보여준다. 나에게는 처음으로 흥미롭게 읽은 영어 원서이며, 간결한 문장으로 구성되어 중학교 수준의 영어실력으로도 잘 이해할 수 있다.

C. 문화의 이해

43. 「건축, 음악처럼 듣고 미술처럼 보다」. 서현. 효형출판

저자 서현은 한국에서 가장 유명한 건축가는 아니다. 하지만 한국에서 가장 재미있게 글을 쓰는 건축가다. 건축을 인문학적으로 사고한다는 생각이 모두에게 낯설던 시절부터, 그는 건축과 인간의 관계에 대한 글을 써 왔다. 건축가의 에세이도 아니고 기행문도 아니고 유명한 건물들을 소개하는 책도 아니다. 건축에 관한 지식과 정보가 담겨 있지만 전문적이고 실무적인 내용은 담겨 있지 않다. 하지만 읽다 보면 건축물을 바라보는 눈이 뜨인다. 이 책을 읽으면 유명 건축물 앞에서 '엽서 사진'만 찍고 돌아서는 대신 그 건축물 속에 담긴 인간과 철학을 읽을 수 있는 심미안이 생길지도 모른다.

44. 「굿바이 클래식」. 조우석. 동아시아

조우석은 문화 전문기자로 활동하며 문화'통'으로 널리 알려졌다. 이 책은 클래식에 얽힌 독선과 배제의 구도를 비판하는 책이다. 이러한 비판은 단순히 저자만의 주장이 아니다. 저자는 철학과 인류학, 사회학, 경제학, 의학 등 '클래식은 죽었다'라고 선언한 서구 음악학 정보들을 예로 들면서 클래식에 대한 굿바이를 외친다. 클래식 외에 다른 세상의 음악은 배제하고 대중음악이나 우리 전통 음악을 배제했던 클래식의 독선과 배제의 메커니즘에 대해서도 거부한다. 클래식이라는 문화 권력에 숨은 형이상학과 폭력성에 대한 설명과 분석이 재미있다. 우리 시대에 음악을 듣는다는 것이 무엇을 의미하는지, 음악과 삶은 어떠해야 하는지 생각하게 된다.

45. 「서양미술사」. E.H.곰브리치. 예경

이 책을 읽게 된 동기는 과연 문학이나 사상으로 읽는 고전의 주인공들인 몽테뉴, 단테, 베이컨, 세르반테스 같은 이들이 그들 시대의 고민과 기쁨을 담아낼 당시 어떤 그림을 보고 어떤 음악을 들었을까에 대한 호기심 때문이었다. 이 책은 이런 동기를 채워주기에 충분한 것이었다. 어떻게 '시대정신'이 변화하며 미술의 고민들이 같이 변화하고, 각 나라의 세력과 관심이 일어나고 가라앉음에 따라 이런 흐름들이 나라 사이를 옮겨 가는지를 일목요연하게 보여주기 때문이다. 또한 풍부한 도판들과 쉬운 설명은 부담 없이 작품 하나하나에 사랑과 이해를 가질 수 있도록 도왔다. 두껍지만, 사실 600여 페이지는 상당부분이 도판이고 글도 읽기 쉽게 잘 쓰였고 또 잘 번역되어 읽기가 즐겁다.

Ⅴ. 다른 사람과의 소통과 관계의 이해

46. 「치유의 예술을 찾아서」. 버나드 라운. 몸과마음

나는 이 책을 심장내과를 배우기 바로 직전인 본과 2학년 여름방학 때 읽었다. 심장에 대해서는 기본적인 해부학 및 생리학적 지식 밖에 없었지만 이 책은 의학 지식 전문가로서의 의사가 아니라, 인간을 치유하고 돌보는 의사에 대한 눈을 뜨게 해주었다. 책을 읽을 때는 환자를 단순히 질병의 복합체가 아니라 고통 받는, 인격적인 한 인간으로 대하는 것이 어떤 의미인지 가슴으로 이해하진 못 했는데 오히려 그 감동은 임상 실습을 돌면서 뒤늦게 찾아왔다. 의사들이 저자와 같은 태도로 환자를 돌보고 치료한다면, 첨단 과학의 장이지만 역설적으로 환자가 소외되어 버린 위기의 현실에서, 의학이 '치유의 예술'로 승화되는 아름다운 경험을 하게 될 것이다. 저자의 이야기 중 잊히지 않는 에피소드 하나는 저자의 환자 중 한 명이 병원을 상대로 고소를 준비하고 있었는데 주치의인 저자를 고소하지 않으면 고소 자체가 성립되지 않는다는 것을 알고 그 고소를 취하한 것이다. 그 환자에게는 자신과 인격적인 관계를 맺은 주치의를 고소한다는 것은 상상조차 할 수 없는 일이었기 때문이다. 그렇게 존경 받고 사랑 받는 의사가 되고 싶은 학생들이라면 이 책을 읽어보길 권한다.

Ⅵ. 의사의 직업 전문성

A. 의사의 삶 이해

47.「인턴 X. 닥터 X」. 김영사

1965년 미국에서 한 익명의 의사가 1년간의 인턴생활을 바탕으로 쓴 책으로, 쉽고 재미있게 읽히지만 진지한 학생들에게 의사로서의 생활, 삶, 가치를 생각해볼 수 있게 하는 책이다. 아직 정식 의사생활을 시작하지 않은 의대생들이 읽고 몇 년 후의 생활을 상상해보고, 그 때에 좀 더 유능하고 따뜻한 의사가 되기 위해 어떤 공부를 해야 할지 자극을 받을 수 있었으면 좋겠다.

48.「종합병원 2.0 : Homo Infecticus」. 박재영. 청년의사

이 시대를 살아가는 대한민국 의사들의 삶이 가장 생생하게 그려진 소설. MBC에서 방영된 드라마 〈종합병원2〉의 원작소설이지만, 드라마와는 많이 다르다. 의과대학과 대학병원을 무대로 진행되는 한 외과의사의 성장기다. 의사들의 행동 양식과 육체적 괴로움은 물론, 의사들의 삶의 방식과 영혼의 고통까지 그려져 있다. 부제인 '호모 인펙티쿠스Homo Infecticus'는 인간은 다른 사람과의 접촉을 통해 영향을 받고 감염Infection된다는 뜻에서 작가가 지어낸 말이다.

B. 의사(지식인)의 사회적 책무

49.「아리랑(조선인 혁명가 김산의 일생)」. 님 웨일즈. 동녘

불꽃같은 인생을 살다 간 김산의 일생. 일생이라고 하기에도 너무나 짧았지만 그가 살아있는 동안의 행적들은 실로 놀라운 것이었다. 중국 혁명에 대해서 잘 몰랐지만 다른 시각에서 바라볼 수 있는 계기가 되었다. 일생 동안 그 존재 자체로 혁명 같았던 이. 그리고 어느 시점부터 그가 죽는 날까지 헌신했던 이념과 사상. '공산당'이라는 프리즘을 통해 역사의 단면을 보게 될 기회는 거의 없었는데, 김산을 통해 바라본 그 시대의 현장은 공산당이라는 직접적인 렌즈는 아니라 하더라도 충분히 새로웠다. 그는 중국 혁명에 투신했지만 그의 마음 속 깊은 곳에는 조선이 있었으리라……. 책의 곳곳에서 '지식인'으로 명명되는 사람들이 나온다. 한결 같은 표현은, 지식인은 믿을 수 없다는 것과 지식인은 행동하지 않는다는 것이었다. 그 시대에도 소위 지식인들은 그러하였던가? 지금도 이 땅의 지식인들은 그렇게 조용히, 움직이지 않고 살아가는 사람들이 많다. 나 또한 책임 있는 사람답게 살지 못해 부끄럽다. 그러나 다시 한 번 내가 선택하고 행동하는 것들을 돌이켜 생각해본다. 내가 배우고 공부하는 모든 것이 언젠가 나를 더 넓은 세상, 나를 필요로 하는 곳으로 이끄는 새로운 문이 되길 꿈꾸는 모든 이들에게, 이 책과의 만남을 권하고 싶다.

50.「작은 변화를 위한 아름다운 선택」. 트레이시 키더. 황금부엉이

폴 파머라는 청년의사의 실제 이야기를 다룬 논픽션이다. 폴 파머는 현대적 의미의 슈바이처라 할 수 있는 인물이다. 폴 파머는 하버드 의대와 아이티의 고원지대, 페루의 빈민굴과 모스크바의 교도소까지, 전 세계를 종횡무진하며 조금씩 세상을 바꾸고 있는 인물이다. 단순히 혼자 힘으로 하는 묵묵한 봉사 활동도 물론 의미가 있지만, 더 많은 사람을 조직화하고 더 많은 재원을 끌어들여 더 큰 변화를 가져오는 폴 파머의 활동은 많은 것을 생각하게 한다.

51. 「조피 숄 평전」. 바바라 라이스너. 강

'다시 태어나도 똑같이 행동할거야' 라고 말할 수 있는, 내가 그것을 위해 죽을 수도 있는 그런 큰 가치에 대해 생각해 본 적 있는가. 뮌헨 대학교 학생 시절, 오빠와 함께 교내에서 반 나치 전단을 뿌리다가 체포되어 22살이 채 안된 나이에 처형된 조피 숄의 평전을 읽으면서 나는 무엇을 위해 죽을 수 있나 생각해보았다. 옳은 것에 대한 열망, 그리고 옳다고 믿는 것을 행동으로 보이는 용기로 인해 가슴이 뛰는 시간이었다. 유년 시절 새로운 지도자 히틀러에 열광하던 소녀가 반 나치 투쟁에 목숨을 걸기까지, 사회와 현실에 눈을 뜨고 진실을 알게 되며 느끼는 갈등과 고민들의 면면이 너무나 평범한 인간의 것이어서 읽는 이로 하여금 나도 옳다고 믿는 것을 위해 살고 싶다는 소망을 갖게끔 한다.

52. 「체 게바라 평전」. 실천문학사

그가 지금껏 있었던 많은 무장게릴라와 차별화되는 점은 고기의 물이 되는 일반인에 대한 호감을 위해 노력한 점과 구성원에 대한 철저한 교육에 있다고 할 수 있다. 이런 사실은 그 자신이 인문적 교양과 정신적 동의에 얼마나 비중을 둔 사람이었는지를 보면 알 수 있다. 기름을 가장 많이 낭비한 게릴라. 괴테와 실러를 사랑한 독서광이었던 그의 책 읽는 사진은 내게 그에 대한 가장 뚜렷한 인상을 남겼다. 천식이면서 시가를 즐기는 것만큼 어쩌면 어울리지 않는 것은 무장 게릴라의 독서습관인지 모른다. 하지만 그가 자신이 옳다고 생각하는 방법을 비무장 비폭력이 아닌 무장 폭력으로 선택한 바에야 이는 어쩔 수 없는 일인지 모른다. 공무원에게, 장사꾼에게, 현장 노동자에게 혹 나에게 꿈이 있는가? 그 꿈은 정말 소중한 것인가? 그렇다면 인간에 대한 이해와 삶에 대한 빛을 던지는 책을 읽어야 함을 깨닫는다. 이 책은 한 기자의 후향적 조사에 의한 연대기적으로 재구성한 체의 삶이다. 너무 많은 취재 내용과 사건 나열로 오히려 체가 가려지도록 내용이 장황해진 면이 없지 않지만, 체를 만나기에는 큰 장벽이 되진 않는다. 쿠바의 현실과 볼리비아의 꿈 사이에 불시착한 체에게 사람들이 애정을 갖는 것은 그의 인간다움과 강한 외면에 숨긴 연약한 모습을 유지케 한, 끊임없이 책 읽는 자로서의 깨어있음이 우리 마음을 움직이기 때문이리라.

53.「폴 브랜드 평전」. 도로시 클라크 윌슨. 좋은 씨앗

일반인들에게 가장 존경 받는 의사로 기억되는 이름이 있다면 슈바이처일 것이다. 그러나 기독 의사들에게 가장 기억되고 존경 받는 의사가 있다면 그것은 폴 브랜드일 것이다. 나병 환자들을 위해 평생을 헌신하며 살아간 그의 일대기는 분명 가슴 뻐근한 묵직함을 가지고 있다. 힘들게 의학 공부를 하고 의사가 된 다음에 무엇을 하며 살아가야 하는가를 고민하고 질문하는 젊은 의사들과 의학도들에게 '이 사람을 보라'고 이야기 할 수 있는 큰 이름인 것이다.

C. 의사의 리더십

54. 「난중일기」. 노승석역. 동아일보사

난중일기의 번역본은 그 동안 많이 나왔지만, 완역본으로 나온 것은 이것이 처음이다. 그만큼 역자는 이 책을 만드는 데 있어 많은 노력을 기울였다는 것이다. 이순신이 없었으면, 지금의 한국은 없었을 것이다. 일본의 대륙 땅 한 부분이었을 것이다. 그래서 우리는 모두 인간적으로 그에게 거대한 신세를 진 사람들이다. 그런데 그는 우리에게 다행히도 일기를 남겨 주었다. 그가 어떤 인물이었고, 어떤 어려움들을 겪어 내었으며, 그래서 어떤 나라를 이루게 만들었는지를 정직하게 볼 수 있게 한다. 초등학교 때 대충 읽은 책이라고 넘어가면 안 된다. 어른이 되어 어른 이순신이 쓴 일기를 읽는 것은 어른의 책임이기도 하고 특권이기도 하기 때문이다.

55. 「내 영혼의 스승들 (I, II)」. 필립 얀시. 좋은 씨앗

인생을 어떻게 살아야 할까? 인생에서 가장 중요하고도 가장 어려운 질문이다. 답하기가 너무도 어려운 질문이다. 그런데, 그 답을 찾는 가장 효과적인 방법이 하나 있다. 그것은 바로 '아주 잘 산 위대한 인물들의 삶을 벤치마킹하는 것'이다. 그래서 많은 위인들 각각의 전기를 찾아 읽는 것이 필요할 것이다. 그런데 때로는 어떤 뛰어난 작가에 의해, 아주 중요한 인물들의 삶의 핵심 부분을 모아 매우 효과적으로 정리해 놓은 책을 볼 수 있다. 지금까지 그러한 책 중 가장 좋았던 책이 바로 이 필립 얀시의 「내 영혼의 스승들」이다. 간디, 마틴 루터 킹, 도스토예프스키, 톨스토이 등 우리가 인생을 살아가면서 반드시 길을 물어보아야 할 사람들을 그는 아주 섬세하게 만나고 있다. 이제는 우리가 그들을 만날 차례이다.

56. 「마하트마 간디」. 요게시 차다. 한길사

과거 식민지 사람들 중 독립 운동을 한 사람들은 수없이 많았다. 그러나 그 독립 운동이 정치적인 차원을 넘어 인류의 위대한 정신적, 영적 운동이 되도록 만든 사람은 단 한 사람뿐이다. 바로 간디이다. 뜻밖에도 현대 젊은이들은 간디를 잘 모르거나, 그저 비현실적인 비폭력 저항을 한 깡마른 노인 정도로만 알고 있다. 그러나 그가 죽었을 때 아인슈타인은 '앞으로 인간들은 세상에 이런 인간이 존재했었다는 것을 믿지 못할 것이다'라고 이야기 했다. 정말로 간디는 그 후세에, 현존했던 의미 있는 존재로 인식되지 못할 만큼, 그만큼 위대하고 큰 인물이다. 그에 대한 많은 전기가 나와 있고 유명한 자서전도 있다. 그러나 그의 죽음까지를 포함해, 가장 포괄적이고도 생생하게 간디의 구석구석을 우리에게 보여 주는 아주 훌륭한 책이 만들어졌다. 그러기에 이 책을 다 읽고 나면 저자에게 감사한 마음을 가지게 된다.

57. 「쉽게 읽는 백범일지」. 김구. 돌베개

백범일지는 원본을 읽기가 어렵다. 나오는 실존 인물만도 500명이 넘는데, 그들은 또 동일한 인물이 다른 이름으로도 나오기 때문이다. 따라서 원본의 맛과 줄거리를 그대로 살리면서도 쉽고 재미있게 읽을 수 있는 책이 「쉽게 읽는 백범일지」이다. 백범 연구에 20년 가까이 몰두해 온 도진순 교수의 역작이기도 하다. 이 책을 읽으면 망해가는 한 나라의 보잘것없는 한 상민아이로 태어나서 묵묵히 그 자신을 끊임없이 확대해 그가 사랑한 가족, 민족, 역사적

삶까지 책임지고자 노력했던 강하고, 부드럽고, 유머러스한 한 지도자를 만날 수 있다. 여러 번 읽을수록 더 감동하게 되고, 그가 사랑했던 민족의 일원이라는 것이 가슴 벅차다.

58. 「이순신의 두 얼굴」. 김태훈. 창해

잘 모르겠다. 책 소개에서 이야기 한 이순신에 대한 책이 두 권 더 있다. 「난중일기」와 「칼의 노래」가 그것이다. 이 〈이순신 3종 세트〉 중 어느 것을 먼저 읽고 어느 것을 그 다음에 그리고 어느 것을 마지막에 읽는 것이 가장 좋은지 잘 모르겠다. 그러나 분명한 것은 어떤 순서로 읽든지, 세 권 모두를 다 읽고 나면 세 권 각각이 가지고 있는 의미를 더 깊이 이해하게 될 것이라는 것이다. 한 권은 이순신 본인이 쓴 것이고, 한 권은 탁월한 소설가가 쓴 것이고, 한 권은 매우 꼼꼼한 실증학자가 모든 자료를 뒤져서 만들어 놓은 것이기 때문이다. 그래서 비로소 진짜 이순신은 우리 앞에 나타난다. 그 감동스러운, 그 진짜 인간 이순신이.

59. 「자유를 향한 머나먼 여정 (넬슨 만델라 자서전)」. 아태평화출판사

지금 소개자의 책상 앞에는 넬슨 만델라의 사진이 걸려 있다. 그가 대통령이 된 후 다시 옛 감옥으로 돌아가 찍은 기념사진이다. 30년의 세월을 감옥에 있었던 사람. 그리고 그것이 한恨이 아닌, 용서와 포용으로 열매 맺는 내면세계를 가졌던 사람. 그래서 결국은 흑인차별의 극한에 서있던 남아프리카공화국을 평등의 나라로 만든 사람. 그리고 무엇보다도 중요하게, 그것을 평화롭게 이룬 사람. 그 만델라가 자신의 삶을 적어 놓은 책이다. 우리와 동시대를 살아가고 있는 최고의 인간 앞에서 우리는 많은 질문과 대답을 듣는다. 그 생각, 그의 사랑, 그의 여유, 그의 힘. 그것을 볼 수 있는 좋은 기회의 책이다.

60. 「정관정요에서 배우는 난세를 이기는 지혜」. 양판 저. 예담

인류 역사상 가장 위대한 정치 지도자로 꼽히는 사람이 당나라 태종이다. 그가 당나라를 다스리면서 국력을 엄청나게 키워냈기에 그의 사후에 결국 백제와 고구려가 멸망을 당하게 되니 우리 민족에게는 그리 우호적인 느낌을 주지 않을지도 모른다. 그러나 그가 그의 신하들과 국가의 통치에 대해 나눈 대화는 지금 읽어도 너무나 큰 전율을 준다. 인간이 얼마나 지혜로울 수 있고, 겸허할 수 있으며, 권력 앞에서 용기 있을 수 있고, 인간의 내면을 꿰뚫어 볼 수 있는가라는 점에서 그런 것이다. 「정관정요」를 직접 읽을 수노 있지만, 그것을 간단히 잘 정리한 이 책을 읽는 것으로도 충분히 도움을 받을 수 있다. 지도자의 책임을 가져야 하는 사람들에게 반드시 추천할 책이다.

61. 「CEO 대통령과 7가지 리더십」. 데이비드 거겐. 스테디북

잘못 번역된 제목을 가지고 있지만 (실제 제목은 Eyewitness of Power 이다), 내용은 엄청난 책이다. 저자는 닉슨부터 시작해 6명의 대통령과 함께 백악관에서 공보 담당 일을 담당한 노련한 언론인이고 지금은 하버드 케네디 행정대학원 교수로 있는 사람이다. 그가 자신이 본 닉슨, 포드, 레이건, 클린턴 등의 대통령들이 어떻게 그들의 역할을 하면서 실패도 하고 성공도 하였는지를 보여준다. 저자의 해박함, 미국 정치에 대한 예리한 분석 시각, 많이 축적된 경험 등이 한 권의 책에 너무도 잘 녹아 있다. 리더십이라는 주제를 가지고 공부하고 싶은 학생들에게 추천 1순위 책이다. 그리고 의사는 환자, 보호자, 동료 의사들, 간호사들, 의료보조 요원들의 리더이다.

Ⅶ. 과학

62.「과학혁명의 구조」. 토머스 S. 쿤. 까치

1962년 처음 나온 이 책은 과학의 발전에 대한 새로운 시각으로 과학사의 접근에 새로운 지평을 열어주었으며 과학자와 관련 학생뿐 아니라 다른 특수 분야의 역사에 대한 고찰에도 영향을 미친 책이다. 과학의 발전을 점진적 누적이 아닌 대안적 체계(패러다임)로의 교체로 보는 저자의 견해는, 현재에 밝혀진 사실 혹은 심미적 믿음에 근거한 대안이 새로운 세계관을 창출하며 이것이 기존의 것에 대한 실용적 우위를 증명할 때 급격한 개종conversion이 발생해 과학구조의 변화가 발생한다는 것으로 요약할 수 있다. 결국 과학의 진보란 점점 베리타스truth에 접근하는 것이 아니라 해결되는 문항 수를 늘리는 풀이법으로 교체해 가는 과정일 뿐이라는 것이다. 이런 견해로 보자면 자연을 상대하는 과학자에게 진정 필요한 혁명적 성격은, 결국 이런 개종의 위기를 인식하고 기존에 의지하던 정상과학을 해체하며 수많은 다른 관점에 마음을 열고 자기 눈을 바꾸어 보는 여유가 아닐까? 그의 관점은 진화론적이라는 점에서 참신하게 와 닿는다. 이 책은 결국 과학의 현재 모습을 목적론적 관점에서가 아닌 비목적론적 관점의 진화의 산물로 본다. 즉 특정 패러다임 종species

의 생존을 자연선택의 결과로 봄으로써 과학의 발전에 대한 최고 목적 지향의 신화를 깨뜨리고, 과학자 사회의 환경요소에 의한 적자생존의 연속으로서 과학사를 규정한다. 이것은 다윈적 모델의 과학사적 적용이라고 할 수 있다. 자연선택의 단속적 진행이 지속적 진보의 모습으로 보이는 후향적 착시를 일으킨다는 것이다. 내 입장에선 무작위적이며 보이지 않는 선택이 과학자 사회의 기호嗜好, 가치와 연관되어 있음을 보여주는 저자의 통찰은 도리어 무작위 안에 항상 내재되어있는 목적론적 방향성을 느끼게 해 준다. 그리고 현재 나에게 주어진 과학자로서의 위치에서 선행 표준예제를 따르며 진행하고 있는 과제의 상대성을 알 수 있었고, 우연히 현재는 다른 패러다임 그룹 안에 와서 그 견해에 대한 해석에 참여할 수 있는 기회를 가지고 있음을 깨닫게 되었다. 결국 나는 지금 현재는 패러다임 미탑재다.

63. 「링크(21세기를 지배하는 네트워크 과학)」. 알버트 라즐로 바라바시. 동아시아

살다 보면 뒤통수를 얻어맞은 듯한 충격을 주는 책들이 있다. 이 책이 그랬다. 복잡한, 그래서 설명되지 않는 수많은 현상 뒤에 감추어진 질서정연한 새로운 코스모스. 그것은 네트워크와 허브였다. 관계의 측면에서만 설명되는 현재의 모습, 그것을 가장 많이 좌우하는 허브의 존재. 이것은 무질서라고 생각했던 표면적 사건을 수학적 아름다움과 설명되는 세계로 끌어들인다. 이런 수학적 아름다움의 배후에는 '성장'과 '선택적 링크'가 있다고 한다. 새로운 링크가 계속 생겨나고 이 링크는 더 우월한 곳을 찾아 연결된다. 이런 과정을 통해 거대 허브가 탄생하게 된다는 것이다. 이것은 곧 '노드의 질'이 경쟁관계에서는 중요하고 독점관계에서조차 생존을 결정할 수 있다는 것이다. 그리고 이렇게 생성된 네트워크는 그 자신의 고유한 특성을 공유하게 된다는 것이 골자이다.

하지만 네트워크는 '판단을 유보시키는 현상설명'이다. 부자가 더 많이 버는 현상, 거기에는 가치 판단이 들어있지 않다. 소외와 집중, '백 명이 사는 마을의 몇 부자들'과 그들의 허브로서의 현상이 그들의 정당성을 설명하는 것이 아니다. 판단의 몫은 여전히 우리에게 있다. 현상이 압도적일 때 우리는 '인간'이 아니다. 우리는 여전히 '현상을 거스르는 사람'을 볼 때 감동하고 눈물 흘리는 인간이다. 그래서 네트워크는 '가치가 아닌, 수단으로서 현상의 이해 방법'이다. 자연을 이해하는 것은 이용하고자 일수도 있고, 보호하고자 일수도 있다. 더 잘 이해하는 배후에는 동기가 있다. 착취를 위한 이해와 사랑을 위한 이해. 선택해야 한다. 거슬러야 할 힘은 생각보다 강력하다. 스토아들은 'Let it be'라고 말하지만, 본성은 악하다고 말한 사람들의 말에 진리가 있다. 그것은 '비도덕적 사회'의 힘이고, 어쩔 수 없는 네트워크의 현실이다. 새로운 문으로 들어서는 열쇠를 든 사람은 뭘 위해 이 힘을 선점하려 하는지 생각해 보아야 한다.

64. 「엔트로피」. 제레미 리프킨. 세종연구원

저자의 견해가 지나친 것은 그의 예상이 하나도 맞지 않았다고 주장하는 사람들이 설득력을 갖게 하는 증거들이 많기 때문이다. 저자가 이야기한 석유에너지 고갈과 그로 인한 파국은 이 책이 나온 지 30여 년이 지난 아직도 찾아오지 않았다. 엔트로피를 중심으로 한 세계관의 득세와 대전환도 모든 학문 분야에서 아직도 나타나지 않았다. 우주와 합일하는 인간의 삶에 대한 자각과 삶의 개선도 미미하다. 그의 주장의 근거는 논리적으로 모두 옳다. 석유에너지는 언젠가, 아니 곧 고갈될 것이고 이것은 현재의 생활패턴에 심각한 장애를 초래함은 물론 그 소용돌이 속에서 수많은 전쟁과 기아와 무질서로 인해 나를 포함한 인류의 질병과 고통과 죽음을 초래하게 될 것이다. 그리고 이런 급격한 진행을 막을 방법은 오로지 세차게 브레이크를 밟는 방법 이외에는 없어 보인다. 다만 그의 주장은 우주의 엔트로피가 상승하며 그 흐름은 가속화되고 가용 물질은 고갈되어 버릴 것이라는 것에서 더 나아가 이것으로 역사와 종교, 과학과 경제를 일반화하려 한다. 내가 그의 주장에 대해 반감을 갖는 이유는 이런 확장해석의 오류 때문이다. 이것은 성경의 한 구절을 근거로 신문기사와 과학논문 잡지, 자연의 이상 현상을 증거 삼아 점점 논리를 확장해 어느 때 어느 곳에 예수님이 다시 오신다고 주장하던 사람들을 연상케 한다. 그 시간이 지나고 그들은 다시 다른 논리로 다음 휴거 일시를 지정할 것이다. 너무 약한 근거 위에 너무 큰 성을 쌓은 결과이다. 리프킨의 방향이 틀린 건 아니다. 다만 올바른 크기의 근거 위에 보여주어야 하는데 그는 이미 첫 번째 휴거일을 맞추는 데 실패한 것 같다. 다음 날짜를 맞추려 하지 말고 더 포괄적 그림의 탄탄한 배경을 보여줄 수 있으면 좋으련만……

65. 「이기적 유전자」. 리처드 도킨스. 을유문화사

고전이 된 리처드 도킨스의 책이다. 요즘 리처드 도킨스는 재단까지 만들어 종교와 투쟁을 하며 전 세계적으로 큰 영향력을 행사하는 과학자이다. 「이기적 유전자」는 그의 생각을 가장 잘 파악할 수 있는 책이라고 평가 받고 있다. 저자는 인간을 포함한 생명체는 유전자에 의해 창조된 기계이며 생명현상은 결국 이기적 유전자의 자기 복제를 위한 전략적 행동이라고 말한다. 또한 밈 meme 이론을 통한 문화적 진화의 주장과 인간의 본질에 관한 실제 실험과 이론을 통해 인간의 본질에 대해 설명한다. 그가 이야기하는 밈의 개념은 아직까지 많이 인용된다.

66.「종의 기원」. 찰스 다윈. 동서문화사

다윈은 모든 생물이 한 생명체에서 분지되어 환경에 적응하며 다양화되었다고 본다. 그리고 다양한 생명체들은 유전을 통해 일정한 성질을 지닌 종을 구성하게 된다. 수많은 조상종과 분지되어 나온 종들, 혹은 다른 속에 속한 생물들끼리도 환경 안에서 서로 경쟁하며 조금이라도 유리한 형질을 가진 종들은 생존해 번영하고 작은 차이라도 이 경쟁에서 뒤쳐지기 시작하면 결국 멸절하게 된다. 실제로 조상종의 대부분이 멸절한 것은 후손종이 훨씬 특이한 형태로 환경에 유리한 기관이나 조직을 가지게 되기 때문이라는 것이다. 생존을 위해······. 현대생물학은 종 내부에서 적응에 따른 변화는 가능해도, 염색체 수가 다른 종으로의 변화는 설명이 힘들다는 의견이 여전히 많은 편이다. 생쥐의 조상이 사람으로까지 변하는 것은 유전적으로 설명이 어렵기 때문이다. 연금술에서 말하는 납으로 금을 만드는 원소의 변화만큼 염색체수의 변화는 가능성이 낮은 일이다. 하지만 당시 이런 종의 기원과 진화에 대한 포괄적 그림은 기존의 세계관을 위협하기에 충분했고, 이로 인해 점진적 개량과 진보에 의한 완성, 자연의 내재적 생명에너지에 대한 생각들이 그 이후 철학과 인간사회의 가치에 영향을 주었음은 틀림없다. 인간은 진화의 와중에 나타난 생명체 중 유리한 두뇌시스템으로 인해 타종을 물리치고 지구의 지배자가 된, 가장 최근에 발달된 동물의 하나로 인식되기 시작한 것이다. 이것은 인간사회 내에서도 삶살이의 방법을 결정한다. 진정한 생존의 법칙은 더욱 강하고, 경쟁자를 따돌릴 수 있는 도구를 사용할 수 있는 최적자만이 번성해 갈 수 있다는 뜻이다. 무기이든 사회시스템이든, 한정된 자원의 독점자만이 미래에 존재하며, 약자에게 미래는 없다. 이것은 분명 우리 사회의 진실의 일면을 보여준다. 하지만 이 책에서 유추되는 인간의 존재의 의미 그리고 삶의 방법을 선뜻 받아들이기에는 생물학의 검증을 더 많이 요구하고픈 생각이 든다.

67.「최무영 교수의 물리학 강의」. 최무영. 책갈피

20세기 교양이 문학이나 역사 등의 인문학이었다면 21세기 교양은 아마 일반상대성이론이나 양자 역학 같은 자연과학적 성취가 아닐까 생각한다. 이 책은 전문적인 지식을 갖고 있지 않은 일반인들도 예술이나 문화를 이야기하듯이 과학을 쉽고 친근한 문화로 접할 수 있게 도와준다. 그렇다고 가벼운 쟁점들이나 흥미로운 현상만을 다루지는 않는다. 과학의 중요 주제들인 고전역학이나 현대물리학의 핵심 토대인 양자역학과 상대성이론, 나아가 21세기의 최신 주제들까지 폭넓게 다루고 있다. 중간 중간에 학생들의 질문과 교수의 납변이 실려 있는 강의식으로 구성해, 저자의 강의를 직접 듣는 것 같은 느낌을 선사한다. 문학과 예술의 여러 분야를 넘나들며 과학을 설명함으로써 읽는 재미를 더해주고, 해학과 재치가 어우러진 강의로 일반인들에게 친근하게 다가간다. 또한 어려운 외국어 용어들을 쉽고 친근한 토속말로 표현했다. 쉽고 재미있게 현대 물리학 이론들에 접근하게 해주며 강의형식이 친근하고 쉽게 읽힌다.

Ⅷ. 문학

68. 「거대한 괴물」. 폴 오스터. 열린책들

폴 오스터라는 뛰어난 미국 작가가 있다. 아주 유명하다고 할 수는 없지만, 수많은 열혈 팬들을 전 세계에 거느리고 있다. 국내에도 그의 작품 대부분이 번역되어 나와 있다. 그의 여러 작품들 중에서, 이 소설은 특히 빼어난 작품이다. 사실주의와 신비주의를 하나의 소설에서 모두 추구한다는 것이 도대체 가능할까? 폴 오스터의 소설들은 대부분 그게 가능함을 보여준다. 폴 오스터는 최고 수준의 상상력과 문장력 그리고 인간에 대한 따뜻한 시선을 고루 갖추고 있는 작가다.

69. 「도쿄타워 : 엄마와 나, 때때로 아버지」. 릴리 프랭키. 랜덤하우스코리아

에쿠니 가오리라는 작가의 동명소설 말고, '엄마와 나, 때때로 아버지'라는 부제가 붙은 이 소설. 아주 재미있고, 눈물이 핑 돈다. 일본에서는 드라마와 영화로도 만들어졌다. 기가 막힌 성장소설이다. 자신이 불효자라고 생각하는 사람, 오랫동안 어머니와 떨어져 살아 본 경험이 있는 사람이 읽으면 더욱 감동적이겠다. 이 소설을 읽으면 '환자가 된다는 것'이 무엇인지도 덤으로 알 수 있다.

70. 「바티스타 수술 팀의 영광」. 가이도 다케루. 예담

'메디컬 엔터테인먼트'라는 장르의 진수를 보여주는 소설. 추리소설 비슷한 형식을 띠고 있지만 전형적인 추리소설은 아니다. 대중소설처럼 보이기도 하지만, 문학성도 겸비하고 있다. 작가가 의사라서, 리얼리티도 뛰어나다. 이 작가는 이 책을 쓴 이후 몇 권의 비슷한 소설을 더 집필했는데, 이 책을 읽는 대부분의 독자는 이 책의 속편 격인 두 권의 소설도 찾아서 읽게 될 것이다.

71. 「백석을 만나다」. 이승원. 태학사

그 동안은 미당 서정주가 나이 드신 또는 돌아가신 시인들 중에는 최고의 시적 감각을 가진 시인이라 확신하고 살았다. 물론 신동엽이나 고은이나, 그런 뛰어난 시인들이 많지만 말이다. 그러다가 자신의 고향으로 월북해 옛날에는 읽을 수 없었던 해금된 시인 백석의 시를 만나게 되었다. 그의 시는 하나의 충격이었다. 이런 시를 쓸 수 있는 것이었구나. 그것도 그 옛날에.(이 말이 결코 옛날의 시인들을 폄하하는 말이 아님을 이해해 주시길 부탁드린다) 그런데 백석의 시는 심한 평안도 방언과 고어체로 되어 있어 그 시의 언어를 이해하기 어렵다. 반드시 좋은 해설집을 가지고 접근해야 한다. 그런 책들 중 이승원의 이 책은 매우 좋은 길잡이 책이다. 백석의 시를 만나면 행복해 진다. 오늘, 행복해지고 싶지 않은가?

72. 「소네트 시집」. 셰익스피어. 샘터사

소네트는 셰익스피어가 서른을 바라보던 1593년부터 1596년 사이에 대부분 쓰였다고 한다. 비록 이른바 셰익스피리언 소네트라 하는 abab cdcd efef gg의 운율을 원문으로 즐길 수는 없다 해도 피천득 시인의 번역은 매끄럽고, 마지막 두 행의 반전을 살려내는 맛이 있었다(사실 이 번역본의 시 전체가 마지막 두 행이 그림이 놓여있고 뒤로 물러나 앉아있다!). 더욱이 셰익스피어가 장중한 맛의 기존 소네트를 비웃으려는 의도로 쓴 것을 드러내듯 번역자는 해학과 장난기를 담아냈다. '내게 필요 없는 하나를 더 달고' 나왔다느니 하는 표현은 압권이다. 그리고 후반부의 〈월과 월의 경쟁〉과 〈아이 버리고 닭 좇아가는 엄마〉 같은 시는 요절 복통감이다.

73. 「어느 가슴엔들 시가 꽃피지 않으랴」. 민음사

이것은 시 모음집이다. 시인들이 추천한 한국 시 100선을 정리해 모은 책이다. 주로 중, 고등학교 국어 교과서에 등장하는 시들과 그 시대의 시인들의 시에만 지식이 한정 되어 있는 분들에게 추천한다. 교과서의 시 이후에도 우리나라에 얼마나 눈부신 시인들이 많이 나왔고, 그들에 의해 얼마나 많은 아름다운 꽃들이 이 땅 위에 가득 차게 되었는지를 알게 하는 시집이기 때문이다. 문득 발견하는 너무도 좋은 시가 있으면, 그 시의 작가가 쓴 다른 시들을 찾아보는 기쁨을 누리게 하는 것은, 이 시집이 가진 또 다른 선물이다. 그리고 정끝별과 문태준 시인의 시 설명이 시를 더 풍성히 보게 만든다.

74. 「주홍글씨」. 나다나엘 호손. 문예출판사

이 책은 처음부터 끝까지 주홍글씨를 단 헤스터와 딤머즈데일 목사 두 사람을 대비하며 이야기를 이끌어나간다. 죄는 두 사람에게 동일하게 저질러지고 또 주어졌다. 헤스터에게 죄는 너무나 명백해 스스로 이야기할 필요도 없는 것이다. 뉴잉글랜드에 태어나 누구나 철이 들면 그녀 가슴에 새겨진 글씨의 뜻을 알았다. 더욱 확실한 것은 헤스터 자신이 죄인임을 인정하고 그 처벌을 달게 받고자 했음이다. 주홍글씨는 그녀에게 끊임없는 죄의식의 자각이며 또한 그래서 이 땅에 살아갈 이유이며, 절망인 동시에 구원의 가능성이다. 그녀는 자신의 죄를 인정함으로써 진정한 자기가 되었고 이 단독자는 절대자와 독대할 가능성을 갖는다. 그 반대편, 이야기의 핵심에 딤머즈데일이 놓여있다. 그도 죄인이다. 하지만 그의 죄는 그에게 단독자의 죄로서 인식된 적은 없다. 그가 죄인이라 말하는 건 이를테면 교회의 교리로서 죄인이다. 이 때 죄인은 결코 단독자 혹은 개별자로서의 죄인은 아니다. 보편성 안에 있는 죄인이다. 그는 사실 이런 죄 안에서 절대 안전한 셈이다. 고해든 주기도문이든 사람들 앞에 보편 죄인은 죄인이 아니다. 칠 년의 시간은 그렇게 지나갔다. 그러나 그의 속에는 타들어 가는 다른 죄의 자각이 있었다. 이 자각이야말로 그에게는 구원의 표지일 수 있다. 헤스터에게 밖으로 나타난 주홍글씨가 구원의 표지일 수 있듯이, 보편성의 허울 밑에 자라난 마음속의 주홍글씨는 그에게 죄를 똑바로 보도록 한다. 그 글씨를 끊임없이 요구하는 펄이야말로 그의 양심과 함께 그에게 유일한 구원의 가능성이다. 나도 죄인임을 고백할 수 있다. 그러나 진정한 의미에서는 아니다. 때로 사람들이 나의 허물을 이야기하거나 비난할 때 나는 억울하고 화가 날 뿐이다. 또한 명백한 죄 앞에서 나는 많은 변명의 둥지를 만들고 거기에 틀어 앉는다. 나는 나를 속이고, 꾸며진 나를 다른 사람들 앞에 보인다. 보편성의 죄에 너무나 익숙한 내 방식의 죄에 대한 수용이다. 나는 나 자신에게 속고 있으면서도, 스스로 구원의 자격이 있는 듯이 위로할 수 있는 것이다. 백 수십 년 된 미국소설이 내게 이렇게 부딪힐 줄은 정말 몰랐다.

75. 「천년 동안에」. 마루야마 겐지. 문학동네

일본에서 '언어의 수도승'으로 불리는 작가의 대표작이다. 이 소설의 화자는 천년 동안 살아온 '나무'다. 태초의 시간과 현대가 공존하는 상상력의 스케일이 그야말로 웅장하다. 과거와 현재와 미래가 뒤섞이는 이 소설은 현대 문명의 폐해에 대한 비판을 통해 '인간'의 본질을 탐구한다. 웅장한 스케일과 무거운 주제의식에 비해서는 스토리 자체도 제법 재미있다. 마루야마 겐지는 일반인들에게는 널리 알려져 있지 않지만, 적지 않은 작가들이 가장 존경하는 작가로 손꼽는 사람이다.

76. 「천상병 전집」. 천상병. 평민사

나 하늘로 돌아가리라/ 아름다운 이 세상 소풍 끝내는 날/ 가서 아름다웠더라고 말하리라. 그의 시집 속에는 가난이 묻어있지만 영혼의 따뜻함과 풍요가 넘친다. 이와 같은 시를 읽고 눈물 흘릴 수 있는 감수성이 있는 의사가 된다면, 환자와 자신을 위해서 더 행복할 수 있을 것 같다.

77. 「침묵」. 엔도 슈사쿠. 홍성사

고통 가운데 신은 어디에 있는가. 인간의 고통에 침묵하는 하나님은 과연 선한가. 아마도 신앙을 가진 사람이라면 누구나 이런 생각을 한번쯤 했을 것이다. 아니, 신의 존재를 부정하는 사람들은 이와 같은 논리로 신의 부재를 주장하기도 한다. 일본에 선교하러 간 포르투갈 예수회 소속의 스승이 배교했다는 소식을 듣고 확인하기 위해 찾아간 로드리고 신부. 거기서 그는 그리스도인이라는 이유만으로 고난당하고 죽어가는 사람들의 아픔을 외면한 채 침묵하는 하나님을 아픈 마음으로 찾는다. 그리고 그의 선택에 따라 수많은 사람들의 고통이 달려있는 상황에까지 이르게 된다. 과연 그는 예수님의 얼굴이 그려진 성화를 밟을 것인가. 과연 신은 끝까지 침묵하기만 하는가. 그대가 신앙을 가지고 있든, 그렇지 않든 이 책을 읽고 나면 어떤 종교적인 교리나 형식에도 제한 받지 않는 위대한 신적 사랑을 느끼게 될 것이다. 그리고 특히 그리스도인이라면 내가 독선적인 기준으로 상대를 판단하는 것이, 실제로는 얼마나 참 신앙과는 공존할 수 없는 것인지 알게 되어 마음이 아플 것이다.

78. 「칼의 노래」. 김훈. 생각의 나무

책을 읽으면서 그리고 다 읽고 난 후, 이 책이 원래 '한국어'로 쓰여 졌다는 사실, 그리고 그 한국어가 나의 모국어라는 사실, 그래서 내가 이 책을 작가의 의도대로 가장 정확히 느끼면서 읽을 수 있는 독자 중 하나라는 그 사실에 감사하고 황공하게 느낀 책이 바로 이 책이었다. 작가는 우리 시대에 '고전'을 만들어 내었고, 이순신이라는, 민족의 위대한 인간을 우리에게 다시 보여주었다. 이런 작가를 우리 시대에 가지고 있다는 것만으로도 행복하다고 느낄 수 있는 그런 책이다. 읽고 느끼고 생각하고 나면, 자신도 글을 쓰고 싶은 충동을 느끼게 될 것이다.

79. 「캉디드」. 볼테르. 을유문화사

내가 누군가의 말을 비웃기 위해 이야기를 쓴다면 이렇게 쓸 수 있을까? 볼테르는 라이프니츠의 낙천주의를 비웃기 위해 캉디드의 모험 이야기를 그려낸다. 서스펜스와 스릴, 진기한 구경거리와 신기한 세계의 모험이 아닌 진짜 18

세기의 세계를 여행하는 모험담. 실재 인물이었으면 몇 번 죽었겠지만 캉디드는 007처럼, 불사조처럼 살아난다. 라이프니츠(이 책의 판글로스 선생님)의 철학이 옳다는 걸 보여주기 위해……. 결국 처참함과 고통, 잔인과 추악함만이 가득한 세상임을 여실히 보여주는 캉디드와 그의 연인 퀴네공드의 여정. 볼테르는 인생이 아름답고 완벽하다는 말도 안 되는 소리하지 말라는 거다. 라이프니츠의 마음과 그 속내를 읽기보다는 곡해하고 비웃는다. 그리고 꿈이 아닌 현실을 챙기다 보면 후대도 덕을 본다는 그의 생각을 비꼼을 통해 드러낸다. 그 자신이 이렇게 인생을 헤쳐 나가려 돈 버는 데도 열심이고 이상주의 비웃는 데도 평생 분주했던 사람이다. 결국 이야기의 결론에서 그는 '자기 밭이나 갈아라'하고 독자들을 내동댕이친다. 어쩌면 요새 우리들이 가진 인생관의 원본이 그의 현실적 가치관이 아닌지……. 18세기 코믹 풍자소설이 우리 생각의 뿌리를 보여준다.

80. 「허삼관 매혈기」. 위화. 푸른숲

중국 작가 중 가장 유력한 노벨상 후보로 거론되는 인물 중 하나가 위화다. 너무 웃기고 매우 익살스러운 내용인데 읽다 보면 눈물이 난다. 바꾸어 말하면, 너무도 슬프고 애잔한 내용인데, 읽다 보면 자꾸만 실없이 웃음이 난다. 피를 팔아서 가족을 부양하는 아버지의 이야기 속에 중국의 근대 풍경이 녹아 있다.

81. 「혼불(전 10권)」. 최명희. 한길사

이 책을 읽을 때 나는 밤마다 잠을 이루지 못했다. 소설에 너무 깊이 빠져들어 다음 날을 걱정하면서도 새벽 3, 4시까지 읽어댔고 결국 마지막 장을 덮고 나서야 숨을 돌릴 수 있었다. 갈등이 최고조에 이르렀을 때는 숨도 쉬지 못하다가 조금씩 둘러 갈 때는 마음을 놓곤 했다. 그림을 그리듯, 씨실과 날실을 엮듯 세밀하게 묘사한 우리네 전통 문화와 예식, 종교, 일상생활은 그 어떤 논문이나 문화 연구 보고서보다도 위대한 것이리라 생각한다. 무엇보다도 감탄할 만한 것은 문체다. 글을 읽어내려 가다 보면 운율이 느껴진다. 마치 전통적인 가락이 담겨 있는 것 같다. 산문이지만 시처럼, 아니 실은 시조처럼 착착 감기는 맛의 문체는 책을 읽는 내내 곱씹게 만든다. 우리말의 아름다움과 우리네 삶의 결을 느끼게끔 하는 이 소설을 경험해보길 추천한다.

Ⅸ. 종교

82. 「간화선」. 대한불교조계종 불학연구소. 조계종 출판사

불교에 대한 소개를 잘 하고 있는 책은 여러 권이 있다. 그런데 이 책은 그런 책 중에서도 좀 특별하게 느껴진 책이다. 불교의 핵심인 '선禪'에 대해 매우 실제적으로 잘 정리해 놓은 것이다. 그리고 그것을 통해 불교를 더 깊이 이해하도록 도와주는 책이다. 즉 '불교' 자체를 말하기보다 '선'에 대해 이야기해, 불교를 더 잘 보게 해준 그런 책이다. 불교의 더 깊은 모습을 보기 원하는 분들에게 추천한다.

83. 「내가 알지 못했던 예수」. 필립 얀시. 요단출판사

기독교 서적의 클래식들은 아주 오래 전에 쓰인 책들이었다. 수백 년, 또는 일, 이 천년 전에 쓰인 책들이 많았다. 수십 년 전에 쓴 책이라면 아직 클래식이라고 부르기에는 조금 조심스러운 느낌이 있었다. 그런데, 이 책을 읽고 처음 든 생각은 그것이었다. '이것은 이미 클래식이 된 책이구나. 나는 내 인생을 살면서 동시대 인물이 쓴 책 중 클래식을 발견했구나' 그런 것이었다. 기독 신앙에 대해 어느 정도는 알지만, 아직 그 신앙 안에 완전히 뿌리 내리지 못했다고 생각하는 모든 분들께, 그리고 아직 기독교가 어떤 종교인지 잘 모르겠다고 생각하는 분들에게 이 '고전'을, 매우 재미있고 신선한 이 '고전'을 추천한다.

84. 「백악관에서 감옥까지」. 찰스 콜슨. 홍성사

저자는 30대에 닉슨 대통령의 정치참모로 활약하다가 워터게이트 사건으로 감옥에 갔다. 그 과정에서 기독교 신앙을 가지게 되었고 그 이후 대표적인 기독교 활동가로서 활동하고 있다. 이 책은 미국 정치 핵심부의 모습을 볼 수 있는 가장 잘 된 정치 서적인 동시에 신앙과는 전혀 관계가 없던 강인한 정신의 지성인이 어떻게 신앙을 가지게 되었고, 하나님의 사람으로 변화해 가는가를 묘사한 정직한 고백이다. 가장 기독교인 될 수 없을 것처럼 보였던 사람이 기독교인이 되었기에, 그의 회심은 미국 일간지의 톱기사로 등장할 정도였다. 그가 어떻게 기독교인이 되었을까? 가장 치열한 삶을 살기 원하는 의학도들이 반드시 읽을 만한 책이다.

85. 「소명」. 오스 기니스. IVP

의대나 의학전문대학원에 들어옴으로 인해 이미 의사는 된 것이다. 그런데,

그 다음에는 무엇을 하지? 의사가 된 이후의 삶은 무엇을 향한 삶이 되어야 하는가? 아니, 나는 인간으로서 왜 살아가야 하는가? 내가 내 삶 속에서 가장 이루고 싶은 것, 정말 이뤄야만 하는 것은 과연 무엇인가? 이런 가장 근본적인 질문들이 진정으로 자신의 문제라 생각하는 사람들에게 이 책만큼 천둥소리를 내는 책은 드물다. 자신의 삶이 무엇을 향해 어떻게 나가야 하는지를 생각하고 정리하게 하는 명저 중 명저이다.

86. 「이야기 교회사 (I, II)」. 김기홍. 두란노

기독 신앙에 대해 이해하는 길은 여러 가지가 있다. 그런데 그 중 가장 깊은 이해를 원한다면, 역사의 길을 택해야 한다. 역사는 단지 머릿속의 추상적 관념이나 일시적인 흥분을 가지고는 해결할 수 없는 거대한 산들을 우리 앞에 내어놓기 때문이다. 그런데 그 기독교사 또는 교회사가 그냥 역사로 나열되면 지루하다. 그리고 그 맥을 잡는 즐거움을 놓치기 쉽다. 이 책은 그런 점에서 아주 잘 만들어진 책이라 할 수 있다. 쉽고도 깊은 이야기들을 들을 수 있기 때문이다. 교양서적으로도 그리고 기독 신앙을 더 뿌리 깊게 만들 수 있는 책으로도 추천한다.

87. 「전능자의 그늘」. 엘리자베스 엘리엇. 복 있는 사람

책의 도입부는 짐 엘리엇의 죽음으로 시작한다. 한 선교사의 어이없는 죽음. 자기가 6년간 기도하고 찾아간 사람들에게 죽임을 당한 선교사. 다시 책은 그의 출생배경, 어린 시절, 대학시절로 돌아간다. 나와 똑같은 신앙과 고민, 종교적 번민과 자유. 그는 29세의 삶을 치열하게 하나님께 붙어 있고자 했다.

'영원한 것을 얻고자 영원할 수 없는 것을 버리는 자는 바보가 아니다.' 아우카족을 찾아 뻔한 죽음의 위험에 걸어 들어가는 그에게서 하나님께 순종하고자 했던 예수의 삶과 바울의 그림자를 본다. 책을 덮으며 짐 엘리엇의 죽음을 생각한다. 치열하게 순종하고 아우카족을 향해 걸어가며 이제 자기 삶의 목적이 다 이뤄졌다고 말한 선교사. 자기가 평생 꿈꾸어오던 곳, 하나님이 함께 하신 곳에서 하나님의 품으로 뛰어든 선교사. 그는 하나님께서 맡기신 일을 마쳤다. 눈물을 걷잡을 수가 없다. 왜 영원한 가치가 있는 것을 위해 영원하지 못한 것을 포기하지 못하는가?

88. 「참회록」. 성 어거스틴. 크리스챤다이제스트

어거스틴의 '하나님 만남의 철학적 인식'은 기억 속에서 이뤄진다. 유년과 청년, 수사학자로서, 교사로서, 그의 삶과 생각들. 그는 점차 인간 무능력과 기만적인 자기합리화에 등돌리게 된다. 그리고 만나게 되는, 인간적 존재로 우리 곁에 있었던 하나님이신 예수. 어거스틴은 인격적 교제가 동반된 신과의 만남, 사랑을 가지고 변화시키는 설득의 영 앞에 자기논리를 내려놓게 된다. 기쁨과 겸손의 삶이 그에게 왔고 그는 기억을 통해 얼마나 오랫동안 하나님이 그를 추적해 왔는지 깨닫는다. 나의 삶에 대한 기억들은, 프루스트의 청년기 마르셀처럼 불확정성의 아련한 괴로움들이 스며든 방황스러운 것이었다. 틀은 없고 삶의 진실은 구토 나는 것이었으며, 희망과 인간을 같이 이야기할 수 없는 쓴웃음이 있었다. 그러나 이제 추적자에 붙잡힌 나는 내 고향을 알게 되었고, 삶의 인상이 변화하는 아름다움을 알게 됐다. 나는 고향으로 가는 중이고 빛은 세상을 다르게 조명하기 시작했다.

89. 「하나님의 정치」. 짐 월리스. 청림출판

글쎄, 이 책을 무엇이라 설명하고 추천해야 할까? 소개자가 이 책을 읽은 것은 미국 여행 중이었다. 호텔에서 밤에 읽기 시작하다가 결국은 밤을 새우게 되었다. 그리고 다 읽은 다음에는 왜 그리도 눈물이 나왔는지 모르겠다. 지적인 호소력을 가지고 쓴 글인데, 정작 읽고 나서는 눈물이 쏟아진 것이다. 인간의 고통 중 많은 부분은 가난과 연관된다. 이 책은 그 가난이 '경제학적 문제'가 아니라 '영적인 문제'라고 이야기 한다. 공산주의자들은 그 고통과 가난을 '강압적 평균'을 만들어 해결하려고 했지만 처참히 실패했다. 인간은 누군가를 강제적으로 시켜서 문제를 해결할 수 있을 만큼 그 자신부터 건강하고 균형 잡힌 존재가 아니라는 것을 그들은 몰랐던 것이다. 이 책은 그 궁극적 해답을 이야기한다. 사회의 불의, 가난과 질병의 고통을 자신의 투쟁 대상으로 생각하는 모든 의학도들에게 필독을 권한다.

X. 인문/사회, 역사, 철학

90. 「넛지」. 리처드 탈러 & 캐스 선스타인. 리더스북

이명박 대통령이 휴가 때 읽었다 해 화제가 된 책. 오바마 미국 대통령도 이 책을 읽었다고 한다. 국내외에서 베스트셀러다. 넛지 nudge, 즉 어떠한 금지나 인센티브 없이도 인간 행동에 대한 적절한 이해를 바탕으로 원하는 결과를 얻어내는 힘이자 똑똑한 선택을 유도하는 부드러운 힘에 관한 이야기다. 넛지란 '팔꿈치로 쿡쿡 찌르다'의 뜻이다. 자유주의와 간섭주의는 서로 배치되는 개념이지만, 넛지는 '자유주의적 간섭'이라는 새로운 인식의 지평을 보여준다. 일종의 행동 경제학 책인데, 아주 재미있다.

91. 「돈가스의 탄생」. 오카다 데쓰. 뿌리와 이파리

돈가스라는 하나의 음식을 통해 일본의 근대화 과정을 살펴볼 수 있는 희한한 책이다. 이 책을 읽으면 가깝고도 먼 나라 일본과 일본인을 이해하는 좋은 단서를 얻을 수 있다. 제목은 좀 '시시하게(?)' 보일 수도 있지만, 재미있고 유익하면서 지적 호기심도 충족시킬 수 있는 좋은 책이다. 이 책이 역사학자나 저널리스트가 아니라 밀가루 공장에서 35년간 일한 평범한(?) 사람에 의해 쓰였다는 사실을 알면 더욱 놀랍다.

92. 「로마인 이야기(전15권)」. 시오노 나나미. 한길사

이 책을 읽으면서 우선 놀랐던 것은 방대한 역사책이 지루하지 않고 한번 잡으면 손에서 놓기 어려웠다는 것이다. 감각적이거나 자극적인 문장이 아닌데도 저자의 서술은 마치 옛날이야기를 듣는 것처럼 귀에 쏙쏙 들어오는 느낌이었다. 아마도 일부는 뛰어난 번역의 공이리라. 그리고 나중에 알고 나서 더 놀랐던 것은 저자가 어떤 공식기관에도 적을 두지 않고 발로 뛰며 혼자 공부했다는 사실이었다. 어쩌면 저자만의 독특한 시각과 남다른 해설, 비평은 그러한 자유로운 공부로 인해 가능한 것이었는지도 모르겠다. 서양 문명의 모태인 고대 로마의 흥망성쇠를 통해 인식의 지평이 넓어지고 역사적 인물들의 선택과 결정, 시행착오를 읽어나가다 보면 우리의 현실을 해석해 나갈 수 있는 좌표를 찾게 된다. 고대 로마의 유적을 처음 보고 감동받은 나는 한국에 돌아와 로마인 이야기를 읽기 시작했고, 그리고 언젠가 다시 그 역사의 현장을 찾아 이 책의 감동을 다시 한 번 떠올려보고 싶다.

93. 「세상의 바보들에게 웃으면서 화내는 방법」. 움베르트 에코. 열린책들

공허한 재미와 진정한 유머는 어떻게 다른 것인지 절묘하게 보여주는 책. 우아하고 고급스러운 유머의 진수를 보여주는 에세이집이다. 세상에 존재하는 수많은 바보들과 숱한 불합리와 부조리 때문에 괴로웠지만 뭐라고 꼬집어 욕도 못하고 가슴만 답답해했던 사람들에게 권한다.

94. 「스시 이코노미」. 시샤 아이센버그. 해냄출판사

스시는 언제부터 세계적인 음식이 되었을까? 이 책은 날생선 무역거래에 관한 문화적, 역사적, 경제학적 탐방기이다. 스시라는 한 가지 음식에 관한 이야기를 따라가다 보면, 소위 '글로벌 경제'라는 게 무엇인지 감을 잡을 수 있다. 미처 알지 못했던 놀라운 사실들도 많이 알게 된다. 평소 스시를 즐기는 사람이라면 더욱 재미있을 것이 틀림없다.

95. 「윤치호 일기」. 김상태 편역. 역사비평사

일제 강점기 가장 대표적인 민족 지도자였고 기독교인이었고, 연희학교 교장을 역임하였던 사람. 동시에 대표적 친일파의 명단에도 들어가 있는 사람. 그는 미국에 유학을 가서 공부하고 돌아온 우리나라 선각자 첫 세대에 속하는 사람이며 뛰어난 지도자이기도 했다. 그는 자신의 일기를 평생 영어로 썼었다. 그의 일기 속에는 우리가 알고 있는 일제시대 당시의 모든 유명한 인물들이 다 등장한다. 그와 개인적인 친분이 있었거나, 또는 재정적 지원을 요청하였기 때문이다. 조선을 사랑하고 조선이 발전하기를 간절히 원하였지만, 이기적이고 단결하지 못하고, 지저분했던 조선 사람들에게 절망하였던 사람. 그가 독립을 왜 반대하였고, 왜 친일적 행동을 했었는지를 단면적으로가 아니라, 입체적으로 이해할 수 있다면, 역사를 보는 시각은 한 순간에 두 차원 높아질 것이다. 역사와 신앙에 대한 고민을 하는 학생들에게 추천한다.

96. 「종교전쟁」. 신재식 · 김윤성 · 장대익. 사이언스북스

진화 과학자, 조직신학 교수, 종교 문화학 교수가 주고받은 편지와 좌담기록을 엮은 책이다. 기독교 근본주의와 이슬람 근본주의 갈등에서부터 우주와 생명의 기원, 인간 정신의 본질과 마음, 종교성의 비밀 등 재미있는 주제에 대한 심도 있는 글이다. 기존에 종교가 해 왔던 역할을 대신하려는 과학의 야심찬 시도에 대한 종교와 과학의 갈등은 물론이고, 더 이상 제 역할을 하지 못한 채 사회 발전의 장애가 되어 대중의 멸시를 받는 종교와 인간의 갈등 양상까지, 종교와 과학의 갈등, 종교와 인간의 전쟁에 얽힌 다양한 주제를 다룬다. 과학과 종교 사이의 거대한 간극을 메우고 진정한 소통을 하는 데 필요한 핵심적이고 본질적인 주제들을 전면적으로, 진솔하게 다루어 재미있다.

97. 「철학, 삶을 만나다」. 강신주. 이학사

쉽게 철학에 입문하게 해 주는 책이다. 저자는 현장에서 학생들과 소통하면서 느낀 문제의식과 학생들의 반응, 관심 및 욕구를 반영해 삶의 현실에서 철학을 이야기하고 철학을 통해 삶을 조명하고 있다. 즉, 삶에서 늘 직면하는 만남, 죽음, 사랑, 가족, 국가, 자본주의, 고통, 주체, 타자 등의 문제 그리고 이성, 필연성, 우연성, 변증법, 보편성, 특수성, 단독성 등의 철학적 주제를 주요 학자의 사상과 생활 주변의 사례를 통해 종합적으로 살펴본다.

98. 「통섭」. 에드워드 윌슨. 사이언스북스

사회생물학의 창시자이자 인문학과 자연과학을 통합하려는 노력을 꾸준히 전개해 온 에드워드 윌슨. 이 책은 그 거대한 기획을 총결산한 역저다. 그는 자연과학과 인문, 사회과학이, 인간의 지식은 본질적으로 통일성을 가지고 있다는 전망을 바탕으로 협력해야 함을 강조한다. 이 '지식의 대통합'이라는 전망을 설득력 있게 제시하기 위해 서구 학문의 큰 줄기에서 갈라져 나온 다양한 가지를 심층적으로 분석하고, 그 가지들 속에 숨어 있는 그렇지만 그 분야의 전문가들이 간과했던 지식 통합의 가능성을 찾아내 명확하게 보여 준다. 에드워드 윌슨의 제자인 이화여대 최재천 교수 등이 번역했다. 분량도 많고 쉽게 읽히는 편도 아니지만, 차분히 읽다 보면 '큰 그림'이 보인다. 두 가지 이상의 학문을 공부했거나 공부할 예정인 사람에게는 더욱 필독서다.

99. 「팡세」. 파스칼. 서울대학교 출판부

무인도에 두 권의 책만 가져가야 한다면 성경과 팡세를 가져가겠다고 주위 사람들에게 말할 만큼 좋아하던 책이라 다 읽은 것이 아쉽기까지 한 책이다. 인생의 허무와 비참에 대한 모든 생각을 이처럼 잘 보여주는 책도, 그 해답으로서의 예수 그리스도의 중심성과 그 신성에 대한 예언과 유대인의 위치를 이렇게 잘 보여주는 책도 이제껏 본 적이 없다. 이 책은 1658년에 쓰여 졌는데도……. 여러 참고자료를 인용하고 참조하면서 파스칼이 이야기하고자 한 내용은 사실, '이성으로 신앙의 시도를 시작하도록 돕는 것'이었다. 비이성으로 오해되어온 신앙의 설명이 사실 찾을 마음이 없는 자에게 숨겨져 있는 신비일 뿐, 자기를 낮추어 생명을 얻고자 하는 자에게 너무나 분명한 진리임을 보여주고 있다. 구원의 실체는 우리의 비참함과 그런 인간을 위대하고 소중하게 여겨 자기 목숨을 내어준 하나님의 사역에 있음을 뼈저리게 느끼게 해 준 책이다. 혹 자기비참을 모른 채 종교적 혹 자기만족적 이론에 눈 가려진 나와 같은 이에게 도움이 되길 바란다.

100. 「학교를 버려라」. 매트 헌. 나무심는사람

'학교를 버려라'는 말은 학교를 없애자는 뜻이 아니다. 교육이 바뀌기를 바라는 모든 사람들의 바람대로 '교육 한번 잘해보자'는 얘기다. 진정한 교육의 목표는 '자신을 알고 스스로 삶을 꾸려나감으로써 행복해지는 것'이어야 한다. 획일적으로 강제되는 교육에서 벗어나 모든 사람들이 자기만의 아주 특별하고 독특한 감각능력으로 자신이 원하는 삶을 살아갈 것을 제안한다. 이 책은 '교육'이라는 이름으로 우리가 당연하게 여겼던 전제들에 이의를 제기하고 행복해지는 배움을 제안하는 사람들의 글로, 진정한 교육의 의미를 이해할 수 있는 책이다.

부록 02.

세브란스 의학교육 추천 도서 및 영화 목록

2부 : 세브란스 의학교육 추천영화 40선 (2010년 판)

Ⅰ. 인간과 고통의 이해

A. 인간의 이해

1. 도그빌 (Dogville, 2003 ; 감독: 라스 폰 트리에)

그레이스는 도망자로서 '도그빌'로 피신한다. 마을 사람들은 2주간 그녀의 행동을 지켜본 뒤, 성실하고 친절한 품성과 아름다움을 지닌 그레이스를 숨겨주기로 한다. 그러나 그레이스를 찾는 벽보가 나붙고, 현상금까지 걸리면서 사람들은 이중성을 드러낸다. 그녀를 신고하겠다고 협박하면서 착취하고 심지어 성적으로 능욕한다. 마을 사람들은 미국 독립기념일에 모여 미국 국가를 부르면서 잔치를 열기도 한다. 그런 그들이 한 여자를 이용해 착취하고 능멸하는 데 모두 공범자이다. 영화는 미국을 비판하고 있다는 평가를 받고 감독도 그렇게 시인했다고 한다. 사람이라는 존재에 대해 생각해보게 하는 영화이다. 인간이 조건에 따라 그 성품이 얼마나 변하기 쉬운 존재들인가.

2. 블레이드 러너 (Blade Runner, 1982 ; 감독: 리들리 스콧)

얼마 전 영국 과학자들을 대상으로 실시된 조사에서 가장 좋아하는 SF 영화로 뽑힌 바 있는 이 영화는 그만큼 안드로이드android에 대한 생각해 볼 이야기로 가득하다. 2019년을 배경으로 식민행성을 개척하기 위해 만들어진 안드로이드들은 지구로의 귀환이 금지된다. 그들의 외양이 실제 인간과 구분하기 힘들 정도인데다 감정과 기억까지 가지고 있어 그들이 지구로 들어오게 된다면 안드로이드를 만든 인간의 입지가 위협을 받게 되기 때문이다. 데커드는 지구로 숨어 들어온 4명(?)의 안드로이드를 암살하는 임무를 띠고 그들을 추적한다. 하지만 인간과 구분이 어려운 그들을 죽이는 일은 비록 인간이 만들어낸 기계의 회수에 불과하다고 생각하려 해도 그에게 괴로움을 준다. 결국 그는 임무를 완수 못하고 사랑에 빠지게 된 안드로이드 프리스와 도주하게 된다. 프리스는 자신이 안드로이드인 사실조차 인지하지 못할 만큼 인간과 유사했다. 기계와 인간의 차이가 모호해진다면, 그래서 기계가 기억과 감정을 가진다면 그들에 대한 윤리는 다시 설정해야 하는 영역이 된다. 인간의 존엄성, 인권 등이 인간이 아닌 것들에 대한 폭력을 정당화하는 논리가 되기도 한다. 그러나 인간을 인간이게 만드는 조건이 무엇일까. 그리고 그런 조건을 갖춘 인간 아닌 것들이 미래에 가능하다면 우리는 그런 존재에 대해 어떤 태도를 가져야 할까. 이런 물음을 영화는 던진다. '생물과 무생물의 경계가 모호하다면, 생물과의 관계 뿐 아니라 무생물과의 관계도 윤리적 고려의 대상이지 않을까?' '쓰던 휴대전화가 낡았다고 새 걸로 바꾸는 행위는 윤리적인가?'

3. 솔라리스 (Solaris, 2002 ; 감독: 스티븐 소더버그)

1972년에 러시아의 거장 타르코프스키 감독의 공상 과학 영화를 다시 만든 영화이다. 정신과 의사인 크리스는 연인이었던 레아의 죽음에 대해 죄책감을 지니고 살던 중 솔라리스 행성의 탐사선에 파견된다. 탐사선의 대원들은 이해하기 힘든 경험을 하는데 바로 기억 속의 인물, 특히 죄책감을 유발하는 인물이 실제로 살아 돌아오는 일이다. 크리스에게는 레아가 살아 돌아온다. 그런데 이 살아온 레아는 실제의 레아와는 상관없는 존재이다. 크리스의 기억 속에서 재구성된 소산이기 때문이다. 타인에 대한 우리의 기억과 그 기억을 토대로 내려지는 평가가 사실은 상상의 산물일지도 모른다는 의미가 새롭다.

B. 고통의 이해

4. 내일의 기억 (明日の記憶: Memories Of Tomorrow, 2006 ; 감독: 츠츠키 유미히코)

알츠하이머병 Alzheimer disease, 흔히 우리가 노인성 치매라고 이야기하는 병처럼 영화의 소재로 많이 다루어진 병도 드물다. 다른 수많은 병들 가운데 유독 알츠하이머병이 스크린에 오르는 이유는, 아마도 서서히 잃어가는 기억과 함께 스러져가는 관계들의 애잔함이 우리 모두가 공감할 수 있는 울림을 전해 주기 때문이 아닐까. 〈내일의 기억〉은 안정적인 직장과 단란한 가정을 이루고 살아가고 있는 한 남자가 기억과 함께 사랑했던 사람들과의 삶의 조각들을 잃어가는 그 내면의 아픔을, 그리고 무너져가는 그를 지탱하는 아내의 따스한 사랑의 온기를 섬세한 구도로 잡아내고 있다. 환자의 상처 입은 마음까지 담아내는 의사가 되고 싶다면, 영화 중 와타나베 켄이 신경과 의사에게 외치는 소리에 귀 기울여 보기를 바란다.

5. 닥터 (The doctor, 1991 ; 감독: 랜다 헤인즈)

'네 이웃을 네 몸처럼 사랑해라.' 의사와 환자의 관계를 이루는 핵심은 '공감 empathy'이다. 우리는 쉽게 공감을 이야기하지만, 정작 실습학생의 신분으로 처음 환자 앞에 섰을 때 느끼는 간극은 생각보다 넓기만 하다. 나름 노력해보지만 극복이 쉽지 않은 까닭에 조금씩 포기하고 적응하게 되고, 결국 의사가 되어서는 그 차갑고 높은 벽을 '객관성의 유지'라는 명목 하에 자기방어를 위한 필수조건으로 미화하며 사는 것은 아닐까. 영화 〈닥터〉는, 성공가도를 달리던, 그러나 환자에게 차갑기 그지없던 한 외과 의사를 역설적으로 후두암에 걸린 환자의 입장에 놓이게 함으로써 우리에게 공감이란 무엇인지에 대해 질문한다. 병원에서 만난 뇌종양 환자 '준'과의 우정을 통해 죽음 앞에서 그가 느끼게 되는 삶의 진정성, 그 치열함과 아름다움을 그려낸 장면들은 영화를 그저 그런 휴머니즘 영화에서 단숨에 명작의 반열로 끌어올린다.

6. 로렌조 오일 (Lorenzo's Oil, 1992 ; 감독: 조지 밀러)

실제 leukodystrophy 가족이 직접 치료법을 찾는 과정을 그린 영화. 의사들은 환자의 병에만 관심을 갖는 점 등을 반성하게 한다. 보호자들의 심정을 이해하는 데 도움을 주며 배우들이 매우 베테랑 연기자들이어서 감동도 2배이다. 80년대 미국 의학계에 기적으로 기록된 실화를 바탕으로 했다.

7. 뷰티풀 마인드 (A Beautiful Mind, 2001 ; 감독: 론 하워드)

Nash's theories로 노벨상을 받은 천재 수학자 존 내쉬의 실화를 바탕으로 재구성한 영화. 정신분열증을 환자의 입장에서 가장 실제적으로 묘사한 영화로 평가 받고 있기도 하다. 망상과 현실에 대한 검증능력이 붕괴되는 과정에서 겪는 심리적인 고통, 두려움, 고립감을 실제적으로 묘사하고 있어 예비의료인들에게는 정신분열증 환자를 조금 더 이해하고 그들에게 가까이 다가가는 데 작은 도움이 될 수 있을 것이다. 아울러 획기적인 발견은 논리가 아닌 직관에서 주로 떠오른다는 사실을 엿볼 수 있다. 내쉬가 금발의 미녀를 둘러싼 친구들의 경쟁을 보지 못했다면 경쟁이론은 탄생하지 않았을지 모른다. 그러니 부디 시험에 얽매이고 실습의 압박에 시달려도 틈을 내어 삶을 즐길 수 있는 여유를 가질 수 있길.

8. 사랑의 기적 (Awakenings, 1990 ; 감독: 페니 마샬)

1차 대전 때 유럽을 강타한 뇌염을 앓고 후유 장애로 파킨슨 증상을 보이는 환자들의 이야기이며 파킨슨병의 치료제인 도파민이 시도되는 과정을 그린 이야기. 전혀 거동도 표현도 못하는 것처럼 보이지만, 그들도 일반인처럼 생각하고 있다는 것을 보여준다. 환자에 대한 편견을 갖지 않게 하며 감동적이다. 실화를 바탕으로 했다.

9. 위트 (Wit, 2001 ; 감독: 마이크 니콜스)

비비안 베어링은 명망 높은 영문학 교수지만 인간미가 없는 인물이다. 주위를 돌보지 않고 연구에만 몰두해 왔던 그녀는 어느 날 암에 걸렸다는 진단을 받게 된다. 비비안은 눈앞에 다가온 죽음을 자신의 삶처럼 바라보려 한다. 그러나 비비안을 치료하는 의사들은 그녀를 연구대상처럼 생각한다. 그녀는 문자 그대로의 '대상'으로 취급되는 모멸감을 경험하지만 그 비극적 상황에 함몰되기보다는 그것을 위트 있게 이야기하는 사람이며, 암 자체보다 암을 치료하기 위한 약물 때문에 고통 받으면서도 그 역설을 이해하는 사람이다. 그러한 스스로의 논리와 이성을 통해, 또한 투병 생활을 통해 발견하게 된 새로운 감정을 통해 비비안은 죽음에 접근해 간다. 물론 그녀 역시 죽음을 두려워하고 삶을 원하며 때로 고통에 몸부림치고 때로는 눈물을 떨어뜨리지만, 그 순간의 괴로움에 휘말려 나머지의 남은 시간을 갉아먹거나 이전의 모든 삶을 회개하는 일 같은 건 하지 않는다. 그녀가 죽음과 싸워 '승리'하는 이 과정이야말로 이성이란 무엇인가를 보여주는 것만 같다.

10. 잠수종과 나비 (The Diving Bell And The Butterfly, 2008 ; 감독: 줄리앙 슈나벨)

감금증후군Locked-in syndrome은 교뇌pons 손상으로 인해 눈 깜빡임 및 안구수직운동을 제외한 전신의 움직임이 불가능해지는 질환이다. 감각과 의식은 그대로 유지되기에 환자는 모든 감각을 받아들이고 생각할 수 있지만, 말이나 몸짓으로 더 이상 그를 표현할 수 없다. 그래서 환자들은 눈 깜빡임과 안구의 움직임을 통해 세상과 대화하는 법을 배운다. 실제 감금증후군에 걸린 전직 프랑스 잡지 편집장이 눈짓만을 통해 남긴 귀한 소통의 기록인 동명의 책 「잠수종과 나비」를 바탕으로 한 영화는, 자신의 육체 안에 갇혀서도 인간의 정신이 얼마나 한없이 자유로울 수 있는지를 가슴 먹먹하게 보여준다. 타인과 소통할 수 있는 것이 우리에게 얼마나 눈물 나게 감사한 일인지에 대해서도.

Ⅱ. 윤리와 의료윤리의 이해

A. 윤리의 이해

11. 데드 맨 워킹 (Dead Man Walking, 1995 ; 감독: 팀 로빈스)

사형수 매튜 폰스렛은 데이트 중이던 두 연인을 강간한 후, 잔혹하게 살해한 혐의로 사형선고를 받은 사형수이며 아주 비열하고, 불량스럽고, 자신의 죄를 조금도 인정하지 않는 쓰레기 같은 인간이다. 하지만, 헬렌 수녀를 만난 매튜는 가난 때문에 변호사를 대지 못해 주범은 사형을 면하고 자신만 억울하게 사형선고를 받았을 뿐, 무죄라고 주장하며 도와줄 것을 간곡히 부탁한다. 유죄를 확신하면서도 사형만은 면하게 하려는 바버 변호사의 모든 노력은 수포로 돌아가고 사형 집행일이 결정된다. 사형 집행 6일전, 헬렌 수녀를 찾는 절박한 매튜의 호소로 다시 그를 만난 헬렌 수녀는 매튜로부터 사형장까지 함께 하는 영적 안내자가 되어 달라는 부탁을 받는다. 인종차별주의자와 친구가 되려는 그녀를 빈민 지역의 아이들조차 외면하고, 죽은 아이들의 가족들은 그녀를 경멸한다. 그러나 주위의 만류에도 불구하고 매튜의 청을 수락한 헬렌 수녀는 그로부터 사형 집행일까지 6일 동안 시간을 함께 보내게 된다. 우리나라에서 큰 반향을 일으켰던 영화 〈우리들의 행복한 시간〉만큼 감정이 북받쳐 오르진 않지만 좀 더 객관적이고 차분하게 사형제도에 대해 생각하고 고민하게 만든다.

B. 의료윤리의 이해

12. 더 월 (If These Walls Could Talk, 1996 ; 감독: 낸시 사보카, 쉐어)

대학입시를 위해서라도 낙태에 대해 저마다 어느 정도의 정리된 관점이 있을 것이다. 하지만 이 영화를 보고 난 후에는 어떤 입장이라도 얘기하는 것이 쉽지 않을 것이다. 세 가지 에피소드에 나오는 이들을 비난할 자신이 있다면 이들과 같은 입장을 겪은 사람뿐일 것이다. 생명에 대해 더욱 진지하게 고민하게 하는 영화.

13. 사이더 하우스 (The Cider House Rules, 2000 ; 감독: 라세 할스트롬)

1940년대 미국 배경의 성장 영화이다. 고아원 원장이자 산과 의사인 윌버 라치는 당시 불법이었던 임신중절 시술을 한다. 고아원 원생이던 호머 웰즈는 라치 박사를 도우며 의술을 익힌다. 임신중절에 부정적이었던 호머는 라치 박사의 뒤를 이어 고아원을 맡아 주었으면 하는 주위의 기대를 저버리고 고아원을 떠나 유람하게 된다. 사과 사이다를 만드는 농장에서 일하면서 그는 아버지의 아기를 가지게 된 소녀를 알게 되고 그녀의 낙태 시술을 시행함으로써 규칙rule은 주어지는 것이 아니라 사람들이 만들어 나가야 한다고 깨닫게 된다. 사람들이 사는 곳에는 규칙들이 생기게 마련이다. 그 규칙들이 사람들을 행복하게 하는지 아니면 사람들의 자유를 불합리하게 억압해 불행하게 하는지 고민해야 하며 그러한 고민을 바탕으로 규칙을 새롭게 만들어 가야 한다는 감독의 메시지가 설득력 있다.

14. 선택 (Extreme Measures, 1996 ; 감독: 마이클 앱티드)

숨 돌릴 틈 없이 새로운 환자가 밀려드는 뉴욕 시립병원 응급실. 벌거벗은 채 밤거리를 질주하다 쓰러졌다는 환자를 맡게 된 의사는 도무지 종잡을 수 없는 증상에 당황한다. 중년의 나이, 대머리, 심각한 망상증을 보이던 그는 결국 사망하고, 환자의 시체는 물론 그에 관련된 모든 의료기록이 감쪽같이 사라져 버리는 사건이 발생한다. 마약 중독자에 무연고 부랑자로 추정되는 그 환자가 사라진 미스터리에 대해 병원 측에서는 아무도 관심을 갖지 않는다. 그러나 두려움에 사로잡혀 있던 환자의 마지막 모습이 왠지 뇌리에서 떠나지 않는 그는 사건에서 손을 떼라는 상사의 경고도 무시한 채 컴퓨터 파일과 창고 속의 해묵은 서류까지 뒤지며 단서 찾기에 골몰한다. 존경하던 스승이 부정한 세계에 깊숙이 발을 담그고 있다는 사실을 알게 된 후 방황하는 이상주의적인 의사를 주인공으로 하는 의학 스릴러.

15. 씨 인사이드 (The Sea Inside, Mar Adentro, 2004 ; 감독: 알레한드로 아메나바르)

'죽음은 내게 주어진 마지막 자유였다.' 28년 전, 자신도 알 수 없는 힘에 이끌려 바다에 뛰어들었다가 바위에 목을 부딪쳐 전신마비가 된 라몬은 이야기를 하거나 입으로 글을 쓰는 것 이외에 타인의 도움 없이는 조금도 움직일 수 없다. 육체로부터 완전히 자유로워진 자신을 상상하는 것으로 하루를 시작하는 그에게 하루하루는 무기력과 고통의 연장이자 자신의 존엄성을 잃어가는 시간일 뿐이다. 적극적으로 자신의 죽을 권리를 위해 싸우던 라몬은 결국 자신을 위해 헌신적으로 돌보아주었던 친구의 도움으로 언제나 자신의 상상 속에서만 이뤄지던 바다 속으로의 비행을 시작한다. 자율적으로는 아무것도 할 수 없는 상태로 30년을 살아온 라몬의 지난 삶의 모습과 바다 위를 자유로이 날아다니는 그의 환상이 주는 대비가 이뤄내는 울림과 라몬의 자발적 죽음으로 끝맺는 영화의 결말은 우리로 하여금 존엄하게 죽을 권리에 대한 옹호를 생각게 한다. 그러나 역설적이게도 이 영화의 진정성은 라몬의 죽음 이후가 그려지지 않았다는 그 점 때문에 '죽음'이 '살아있음'보다 나은 삶을 살아야 하는 존재에 대한 고려뿐 아니라, 그의 존재가 살아있음이 혹은 그의 죽음이 남긴 것은 무엇인가 더욱 진정한 성찰이 필요함을 말해준다는데 있다.

16. 콘스탄트 가드너 (The Constant Gardener, 2005 ; 감독: 페르난도 메이렐레스)

우리가 처방해야 하는 약들은 어떻게 개발되고 있을까? 물론 영화에 나오는 방법은 여러 경로 가운데 하나임을 누구나 알 것이다. 그러나 분명한 것은 영화는 실화를 바탕으로 제작된 것이고, 이는 공공연한 사실이다. 누군가를 치료하기 위해 다른 누군가를 희생하는 것은 어쩔 수 없는 것인가. '누군가'와 '다른 누군가'는 가진 자와 가지지 못한 자로 치환될 수도 있을 것 같다. 굳이 음모를 파헤치는 탐정이 아니어도 알 수 있는, 영화보다 엄연한 현실. 인도와 중국에서는 선진국에서 소비되는 약을 만들기 위해 심각한 환경오염을 감수하며 안정성이 검증되지 않은 중간 성분에 노출된 지역 주민들은 각종 질환에 시달리고 있다. 적절한 처방전을 쓰는 것으로 의사들의 의무는 다한 것일까?

Ⅲ. 자신에 대한 이해 및 성찰

17. 공각기동대 (攻殼機動隊 Ghost in the shell, 1995 ; 감독: 오시이 마모루)

2029년을 배경으로 하는 일본 SF 애니메이션이다. 인간의 뇌도 통신 네트워크의 일부가 된 미래의 사회에서 타인의 기억을 조작함으로써 범죄를 일으키는 존재인 '인형사'는 사실 인간이 아니라 하나의 프로그램이다. 마침내 인형사는 공각기동대인 정보기관에 의해 검거되어 그 신체가 파괴되지만 인형사의 기억은 공각기동대 '쿠사나기 소령'의 기억으로 편입됨으로써 그 생명을 이어간다. 영화가 던지는 질문들의 강도는 높다. '나란 무엇인가? 의식이란 무엇인가? 생명이란 무엇인가?'

18. 타인의 삶 (The Lives of Others, Das Leben Der Anderen, 2006 ; 감독: 플로리안 헨켈 폰 도너스마르크)

'난 그들의 삶을 훔쳤고 그들은 나의 인생을 바꿨다.' 1984년 동독은 국가안전기구(Stasi: State Security Apparatus)라는 이름으로 수많은 요원과 그 두 배가 넘는 비공식 정보통을 보유하고 있다. 국가의 신념을 맹목적으로 고수하는 비밀경찰 비즐러는 동독 최고의 극작가 드라이만과 그의 애인이자 인기 여배우 크리스타를 감시하는 임무를 맡는다. 그러나 완벽한 감시와 도청 속에서 비즐러는 점점 그들의 삶 속으로 동화되고, 결국에는 그들을 적극적으로 보호해주기까지 하게 된다. 제목에서 암시하듯 영화는 드라이만과 비즐러, 이 두 명의 타인이 서로의 삶에 어떤 영향을 미치는지 보여주고자 하며, 그 변화를 이끌어 내는 것은 투철한 신념과 그에 부합하는 삶을 살고자 하는 '타인'

의 열정이었음을 깨닫게 한다.

Ⅳ. 의료와 사회의 관계 이해

A. 의학과 의료제도, 보건의료의 이해

19. 가타카 (Gattaca, 1997 ; 감독: 앤드류 니콜)

분자생물학은, 의학과의 만남의 역사가 그리 길지 않음에도 불구하고 의학의 거의 모든 영역에서 혁신적인 변화를 가져왔다. Genome project의 시대에 질병은, 심지어 정신의학의 영역에서까지도, 유전자 이상으로부터 출발하는 일련의 분자생물학적인 기전으로 표현된다. 실제로 이러한 시도는 일부 질병의 치료에 있어 혁신적인 성공을 거두었고, 그 성공에 고무되어 이제는 더 많은 의사들이 자신들이 돌보는 환자를 단지 분자들의 집합체로 바라보고 싶은 유혹을 느끼게 되었다. 영화 〈가타카〉는 유전자가 모든 것을 결정하는 미래의 이야기이며, 그 속에서 모든 것을 유전자로 결정하는 것에 저항하며 삶을 '결정되지 않은' 방향으로 살아내는 한 평범한 '인간'의 이야기이다. 환자 앞에 붙여진 온갖 검사수치와 영상결과들, 진단명들 너머 한 '인간'을 바라보기 위해, 또 의과대학 과정 내내 다리만 더듬다가 코끼리는 원통형이라고 주장하는 오만한 의료인이 되기 쉬운 우리 자신들에게 경종을 울려주기 위해, 한번쯤 감상하기를 권한다.

20. 썸딩 더 로드 메이드 (Something the Lord made, 2004 ; 감독: 조세프 서전트)

청색증을 일으키는 선천성 심장기형에 대한 완화적 시술인 Blalock-Taussig shunt. 영화는 이 Blalock과 Taussig라는 두 백인의사의 이름 사이에 가려진 흑인 보조 Vivien Thomas에게 초점을 맞춘다. 의학 역사의 한 단면을 생생하게 엿볼 수 있는 재미와 함께, 사람과 사람을 구분하고 나누는 차별의 벽에 대해서 고민해 볼 질문거리를 던지는 수작이다. 수수한 양복차림인 Vivien의 초상화는 지금 Johns Hopkins 의과대학에 박사가운을 입은 근엄한 Dr. Blalock의 초상화와 함께 걸려있다. 인종차별은 지금도 엄연히, 이 한국 땅에도 존재한다. 이 땅에서 피부색과 민족이 다르다는 이유로 정당한 근로조건도 보장받지 못하고, 불법체류자로의 낙인찍힘과 강제송환 사이의 아슬아슬한 줄타기를 하며 묵묵히 아무도 알아주지 않는 노동현장에서 고된 하루하루를 살아가고 있는 수많은 Vivien들을 다시금 발견하기 위해서도 이 영화를 보아주었으면 한다.

21. 식코 (Sicko, 2007 ; 감독: 마이클 무어)

의료민영화에 대해 어떻게 생각하는가? 이 영화는 서구의 다른 제도들과 비교하면서 미국의 의료보험제도의 맹점을 부각시키고 있다. 최근 아시아의 여러 나라에서 우리나라의 의료보험제도를 배우기 위해 내한했다. 이 영화에 나오는 힐러리가 모델로 삼았던 제도가 우리나라의 제도라면 믿을 수 있겠는가. 여러 나라가 우리의 제도를 배워가려 하는 시점에서 정작 우리는 우리의 제도를 못마땅하게 생각한다. 완벽한 제도는 없다는 당연한 전제 아래 더 나은 시스템을 향해 고민하는 시간이 되길 바란다.

B. 사회와 세계의 이해

22. 관타나모로 가는 길 (The Road To Guantanamo, 2006 ; 감독: 마이클 윈터바텀)

런던에 사는 아시프는 파키스탄 청년으로 부모가 정해준 여자와 결혼하기 위해 고향에 다녀와야 한다. 친구들과 함께 파키스탄에 도착한 아시프는 충동적으로 아프가니스탄을 여행하기로 결정하고 국경을 넘는다. 그러나 그들이 아프가니스탄에 도착한 직후 미국의 공습이 시작되고 이로 인해 한 친구를 잃은 세 청년들은 탈레반의 포로가 되었다가 관타나모 수용소로 끌려가게 된다. 실제 인물들의 인터뷰 자료를 토대로 만들어진 이 영화의 목적은 고발에 있다고 볼 수 있다. 이런 곳이 존재한다는 것을 알리기 위해 감독이 이 영화를 만들었다고 할 만큼, 영화에서 중점을 두는 것은 수용소의 구조와 운영방식, 포로들에 대한 상식을 뛰어넘는 비인도적 처우에 관한 것이다. 갖가지 우여곡절 끝에 미군의 포로가 된 이들이 선택할 수 있는 것은 탈레반, 나아가 알카에다가 되는 것일 뿐, 진실을 말할 수 있는 권리, 그럼으로써 자신들을 지킬 수 있는 권리가 이들에게는 애초에 주어지지 않았다. 2년이 넘는 기간을 수용소에서 보냈던 그들은 결국 원래의 자리로 돌아가게 된다. 영화의 말미에 그들은 이 경험을 통해 세상을 달리 보게 되었다고, 자신이 속해 있는 세계에서 벌어지고 있는 많은 일들에 관심을 갖게 되었으며, 더 나은 방향으로 달라졌다고 말한다. 하지만 무엇이 변화했는지, 변해야 할 것이 진정으로 변화했는가 하는 물음 앞에 과연 우리는 어떤 대답을 할 수 있을까.

23. 닥터지바고 (Doctor Zhivago, 1965 ; 감독: 데이빗 린)

보리스 파스테르나크가 남긴 유일한 장편 소설 「닥터 지바고」는 그의 문학 내 · 외적 인생이 집약되어 있는, '소련 반세기만에 처음 나온 문학 작품'으로 불리는 소설로, 공산당 집권하의 소련에서는 출간이 금지되었으나 그 원고가 서방세계로 반출되어 출간, 1956년에 노벨 문학상 수상작으로 지명되었다. 그러나 소련 정부의 저지로 수상은 거부되었고, 그의 사후에 만들어진 영화 〈닥터 지바고〉 역시 1994년에 이르러서야 러시아에서 첫 상영 기회를 가질 수 있었다. 그는 생애 마지막 창작열과 자신의 모든 것을 이 소설에 쏟아 부었다. 여기에는 그가 직접 겪었던 혁명과 내전 전후 20여 년의 역사와 시대 상황, 역사와 개인의 운명적 갈등, 남의 여자를 사랑했던 경험, 우랄 지방에 체류했던 경험, 인물들의 세계관으로 표현되는 깊이 있는 철학이 담겼다.

24. 바시르와 왈츠를 (Vals Im Bashir, 2008 ; 감독: 아리 폴만)

실사로 보고 싶지는 않은 장면들이 있다. 그 장면들을 적절하게 애니메이션화 함으로써 오히려 실사보다 더 큰 효과를 얻어낸다. 그리고 끝내는 실사를 확인함으로써 그 충격은 배가된다. 충격적이든 아니든 그건 사실이다. 이 글로는 어떤 내용인지 감을 잡기 어려울 것이다. 바시르가 누군지 모르면 더욱 그러하다. 분쟁에 관한 영화이고, 이스라엘 감독의 영화이다.

25. 보리밭을 흔드는 바람 (The Wind That Shakes The Barley, 2006 ; 감독: 켄 로치)

1920년대 아일랜드를 배경으로 한 이 영화는 우리나라의 역사적 현실과 닮은 점이 많다. 전쟁이라는 현실 속에서도 지켜야 하는 소중한 가치들. 과연 목숨을 다해 지켜야 할 만큼 소중한 것이긴 한 건지. 우리가 주인공과 비슷한 상황에 닥친다면 어떤 선택을 할 것인가. 주인공 또한 의사였다. 2006년 제59회

칸 영화제에서 황금종려상을 수상한 작품이기도 하다.

26. 블러드 다이아몬드 (Blood Diamond, 2007 ; 감독: 에드워드 즈윅)

아프리카의 '시에라리온'은 대항해 시대에 포르투갈 사람들이 붙인 이름이다. 해안선의 밤 바닷가에 치는 천둥이 마치 범의 포효와 같다고 해서 붙여진 이름. 지금 그 땅에는 수백만 명의 비명이 이어지고 있다. 의사라는 직업이 배우자에게 다이아몬드 반지 정도는 선물할 재력이 된다고 할 때 배우자의 손가락에 그 반지를 끼우는 순간, 지구 반대편에서는 그 반지 때문에 누군가의 손목이 잘려나가고 있다는 생각을 할 수 있을까. 그것이 현실이다. 어디 다이아몬드뿐이겠는가. 영화를 다 본 후에는 인터넷에서 '블러드 폰'을 검색해보자.

27. 아라비아의 로렌스 (Lawrence Of Arabia, 1962 ; 감독: 데이빗 린)

제1차 세계대전 중 수에즈 운하를 둘러싼 영국과 터키의 대치 상황에서, 영국은 아랍의 참전을 유도하기 위해 로렌스를 아랍에 파견한다. 로렌스는 영국의 목적보다는 아랍의 독립과 자유를 위해 노력하게 되고, 결국 그가 이끄는 아랍군은 터키를 몰아내고 다마스커스를 점령하게 된다. 하지만 영국은 자국의 이익을 위해 아랍의 분할 통치를 결정하게 된다. 로렌스는 자신이 백인이라는 한계, 아랍민족이 민주정치제도에 적응하지 못하는 것에 대한 실망, 영국의 제국주의 정책 등에 절망하게 되고, 결국 오토바이를 광적으로 몰다가 죽게 된다. '영국인으로 태어나 아랍인으로 살다가 영국인으로 죽은 사람'이라는 평에 맞게, 그의 노력은 결과적으로는 헛된 것이 되고 말았지만 그래도 그 과정만은, 그가 살아간 삶의 과정은 헛된 것이라고 생각하지 않는다.

28. 자유로운 세계 (It's a Free World…, 2007 ; 감독: 켄 로치)

켄 로치 감독의 영화는 늘 새롭다. 늘 주류사회에 가려진 약자들에게 시선을 맞추기 때문이다. 자유로운 세계가 조금 더 특별한 이유는, 피해자였던 한 일용직 여성이 역설적으로 가해자, 즉 악덕 사업주로 변해가는 과정을 담고 있기 때문이다. 강자의 시선을 통해 약자를 바라봄으로써, 켄 로치는 인간이 인간을 착취하게 되는 구조가 근대화의 자연스러운 결과가 아닌, 자유시장의 환상으로부터 비롯되었음을 보이고자 한다. 그리고 착취당하는 이들은 항상 사회적으로 소외된 이들이며, 필연적으로 그들은 보건의료인들이 우선적으로 관심을 가져야 할 의료적으로도 가장 취약한 계층에 속하게 된다. 우리 몸 중에서 가장 아픈 곳에 눈이 가듯이 사회의 가장 아픈 곳에 먼저 관심을 갖게 되면, 대체 무엇이 그들을 그토록 소외시켜 아프게 하는지에 대해 우선 고민하게 되지 않을까. 영화 〈자유로운 세계〉는 그 고민을 시작하기 원하는 예비의료인들에게 적절한 마중물이 되어 줄 수 있을 것이다. (함께 읽으면 좋은 책 : 「나쁜 사마리아인들」, 장하준, 도서출판 부키)

29. 트레이드 (Trade, 2007 ; 감독: 마르코 크로이츠파인트너)

인신매매 같은 일들은 선진국(?)에서는 일어나지 않을 거라고 생각하거나, 그런 생각도 없었던 사람이라면 이 영화를 권하고 싶다. 인신매매를 비롯한 인권의 문제는 후진국으로 불리는 나라만의 문제가 아닌 전 지구적인 문제이다. 알려고 하지 않아 평온해 보이는 세상에서 우리는 얼마나 평온하게 살고 있었던가. 팔려가는 이가 나의 누이요, 딸이라면 문제는 완전히 달라진다. 무관심에서 벗어나 곳곳에서 일어나고 있는 일들에 관심을 갖는 계기가 되길 바란다.

30. 파워 오브 원 (The Power of One, 1992 ; 감독: 존 G. 아드빌센)

남아프리카에서 태어난 영국계 아프리카너인 피케이는 부모님이 돌아가시고 할아버지께로 와 늘 외로움과 슬픔에 잠겨있던 중 할아버지의 친구 독일인 박사님과 같이 지내면서 자연의 신비와 머리와 가슴을 쓰는 법을 배운다. 독일인이기 때문에 감옥에 갇히게 된 박사님을 만나러 감옥을 드나들면서 흑인 기엘 피트로부터 권투를 배우고, 그들의 말을 하면서 흑인들로부터 환영을 받는다. 흑인들은 피케이를 전설에 나오는 레인 메이커 즉 비를 내리게 하고 갈등을 풀어주는 사람으로 생각한다. 18살이 된 피케이는 권투시합에서 우승하고 호피 관장의 훈련을 받던 중 드마 기드온과 흑인거주 지역에서 권투시합을 벌려 이기고, 기드온의 설득에 따라 그들을 변화시키기 위해 레인메이커가 된다. 배워야 평등도 가능하다고 생각한 피케이는 흑인을 위한 야학을 차리지만 좌절당하고 사랑하는 여인도 죽음을 당한다. 피케이를 잡기 위해 경찰과 광기에 사로잡힌 보타 상사가 흑인거주 지역을 습격하자 간신히 살아남은 피케이는 물 한 방울의 힘을 깨닫고 아프리카의 미래를 위해 기드온과 함께 떠난다. 교도소에서 피케이의 지휘에 따라 함께 노래하는 장면은 가슴이 뭉클하고, 백인이지만 그가 사랑한 아프리카의 사람들을 위해 개인적인 아픔과 상처를 딛고 일어설 때는 눈물이 난다. 나는 내가 옳다고 생각하는 것을 위해 나의 기득권을 포기할 수 있을까.

31. 호텔 르완다 (Hotel Rwanda, 2004 ; 감독: 테리 조지)

르완다 내전은 다른 내전들과 마찬가지로 단순히 '그들만의' 전쟁이 아니다. 어쩌다가 한 나라 안에서 서로 죽고 죽이는 상황이 되었을까. 아프리카의 쉰

들러 리스트로 불리는 폴 루세사바기나의 이야기를 영화화했다. 이해할 수는 없지만 도울 수 있는 일은 있다.

Ⅴ. 다른 사람과의 소통과 관계의 이해

32. 굿 윌 헌팅 (Good Will Hunting, 1997 ; 감독: 구스 반 산트)

정규교육과정에서의 쉴 새 없는 경쟁, 남들보다 앞서야 한다는 압박감을 이겨 내고, 치열한 전쟁과 같은 입시를 뚫고 의과대학에 입학한 많은 친구들을 보면, 영화의 주인공 윌 헌팅의 모습이 어느새 겹쳐 보인다. 똑똑한 두뇌, 재능, 남들에게 져본 일이 없는 탁월한 학습능력, 충만한 자신감. 그러나 그를 똑똑하기만 한 철부지 어린 아이에서 자신을 책임질 수 있는 성숙한 어른으로 성장시킨 것은 어떤 재능도, 능력도 아닌 한 심리학 교수와의 만남이었다. 사람은 자신을 성장시킬 수 있는 멘토를 만날 때 인생의 한 계단을 도약할 수 있게 된다. 진정한 '선생님'이 그리운 이 시대에, 삶의 멘토를 만나고 또 누군가의 멘토가 되어주는 것의 촉매가 되기를 바라며 이 영화를 추천한다.

33. 바벨 (Babel, 2006 ; 감독: 알레한드로 곤잘레스 이냐리투)

바벨은 구약성경에 나오는 지명으로 '하늘의 문'이라는 뜻. 인간들이 신의 자리까지 가고자 한없이 탑을 쌓았다가 결국 언어가 달라져 버렸다는 그 곳. 히브리어로 '뒤섞다', '어지럽히다' 라는 뜻. 영화의 배경은 미국, 모로코, 멕시

코, 일본 네 나라이다. 전혀 다른 네 나라에서의 사건은 보이지 않게 연계가 되어있다. 하지만 다른 언어, 다른 이념, 보이지 않는 유리벽과 같은 장애물로 인해 소통이 어렵다. 소통이 어려울수록 사람들은 지쳐간다. 힘들어진다. 가족에서부터 크게는 국가에 이르기까지 인간 사회에 걸친 소통 부재의 문제를 제기함과 동시에 아직은 진정한 인간애와 소통의 희망이 있을지도 모른다고 감독은 말하고 싶어 한다. 바벨, 우리 스스로 지은 죄가 우리를 서로 이해할 수 없는 상황으로 이끌어왔지만 우리는 그 안에서 다시 한 번 하나 됨을 꿈꾼다.

34. 연어알 (Salmonberries, 1991 ; 감독: 퍼시 애들론)

알라스카 카츠뷰의 마을 도서관에 크쥬베라는 청년이 도서관 서기 로즈위타를 찾아온다. 그는 남자의 모습을 하고 있어서 모두들 당연히 그가 남자라고 여기지만 실제로는 여자이다. 에스키모 관습에 따라 원주민과 서구인의 혼혈로 태어난 크쥬베와 아픔을 안고 독일을 떠나온 로즈위타의 사랑. 크쥬베는 어릴 때 자기를 버린 생모를 찾아 로즈위타에게 도움을 청하러 왔지만 로즈위타 역시 아픈 과거를 갖고 마음의 문을 닫은 채 세상을 살고 있다. 로즈위타는 여성도 남성도 아닌 크쥬베에게 다가가고 싶지 않아 강한 거부감을 느낀다. 크쥬베는 로즈위타의 아픈 과거에 연민을 느껴 그녀의 고향인 독일로 떠나게 된다. 그곳에서 로즈위타는 20년간의 응어리를 풀 수 있게 되고 로즈위타와 크쥬베는 진정한 우정과 사랑을 느끼게 된다. 사람 사이에 소통이 이뤄질 때 행복이 찾아올 수 있음을 보여주는 영화다.

VI. 의사의 직업 전문성

A. 의사(지식인)의 사회적 책무

35. 뻐꾸기 둥지 위로 날아간 새 (One Flew Over The Cuckoo's Nest, 1975 ; 감독: 밀로스 포만)

교도소와 정신병원 중 어느 곳이 더 자유로울까? 정신병원이 감옥보다는 자유로울 것으로 생각했던 주인공 맥머피는 전혀 그렇지 않다는 것을 깨닫는다. 인권단체에서 각국의 인권을 척도로 추산할 때 주로 조사하는 기관 중에 병원이 포함된다고 한다. 교도소의 시스템보다 더 무력감을 느끼게 한 병원의 그것은 무엇이었을까? 환자- 의사관계에 대해 입장 바꿔 생각해보자.

36. 패치 아담스 (Patch Adams, 1998 ; 감독: 톰 새디악)

의사를 꿈꾼다면 한번쯤 봤을 법한 영화. 그런 의사가 되고 싶다는 상상을 해보기도 하지만, 만만치 않은 의료사회의 현실에 '영화는 영화다'라는 생각조차 하지 못하고 잊어버리게 된다. 이 영화가 감동적인 것은 현실은 그렇지 못하다는 방증이기도 할 것이다. 영화에 나오는 '좋은' 의사의 한 예를 보면서, 자신이 생각하는 '좋은' 의사는 어떤 모습인지 생각하는 시간도 갖고, 그런 좋은 의사가 되기 어려운 현실 속에서 그 모습에 좀 더 다가가려면 어떻게 해야 할지도 생각해보면 더 좋을 것이다.

B. 의사의 리더십

37. 모터싸이클 다이어리 (The Motorcycle Diaries, 2004 ; 감독: 월터 셀러스)

의대를 졸업하기 전에 단 한번 여행의 기회가 주어진다면 이렇게 다녀오고 싶다. 인생의 방향을 바꿀 수 있는 여행. 여행이 단지 휴식이 아닌 것은, 이런 경우를 두고 하는 말일 것이다. '게바라'라는 이름 앞에 '체^{Che}'가 붙게 한 여행이 되었을지도 모른다.

VII. 기타

38. 라쇼몽 (羅生門, 1950 ; 감독: 구로자와 아키라)

일본의 거장 구로자와 아키라 감독의 대표작이다. 한 남자가 죽고, 여자는 겁탈을 당하는 사건이 일어난다. 이 사건과 관련된 사람은 모두 네 사람이다. 우선 죽은 남자, 겁탈을 당한 여자, 여자를 겁탈한 산적 그리고 다음 날 죽은 남자의 시체를 발견한 나무꾼이 그들이다. 그들이 한 명, 한 명 관청에서 심문을 받는 과정이 이 영화의 대부분을 차지하는데 각자의 입장에 따라 한 가지 사실fact에서 얼마나 다른 이야기story가 나올 수 있는가가 놀라울 정도로 그들의 증언은 서로 너무나 다르다. 인간은 스스로의 주관적 진실에 아무리 충실하려고 해도 절대 진실 그 자체에는 접근조차 할 수 없다는 인식론적 비관론이 읽힌다. '진실은 무엇일까'를 넘어 '진실이 존재할까'를 묻는 듯하다. 죽은 남자의 이야기는 그가 귀신이 되어 무당에게 강신해 말한다는 형식으로 제시된다. 그리고 귀신도 거짓말을 한다는 설정이 재미있다. 이는 강도 높은 문제제기이다.

39. 인생은 아름다워 (La Vita E Bella, Life Is Beautiful, 1997 ; 감독: 로베르토 베르니니)

2차 세계 대전을 배경으로 한 영화. 유태인 학살을 희극적으로 그려내어 부조리한 상황을 더욱 강조했다. 이런 상황에서 유태인 의사의 삶과 나치 의사의 삶은 어떻게 달랐을까. '모든 의사는 히포크라테스 선서를 엄수할 수 있는가'. 나치의 생체실험을 주도한 요세프 멩겔레 같은 의사가 있다는 사실에 실망하기도 하지만, 그래도 여전히 인생은 아름답다는 희망을 준다.

40. 프로스트 VS 닉슨 (Frost/Nixon, 2008 ; 감독: 론 하워드)

국민에게 아무런 진실도 밝히지 않은 채 미국 역사상 유일하게 사임 당한 전직 대통령 닉슨. 그의 사임 장면 생방송이 엄청난 시청률을 올리자 뉴욕 방송국으로 복귀하고 싶은 한물간 토크쇼 MC 프로스트는 닉슨에게 인터뷰를 제의하고, 닉슨은 정치인과의 인터뷰 경험이 전무한 프로스트를 제압하며 정치계로 복귀할 기회를 만들기 위해 인터뷰를 승낙한다. 흥미 있는 인터뷰를 통해 인생 역전을 노리는 두 사람을 생생하게 보여주면서 삶에서의 도전과 승리, 실패에 대해 생각할 수 있는 기회를 주는 영화이다.

부록 03.

인문사회의학 관련 사이트와 저널 안내

Ⅰ. 인문사회의학 학과 및 센터

The Brody School of Medicine Department of Medical Humanities at East Carolina University

1. 사이트 주소: http://www.ecu.edu/cs-dhs/medhum/index.cfm

2. 소개

- 이 학과에서는 의학직업전문성 교육, 연구, 서비스에 초점을 맞추고 있다.

- 이 학과는 4년 동안 의과대학 교육과정 안에서 인문사회의학교육과정을 개설하고 있다. 1~2학년 때는 의학의 윤리적 사회적 측면에 대한 과정, 3학년 때는 사례기반 윤리 세미나, 4학년 때는 의료윤리, 의료법, 의료철학, 의료사, 의료문학, 사회정책 등 다양한 선택과목을 개설한다.

3. 화면

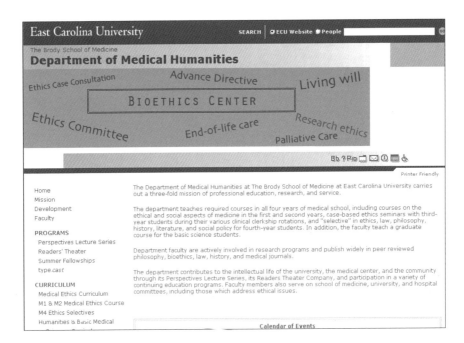

East Carolina University

SEARCH | ⊙ ECU Website ● People

The Brody School of Medicine
Department of Medical Humanities

Ethics Case Consultation   Advance Directive   Living will

BIOETHICS CENTER

Ethics Committee   End-of-life care   Research ethics

Palliative Care

Printer Friendly

Home
Mission
Development
Faculty

PROGRAMS
Perspectives Lecture Series
Readers' Theater
Summer Fellowships
type.cast

CURRICULUM
Medical Ethics Curriculum
M1 & M2 Medical Ethics Course
M4 Ethics Selectives
Humanities & Basic Medical

The Department of Medical Humanities at The Brody School of Medicine at East Carolina University carries out a three-fold mission of professional education, research, and service.

The department teaches required courses in all four years of medical school, including courses on the ethical and social aspects of medicine in the first and second years, case-based ethics seminars with third-year students during their various clinical clerkship rotations, and "selective" in ethics, law, philosophy, history, literature, and social policy for fourth-year students. In addition, the faculty teach a graduate course for the basic science students.

Department faculty are actively involved in research programs and publish widely in peer reviewed philosophy, bioethics, law, history, and medical journals.

The department contributes to the intellectual life of the university, the medical center, and the community through its Perspectives Lecture Series, its Readers Theater Company, and participation in a variety of continuing education programs. Faculty members also serve on school of medicine, university, and hospital committees, including those which address ethical issues.

Calendar of Events

Centre for Medical Humanities at Durham University

1. 사이트 주소: www.dur.ac.uk/cmh/medicalhumanities/

2. 소개

- 이 센터는 의학의 인문학적 측면을 탐색하고 있으며 크게 4가지의 연구주제를 갖고 있다.

- 첫째, 인간 속성, 건강에 대한 과학적 설명과 경험적 설명간의 간극 탐색 둘째, 과학적 설명과 경험적 설명 간의 간극이 임상의학과 의료정책에 미치는 효과 분석, 셋째, 인문학의 근본적 배치를 인식하는 임상의학의 재개념화 넷째, 인류 변천의 과학적 이해와 경험적 이해에 대한 다른 생각과 행동 가능성을 탐색

3. 화면

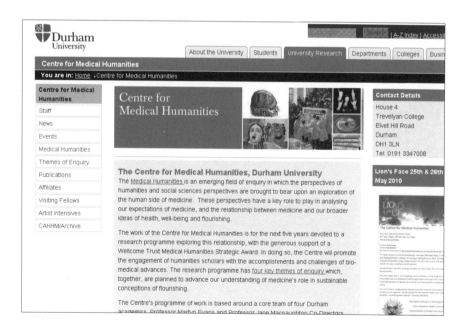

The Institute for the Medical Humanities(IMH) at University of Texas Medical Branch

1. 사이트 주소: http://www.utmb.edu/imh/

2. 소개

* IMH은 Texas 의과대학에 소속된 기관으로 . 의학 분야에서 연구조사, 교수teaching 그리고 교수지원professional service을 하고 있다.

* IMH은 임상의학과 생명의학에서 제기되는 윤리적, 법률적 문제들에 대한 연구를 진행하고 있다

* 이외에 의학의 철학적, 역사적, 문학적 그리고 종교적 차원에 대한 연구를 하고 있다.

3. 화면

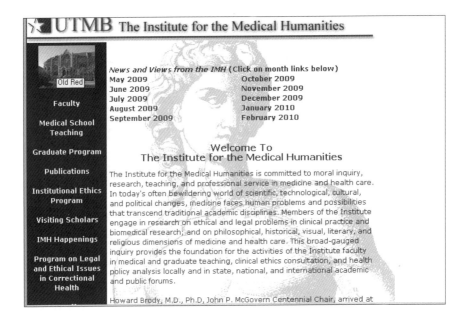

▌Glasgow Medical Humanities Unit at Glasgow University

1. 사이트 주소: http://www.gla.ac.uk/medicalhumanities

2. 소개

● The Medical Humanities Unit는 인문학, 과학 그리고 의학간의 협력을 촉진하기 위해 만들어졌다.

● 현재 관심분야는 치료환경, 과학과 의학에서 글쓰기, 의학교육에서 시각 예술의 역할 등이다.

3. 화면

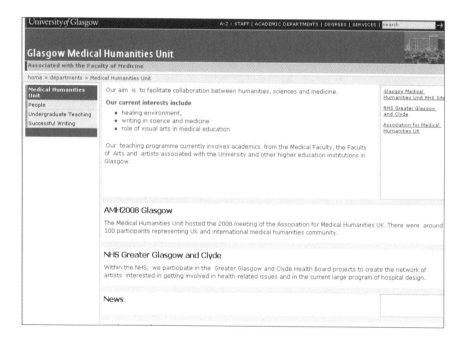

Association for Medical Humanities(AMH)

1. 사이트 주소: http://www.gla.ac.uk/departments/amh/

2. 소개

- AMH는 2002년에 만들어진 영국, 아일랜드 의과대학 인문사회의학 학과 및 기관의 연합조직이다.

- AMH의 설립목적은 교육, 의료, 연구에서 인문사회의학을 촉진하는 것이다.

- AMH는 매년 컨퍼런스 개최, 뉴스레터 발간 등을 하고 있으며 진취적인 시도, 학위 프로그램, 연구 결과 등을 회원들에게 제공하고 있다.

3. 화면

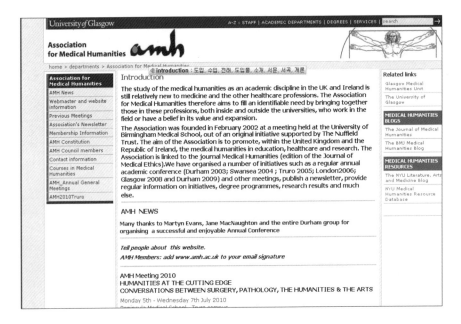

Department of Medical Education of University illinois at Chicago

1. 사이트 주소:

http://chicago.medicine.uic.edu/departments___programs/departments/
meded

2. 소개

- 의학교육학과는 일리노이 의과대학의 한 학과로 1959년에 설립되었으며 대학원생과 계속의학교육을 포함해 의학전문가들의 요구를 충족시키기 위한 프로그램과 과정을 제공하고 있다.

- 이 학과에서는 의료와 관련된 의사소통, 역사, 문학, 철학 또는 윤리 교과목을 제공할 뿐만 아니라 임상 의사들의 교육적 리더십과 관리기술을 강화시킬 수 있는 프로그램을 제공하고 있다.

3. 화면

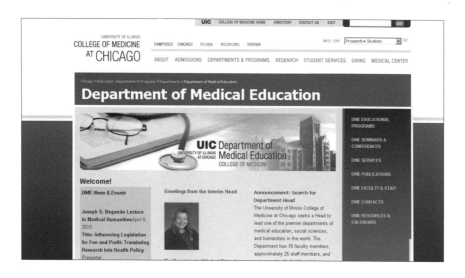

▌각 대학의 인문사회의학과

학교	홈페이지
플로리다 의대 인문사회의학	http://med.fsu.edu/mhss/
NYU 의대 인문사회의학	http://medhum.med.nyu.edu/
시드니 의대 인문사회의학	http://www.usyd.edu.au/medicalhumanities/
달하우지 의대	http://humanities.medicine.dal.ca/
서던 일리노이 의대 인문사회의학	http://www.siumed.edu/medhum/
베일러 의대 인문사회의학	http://www.baylor.edu/medical_humanities/splash.php
스토니브룩 의대 인문사회의학	http://www.stonybrook.edu/bioethics/
UCSF 의대 인문사회의학	http://medicalhumanities.ucsf.edu/

Ⅱ. 주요 저널

▌MEDICAL HUMANITIES

1. 사이트 주소: http://mh.bmj.com/

2. 소개

- MEDICAL HUMANITIES는 인문사회의학의 모든 분야를 포괄하는 국제 저널로 1년에 2번 발간되고 있다.

- 이 저널은 의료와 관련된 원저, 공중보건정책 형성, 환자를 치료하는 경험, 사례 논의, 교육사례연구, 책, 영화 그리고 예술, 사설, 뉴스 등을 싣고 있다.

3. 화면

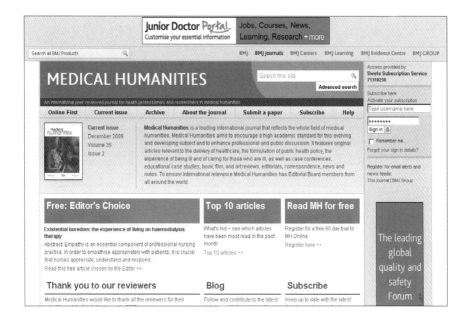

▌ Journal of Medical Humanities

1. 사이트 주소: http://www.springerlink.com/content/104920/(검색사이트)

2. 소개
- 네덜란드에서 발간되는 인문사회의학분야 저널로 원저를 소개

3. 화면

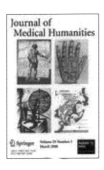

Medical Humanities Review

1. 사이트 주소: http://www.utmb.edu/imh/publications.asp#journals

2. 소개

- UTMB에서 1년에 2번 발행하는 인문사회의학저널이다.

3. 화면

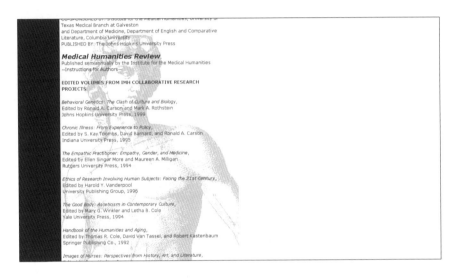

Ⅲ. 인문사회의학 관련 자료 검색 사이트

█ Medical Education (the journal of ASME)

1. 사이트 주소: http://www.wiley.com/bw/journal.asp?ref=0308-0110

2. 사이트 소개

- 이 저널은 대학생, 대학원생, 평생의학교육 관계자를 위한 국제 과학 저널 이며 건강의료전문가들을 위한 교육 분야에서 탁월한 저널이 되고자 함

- 교수법, 교육과정개혁, 신입생 선발, 평가 등 최근에 등장하는 모든 쟁점들 을 다루고 있다.

3. 화면

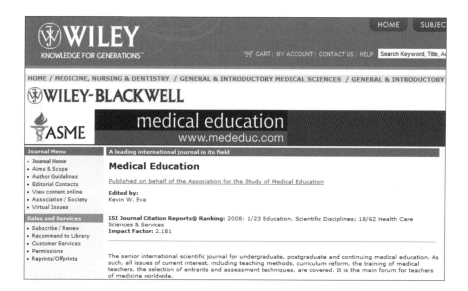

Medical Education Online((MEO)

1. 사이트 주소: http://med-ed-online.net/index.php/meo/index

2. 소개

- 1996년 오픈한 MEO는 의사들의 교육과 훈련에 대한 정보를 확산하기 위한 무료 인터넷 국제 저널이다. 기초과학교육, 임상교육, 전문의교육, 학습이론, 문제 중심학습(PBL), 교육과정개발, 연구와 통계, 측정 평가, 교수개발 등과 관련된 논문을 실고 있다.

3. 화면

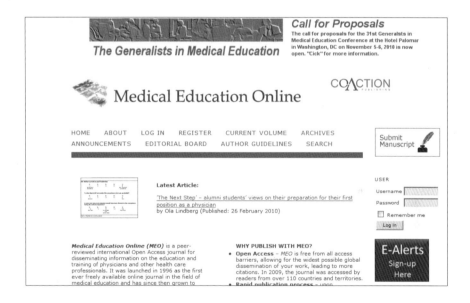

Alliance for CME (ACME)

1. 사이트 주소: http://www.acme-assn.org/

2. 사이트 소개

- ACME는 평생의학교육을 위한 조직, 병원 의학교육을 위한 조직 그리고 학문적 계속 의학교육학회 등 3개의 조직이 연합해 만든 임상의학교육 교수들의 국제 조직이다.

- ACME의 목적은 임상의학교육 교수들의 provider 기술을 향상시키고 의사 개인들의 윤리적 행위를 촉진하는 것이다.

- CME Career Center 운영: ACME에 가입되어 있는 기관 및 개인들을 대상으로 구인–구직 알선을 온라인상에서 제공하고 있다

3. 화면

▌Assocation for the Study of Medical Education (ASME)

1. 사이트 주소: http://www.asme.org.uk/

2. 소개

- ASME는 의학교육연구를 위한 연합 조직이다.

- ASME는 의학과 보건의료에 관심 있는 의과대학생, 졸업생, 의학교육 영역의 전문가들을 모집해 의학교육의 질을 향상시켜 나간다.

- 영국이외에 다른 네트워크들 사이에서 의학교육분야의 지식과 전문성을 촉진하기 위해 의학과 교수teaching 관련 정보를 수집, 의학교육연구 촉진, 사례기반 교육 실천 확산, 정부기관에 의학교육 문제를 알리는 것, 보건의료집단과 조직들과의 관계 발전 등을 모색한다.

3. 화면

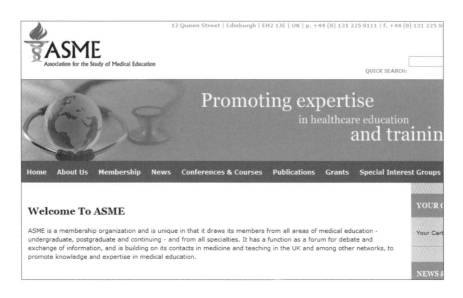

Foundation for Advancement of International Medical Education and Research (FAIMER)

1. 사이트 주소: http://www.faimer.org/

2. 소개

- FAIMER은 국제 의학교육과 연구 발전을 위한 재단이다. FAIMER는 교수들의 교육을 촉진함으로써 공동체의 건강이 향상될 수 있다고 생각한다. FAIMER는 동남아시아, 아프리카, 라틴아메리카 지역 의료에 집중하고 있으며 교수개발, 보건인력정책 그리고 교육의 질 향상을 위한 자료 수집에 초점을 맞추고 있다

- There are many approaches to achieving better health for all. FAIMER seeks to improve the health of communities by improving health professions education.

3. 화면

Ⅳ. 의과대학생들을 위한 사이트

▌ Medical Student

1. 사이트 주소: http://www.medical-student.co.uk/

2. 소개

- 영국 런던에 재학하고 있는 10,000명 이상의 의대생들을 위한 무료 신문

- 2005년 국제학생저널리즘상National Student Journalism Awards을 수상했다.

- 이 신문은 한 달에 한 번 발간되며 런던 5개 주요 의과대학 사이트에 올라
  간다.

3. 화면

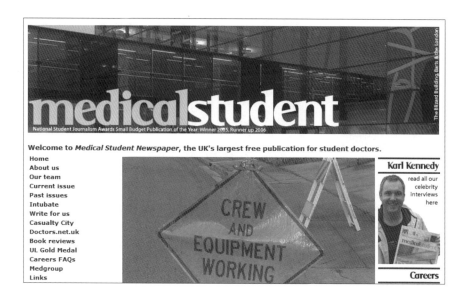

Revise4finals

1. 사이트 주소: http://www.revise4finals.co.uk/cms/

2. 소개

- Revise4finals는 의대 학생들을 위한 무료 온라인 자료실이다.

- Revise4finals에는 많은 학습 자료가 올라가 있다

3. 화면

International Federation of Medical Students' Associations
International Federation of Medical Students' Associations(IFMSA)

1. 사이트 주소: http://www.ifmsa.org/

2. 소개

- IFMSA는 독립적이고 비정치적인 전 세계적 의대 학생들의 연합조직이다.

- 현재 89개 국가의 97개의 회원조직들을 갖고 있으며 12만 명 이상의 회원을 확보하고 있다.

3. 화면

저자 소개

전우택 [全宇鐸]

연세대학교 의과대학을 졸업하고 동 대학원에서 석사 및 박사 학위를 취득하였다. 세브란스병원에서 정신과 수련을 받아 정신과 전문의가 되었다. 하버드의대 사회의학과 및 난민건강센터에서 연구원으로 있었다. 연세의대 정신과에서 전임강사, 조교수, 부교수를 역임하였고, 현재는 의학교육학과 교수및 정신과학교실 겸무교수로 있다. 사회정신의학을 전공하여 주로 북한, 탈북자, 난민 등에 대한 연구를 하고 있으며, 현재 한반도평화연구원 부원장을맡고 있다. 2004년부터 연세의대의 인문사회의학 교육과정인 "의료와 사회" 교육과정의 책임을 맡아 현재 활동 중이다. 저서로는 〈인문사회의학과 의학교육의 미래〉, 〈사회의학연구방법론〉, 〈사람의 통일, 땅의 통일〉, 〈웰컴투코리아〉, 〈의료의 문화사회학〉, 〈의학적 상상력의 힘〉 등이 있다.

김상현 [金相賢]

부산대학교 사회학과를 졸업하고 동 대학원에서 석사 및 박사 학위를 취득하였다. 부산대 여성연구소 전임연구원, 동아대 동아시아연구원 연구전담교수, 연세의대 BK 연구교수를 거쳐, 현재 보건복지부 지정 생명윤리정책연구센터의 연구원으로 일하고 있다. 인제의대, 동아의대, 부산가톨릭대, 경희대 등에서 의료사회학을 강의하였다. 저서로는 〈여성과 여성학(공저, 2006)〉, 〈보건사회학 강좌(공저, 2004)〉, 〈여성과 직업(공저, 2001)〉 등이 있으며, 논문으로는 한국 의과대학 및 의학전문대학원에서의 임상실습 교육과정 운영과 관리(2009), 의대생의 유급경험에 관한 질적 연구(2008), 의과대학생들의 진로선택과 진로지도(2007), 의료정보이해능력(health literacy)(2005), 유방 자가검진 이행에 영향을 미치는 요인(2005), 한국의료제도내의 여성의사의 지위(2004), 종교성이 청소년의 건강행동에 미치는 영향(2004) 등이 있다. 저자는 다년간 의과대학에서 학생들을 가르치고 의학교육 관련 연구와 경험을 바탕으로 최근 연명치료중단과 관련된 윤리적 문제, 의료분쟁 예방을 위한 의사-환자 커뮤니케이션, 한국적 상황에서의 의료 프로페셔널리즘에 관심을 갖고 연구하고 있다.

오승민 [吳承珉]

연세대학교 의과대학을 졸업하고 동 대학원에서 의학교육학 석사 학위를 취득하였다. 연세의료원에서 가정의학 수련 후 의학교육학과 및 가정의학교실 강사를 거쳐 현재 가정의학교실 임상조교수로 아프리카 말라위에 파견되어 선교병원 운영 및 의과대학 설립을 돕고 있다. 관련 논문으로는 말기 환자 치료 결정에 관한 의과대학생의 태도(2008), 의과대학에서의 멘토링 프로그램 운영(2008), 의과대학에서의 예술 관련 교과목의 프로그램 운영(2008) 등이 있다. 저자는 인문사회의학 교육과정 개발 및 운영 경험을 바탕으로 임상에서의 구체적 상황과 인문사회의학 교육과의 유기적 접목에 관심을 갖고 연구하고 있으며, 다년간의 학생 상담 경험을 통하여 의과대학생의 학업 문제 및 진로 지도에 효과적 방안을 제시하고 있다.